岩 波 現 代 文 庫

ジャーニー・オブ・ホープ

被害者遺族と死刑囚家族の回復への旅

坂上 香

Kaori Sakagami

社会 350

岩波書店

目　次

プロローグ　「旅《ジャーニー》」の始まり

「ジャーニー・オブ・ホープ…暴力から癒しへ」と書かれた横断幕を手に行進する人々（提供：Abraham J. Bonowitz）

死んだ者の代わりに意見を言うことは誰にもできないだろう。そして死んだ者が抱いていた夢やビジョンを解することは誰にもできない。私はそのことを人々が忘れないように闘ってきた。なぜなら、もし私たちがそのことを忘れてしまえば、私たちは有罪に、共犯者になってしまうことになるから……世界は知っていながら沈黙し続けている。だからこそ私は決して沈黙したり、人が苦しめられたり辱められたりすることに口を閉ざしたりしないことを誓う……。私たちはいつでも立場をはっきりさせるべきだ。ニュートラルであるということは、抑圧者を助けることになるだけで、決して被害者を助けることにはならない。沈黙は苦痛を助長するだけで、苦しめられている者を助けることにはならない。

エリ・ヴィーゼル[1]

出口の見えないなかで

ジャーニー・オブ・ホープ——希望を追い求める旅、と名付けられた二週間の「旅《ジャーニー》」が、毎年アメリカでおこなわれている。

旅の主人公は、「殺人」という行為によって命を奪われた被害者の遺族、そして人の命を奪った側である死刑囚の家族という、本来ならまったく相いれない、両極の立場にいる人々だ。五〇人前後の参加者たちは毎年秋、全米各地から集まり、キャンプ場で寝食をともにし、車で移動しながら、一般市民に向けておのおのの体験を語り歩くのである。

そもそも私がこの旅の存在を知ったのは、「ジャーニー」が初めて開催された一九九三年のことだった。私が偶然入手したチラシには、「死刑のない社会をめざして、被害者遺族と死刑囚の家族がともに旅をする」と書かれていた。私は目を疑った。

「被害者遺族の気持ちを考えると、死刑は必要だ」とは、一般によく言われることだが、日本社会では、家族を殺された被害者遺族が「死刑制度をやめよう」と社会に訴えることは想像しがたい。遺族側が「加害者に対して死刑は望まない」という意見を表明するだけで、「それでも、殺された被害者を愛していたといえるのか」と、マスコミや世間から非難を浴びせられてしまう風潮が社会にはある。

それでは、加害者側である死刑囚の家族はどうだろう。死刑制度に反対するどころか、家族に死刑囚がいると世間に知られることだけで、日常生活ができなくなる。ましてや、被害者遺族と死刑囚の家族がともに行動するなど、今の日本では考えられないのではないか。

だから、死刑囚の家族と被害者遺族がいっしょに旅をし、それぞれの体験を語りながら「死刑を廃止しよう」と社会に訴えかけるという大胆なアメリカの試みに、当時の私はただただ驚くばかりだった。

その頃私は、「死刑囚の家族」や「被害者遺族」というテーマが気になり始めていた。しかし、両者が交わる接点のようなものが見出せずにいた。一方は「殺した人の家族」、もう一方は「殺された人の家族」という対立的な見方に、私自身、とらわれていたからだと思う。つまるところ「ジャーニー」は単なるアメリカ的なイベントとしてしか映らなかったし、リアリティーも感じられなかった。

それから二年余りたって、私のなかでこの「ジャーニー」の存在が急に浮上し始めた。一九九五年、日本では死刑の執行が定期的におこなわれ始め、執行があったからといって以前のように報道が過熱することもなくなり、執行することがあたりまえの光景になりつつあった。時期を同じくして、幼児連続殺人事件の公判がおこなわれ、地下鉄サリン事件が起こった。メディアによって、犯人は更生不可能な凶悪人物として描かれ、被害者遺族は全員が犯人に死刑を望んでいるかのようなイメージが、つくりあげられていった。その結果、「殺人犯は死刑で当然」という声が高まり、急速に「死刑存置」のムードを社会全般に広めていった。

このまま流されていっていいのだろうか。

ひとりの人間として、そしてメディアに携わる者として、この時期、私は強烈な危機感を募らせていった。私は数年前にアメリカで、息子を殺された遺族である母親と知り合い、また、日本では死刑囚（詳しく言うと未決死刑囚で、死刑が宣告されはしたが、まだ確定していない被告)の母親と出会っている。彼女たちの置かれている状況を考えると、見て見ぬふりはできない、という思いが日に日に募っていったのだ。

しかし、同時に、今までの死刑をめぐる議論や報道のありかたにも、出口がないように思えて仕方なかった。というのも、その頃、テレビや雑誌では死刑の特集が盛んに組まれていたが、たいていの場合、死刑に反対する人々は「加害者の人権だけを守ろうとする理想主義者」としてとらえられていたし、死刑を支持する人々はそんな反対派に向かって「被害者の身になれ」と感情論を持ち出して議論をうち止めにする、というパターンに陥っていたからだ。そして「殺された側」の当事者も「殺した側」の当事者もまったく介在しない論議があちこちで展開され、結局、それが「殺人」や「死刑」といったテーマを、被害者でもなく、加害者でもない一般の人々から遠ざけているような気がしてならなかった。

そんな時に「ジャーニー」の存在を思い出したのである。今までの死刑をめぐる論議に、何らかの疑問を投げかけられるかもしれない。そんな可能性を感じた。

「殺人」という取り返しのつかない絶望的な状況のなかで、「殺した側」と「殺された側」の家族が二週間という時間や場を共有するという旅。出口のないように思える時だからこそ、この旅を通しておのおのがどのようにして希望を見出そうとしているのかを、私は知りたいと思った。

「ジャーニー」の主催は、現在四〇〇〇人の会員を持つ市民団体「和解のための殺人被害者遺族の会(Murder Victims Families for Reconciliation)」(以下ＭＶＦＲ)。殺人により家族を失い、しかも死刑制度に反対するという、米国でも稀な被害者遺族の市民団体である。

この団体は、一九九三年に始まって以来、死刑制度を持つ州をひとつ選んで毎年「ジャーニー」を実施してきた。一九九三年にはインディアナ州、翌年の一九九四年にはジョージア州、一九九五年にはカリフォルニア州を旅し、四回目の一九九六年の九月末にはバージニア州を旅する予定になっていた。

一枚の新聞記事

「殺人による被害者遺族、赦しを追い求めて」

一九九六年二月一日付けの『ニューヨーク・タイムズ紙』に掲載された記事の見出しである[2]。娘を殺人によって失った母親、そして死刑囚を息子に持つ母親二人が、死刑制度の廃止を訴えるためにともに活動している、という内容だ。記事には二人がいっしょに写った写真も掲載されていた。

娘を殺された母親のアン・コールマン、そして死刑によって息子を近い将来失うことになるかもしれないバーバラ・ルイス。写真のなかでこの二人は、ろうそくを手に、デ

ラウェア州の執行所の外に立っている。死刑囚のビリー・ベイリーが処刑されるという
その日、執行の停止を求めてデモをおこなうためだった。二人の表情は堅く、苦渋に満
ちているように見えた。私の目はその写真に釘付けになった。

記事には、この二人が「友人として、互いに助け合っている」と書かれてあった。死
刑囚の母親と被害者遺族の母親が友人になれるものなのだろうか？　いっしょに死刑反
対を唱えるというだけでも信じがたいのに、「友人」というのは想像を絶する。この二
人にはぜひ会ってみたいと思った。

二人が死刑反対のデモに堂々と参加するのはなぜだろう。何が二人を結びつけ、それ
ぞれはどのような体験をへて現在に至ったのか。周囲は二人のことをどのように受けと
めているのだろうか。そして、今年の「ジャーニー」には参加するのだろうか。

たったひとつの記事に私は押し出されて、アメリカに渡った。

その年(一九九六年)、「ジャーニー」が目的地に選んだアメリカ東部バージニア州は、
アメリカにおける死刑発祥の地といわれている。一六〇八年に初めて絞首刑による死刑
が執行され、以来、一三五五人が処刑されてきた。これは、全米一の執行数だ。さらに、
女性や子どもの処刑も他に類を見ないほど多く、知的障害者や精神病を患う人々をも躊
躇せずに処刑してきたことが明らかになっている。

「ジャーニー」は、歴史的に死刑と深いつながりがあるこのバージニアの四つの町

——リッチモンド、ウィリアムズバーグ、リンチバーグ、フレデリックスバーグ——を中心に、周辺地域をまわる。拠点になるのはその四つの町にあるキャンプ場で、参加者たちはひとつのキャンプ場に三—五日ほど滞在し、そこからさまざまなイベントへと散らばってゆく。

最初の拠点はリッチモンドのハノーバー・キャンプ場。九六年九月二一日から二四日までの四日間、参加者はここで寝食をともにすることになる。

九月二一日、「ジャーニー」開始の前日、夕方からオリエンテーションがもたれることになっていた。キャンプ場は緑があふれ、静かな池やスポーツができる広大なフィールドもある、すてきな場所だった。

昼過ぎ、そこにはすでに一〇名ほどが到着し荷物を運び入れていた。誰もが「ハーイ！ 「ジャーニー」へようこそ！」とうれしそうに手をふった。ジョージア州、フロリダ州、テキサス州など南部から来た人たちは二日がかりで運転してきたという。なかにはアリゾナ州から四日かけてやって来たという人もいた。

夕方六時過ぎ、オリエンテーションが始まった。三〇人ほどが集まり、円を描いて座った。まず、それぞれが軽い自己紹介をおこない、話題はおおまかな旅程に入った。その間にも、一人、二人、と参加者たちがキャンプ場に到着し、人の輪は広がっていった。

四二年前の心の傷

突然、頭を剃った白人の男性が入ってきた。

「サム！」と何人かが彼の名を呼んだ。呼ばれたその男性も、うれしそうに手をふり、何人かと抱き合って挨拶を交わしていた。

「サムには気をつかったほうがいいよ。カメラを直接向けたり、フラッシュを直接あてたり絶対にしないこと」と、耳元で誰かがささやくように忠告した。

サム・シェパードの一家は、テレビドラマや映画として有名な『逃亡者』のモデルになったといわれている。彼の母親は一九五四年に殺された。父親が犯人とされ、死刑を宣告された。サムは、被害者と加害者両方の子どもという立場を経験することとなり、結局事件から一二年後、父親は無実で釈放されることになった。しかし、四二年たったその時点でも真犯人は見つかっていなかった。

事件当時まだ七歳だったサムは、事件によって深いトラウマ(心の傷)を負っていた。そして四二年後もその症状はさまざまなかたちで現れる。たとえばカメラのフラッシュを見るとパニック状態に陥ることがあった。それは、事件当時新聞記者からの取材攻撃であちこちからフラッシュを浴びせられる、という体験によるものだった。前年度の「ジャーニー」でも、カメラのフラッシュを突然浴びせたジャーナリストに襲いかかろうとしたことは、私も耳にしていた。

愛する人を殺される、という体験をした被害者遺族の多くが、サムのように精神的な問題を抱えているという。日本でも神戸の震災以降、トラウマやPTSD(心的外傷後ストレス障害)という言葉が、メディアをにぎわすようになったが、これは本人が死に直面したり、他人の死を直接目撃したりした場合に、強い恐怖や無力感を感じることによって引き起こされる不安障害のこと。[3] 犯罪被害者や遺族のように、強い恐怖を体験した人もこの障害を抱えやすいといわれている。何かをきっかけに、フラッシュバックが起こり、もとの体験を再び体験するような感覚に陥るのが、主な症状だといわれている。サムも数年前に診察を受けた精神科医に、このPTSDと診断されている。

しかし、正直言って私自身、その時点ではまだことの深刻さを認識できていなかった。サムは子ども時代の体験が影響して、メディア嫌いになった、とぐらいにしか思っていなかった。彼が抱える心の傷の深さを本当に私が知ったのは、ずっと後のことだった。

(1) ホロコーストの生存者でユダヤ人の作家。一九八六年のノーベル平和賞受賞のスピーチより。
(2) Terry, Don (1996) Victims' families fight for mercy, *New York Times*, Feb. 1, A 10.
(3) 米国精神医学会著、高橋三郎、大野裕、染矢俊幸訳(一九九五)『DSM-IV 精神疾患の分類と診断の手引』医学書院、一六九―一七二ページ。

I アン

アン・コールマン(左)とバーバラ・ルイス(著者撮影)

敵意、うらみ、いきどおり、それに故意の黙殺さえも、私たちの生命を失わせる毒入りの飲料なのです。それは徐々に、私たちの肉体や心をむしばんでいきます。この世は、なんらかの心身の病気や欠陥によって、苦しみ、悩み、歪み、荒《すさ》んでいく人々で溢れています。

マリエッタ・イェガー(1)

娘の命日

一九九六年九月二二日、いよいよ「ジャーニー」が始まる日だ。

この日、私はアン・コールマンといっしょに行動することにしていた。偶然にも、アンの娘の命日だという。アンの人生を変えてしまった悪夢の日。そんな日に、娘を失った体験を語り、死刑廃止を訴える被害者遺族の心境とはどういうものだろう。

朝六時半、まだ薄暗いキャビンにアンの姿が見える。大きなコーヒーカップを手に、眠そうな目をこすりながら、数名の参加者たちとおしゃべりをしていた。アンは私に気づくと笑顔を見せ手を振ったが、いつもの元気がない。壁に張り出されたスケジュール表を見ると、アンの欄には朝から夜までびっしりと講演やイベントの参加予定が詰まっている。事件から一一年が経過したとはいえ、今日という日が特別な日であるにはちがいない。そんな日にこんなにたくさんの予定をこなせるのだろうか。私はだいじょうぶかと、アンに声をかけてみた。

「だいじょうぶよ。去年だって同じ時期に「ジャーニー」に参加したのよ。何もしないでいるほうが落ち込んじゃうと思うわ」

アンは自分で自分を励ますように言った。昨晩はほとんど眠れなかったらしく、目の下に大きなくまをつくっていた。

この朝アンはキャビンのなかを、落ちつきなくうろうろと歩きまわった。そして会う人会う人に「今日は娘の命日なの」と言ってまわっていた。言われた相手は、アンを抱き寄せたり、手を握ったり、深くうなずきながらただじっと顔を見つめたりと、どれも心のこもったあたたかい反応を返した。講演会に出発する少し前には、突然、アンが人の輪から離れ、森のなかに向かって歩き出した。そして、木立のなかでふと立ち止まり、目を閉じ、手を合わせ、大きく深呼吸した。アンはしばらく無言のままたたずんでいた。その姿から、失った娘の存在をかみしめていることがうかがいしれた。

午前中、アンは教会での講演をひとつ終えた。二〇〇人は入ることのできる教会に、二〇人にも満たない人がパラパラと座っているだけで、質問もあまり活発に出なかった。その頃になるとアンはいつもの元気を取り戻し、あからさまに不満な表情を見せ、愚痴をこぼした。そして、死刑囚の母親で、いつも双子のように講演をするパートナー、バーバラ・ルイスが来ていないことをなじった。バーバラは、『ニューヨーク・タイムズ紙』で紹介されていた友人だ。

「バーバラがいないと調子が狂っちゃうわ」

「ジャーニー」の期間中、ことあるごとにアンは苛立った表情で、こうつぶやいた。

バーバラは直前になって、今回の「ジャーニー」への参加をキャンセルした。その理由は、後に述べることにして、ここではあえて詳しく触れないが、アンが口にしたある一言によってバーバラはいたく傷ついていた。しかし、アンはそのことに気がついていなかったようだった。

アンは次の講演先であるクエーカー教徒の集いに出向いた。クエーカーはプロテスタントの一派で、宗教的な理由からいかなる戦争にも反対し、兵役拒否をおこなう徹底した平和主義者。そんな強いイメージを、私はあらかじめ持っていた。死刑にはどのようなスタンスを持っているのだろう。

小さな集会場には、四〇人ぐらいの信者たちが集まった。そして、「ジャーニー」の参加者たちのために昼食が用意されていた。軽く食事をとった後、参加者たちは信者たちとともに丸く円を描くようにイスを並べて座り、アンが紹介された。

「自分の手で犯人を殺したい」

「アン・コールマンです。一一年前の今日、一九八五年九月二二日、娘のフランシスが殺されました。娘が殺害されたと聞いた時、私は自分の手で犯人を殺したいと思うほど、憎しみや怒りでいっぱいでした。その日、娘の死体をひきとりに行く飛行機のなかで、隣に座った見知らぬ人に「娘を殺した犯人が見つかったら、私がそいつらの息の根を止めてやる」ともらしたぐらいです。それほど私は怒りに満ちていました。こんなにも私や家族を苦しめている代償として、命をもって償ってほしい。それが正直な気持ちでした」

事件当時アンは、ニューヨーク州のバッファローに夫と次男の三人で暮らしていた。ガンで入院していた夫は回復して退院したばかりで、次男は脳梗塞を患い自宅療養中。アンは大病人を二人も抱え、看病に追われていた。他の二人の子どもたちはそれぞれ独立している。長男のダニエルはハワイで軍隊に所属し、長女のフランシスはカリフォルニア州のロサンジェルスで看護師をしながら、二歳になる娘を育てていた。遠く離れて暮らす子どもたちは、アンを気遣って頻繁に電話をしてきた。看病の毎日に疲れ、精神的にも参っていたアンにとっては、子どもたちからの電話が何よりの楽しみだった。とくに孫の声を聞くと、心がなごんだ。

そんなある日の午後、電話が鳴った。娘か息子からだと思い電話に出てみると、興奮した姪の声が聞こえてきた。

「『フランシスが死んだ。銃で撃たれたのよ……』って。その時私がどんなふうに振る舞ったかは覚えていません。ただ、孫のことが気になり「孫はどこ？　孫は無事なの？」と叫んだことだけは覚えています」

その日のうちに、アンは事件現場であるロサンジェルスに向かった。

「警察が犯人を探し出してくれる。事件を解決してくれるのは当然だと信じていました。しかし、その考えが甘いということを、嫌というほど味わうことになりました。その日の午後、ハワイに暮らしていた息子のダニエルもロサンジェルスに駆けつけ、二人でいっしょに市警の七七分署を訪れました。そして娘の身に起こったことを説明してほしいと頼みました。すると署長は、第三者には事件に関することはいっさい話さないと断言したのです。被害者遺族が第三者とは驚きました。犯罪にあった被害者本人や遺族には担当のコーディネーターが割り当てられるから、そのコーディネーターの言うことをよく聞いて、指示に従えというのです」

ここでいうコーディネーターとは、被害者支援にかかわる各機関を紹介したり、助言を与えたりする担当官のことである。

「そしてそのコーディネーターから衝撃的なことを言われました。『四日間のうちに犯人が逮捕されなければ、まず事件は迷宮入りでしょうね。はっきり申し上げますが、指紋や明らかな物的証拠が見つからない限り、娘さんを殺した犯人を見つけることはむずかしいのです』と」

アンは悲嘆にくれながら警察署を去り、姪の家で警察からの連絡を待ち続けた。そしてようやく五時間後、死体検査に立ちあった警察官が娘フランシスの遺留品と車の鍵を持って現れた。

復讐へと駆り立てられた息子

「警察官は娘のカバンと車の鍵を私に投げつけ、「車を早く引き取ってくれ」と命令したのです。私は仕方なく警察署まで行き、車を引き取ることにしました。そこで私は恐ろしいものを見たのです。娘は車のなかで撃たれて死にました。銃弾は心臓を、肺を、そして背骨をつきぬけ、娘は自分の血のなかに溺れるようにして死んでいたと聞きました。その娘の車が事件現場からレッカー移動され、駐車違反専用の停め置き場に血まみれの状態で置かれていたのです。九月のうだるように暑い日でした。そこには恐ろしくひどい臭いがたちこめていました。そしてその臭いは息子のダニエルを一生悩ますことになりました。その日以来、どこにいてもその時の悪臭が臭ってくるというのです。事件現場の臭いと事件をぞんざいに扱う警察の態度。この二つが、彼を復讐へと駆り立てていったのです」

事件後の処理をすませ六日後にバッファローに戻ったアンは、ダニエルとともに娘の死体を墓に埋めた。

「ダニエルも私と同様に復讐心で煮えたぎっていました。しかし、そういった感情は時とともに乗り越えていくべきものです」

アンはきっぱりとそう言った。

実は事件から一カ月ほど過ぎた頃、アンは子どもを殺された親たちによる自助グループに参加し始めた。自助グループとは、似たような体験をした人々が定期的に会ってその時の気持ちや状況を語り合い、聞き合うことによって、互いを支え合う会だ。アンは事件直後、カリフォルニア州の犯罪被害者コーディネーターによってその存在を知らされていた。そして全米各地に支部を持つ被害者遺族団体のひとつ「子どもを殺された親の会」主催のグループに半年ほど参加した。娘を失った苦しみや怒りなどを語ったり、叫んだり、泣いたりすることによって気持ちを自分のなかに閉じこめないようにしていたという。アンにとって、こういう場があったことが、復讐心から抜け出せるきっかけになったようだった。

しかし、息子のダニエルはこのような試みにはまったく興味を示さず、むしろ「女々しい」とバカにさえするむきがあったという。ダニエルは自分の殻だけに閉じこもるようになっていった。

「不幸なことに、息子は復讐心を乗り越えることができませんでした。日に日に怒りを募らせ、妹を殺した犯人を殺すことに恐ろしいほど執着していました。イスラエル製の機関銃UZIを手に入れ、ロサンジェルスのスタジアムに行き、手あたりしだい人を撃ちまくる計画をたてていました。真顔で「スタジアムの観客席には犯人がいるかもしれない。他に犠牲者が出たとしても、犯人が殺せるなら俺はそれで満足だ」などと言うのです。私にはその怒りをなだめてあげることができず、本当にそんなことになったら、とオロオロするばかりでした」

ダニエルは自分が描いた「復讐の幻想世界」に浸るようになり、ふつうの生活が送れなくなった。鬱状態が続き、アンには内緒で抑鬱剤を飲み続けていた。そして、ある日薬を大量に飲み、自殺をはかったのだった。

「娘を葬ってから二年と九カ月後、娘を埋めたのと同じ墓の前に私は立っていました。息子までを、娘が眠る墓の隣に埋めることになってしまったのです。ダニエルはやり場のない憎悪を自分自身に向け、自殺するに至ったのです。彼を死に追いやったのは、まぎれもなく、復讐心です」

そしてアンは、事件が娘だけでなく、息子の命までを奪ったことに、どうすることもできない怒りを抱いていると言った。

無実を訴える死刑囚の弟

アンのスピーチの後、もう一人のスピーカーが紹介された。死刑囚の弟で、バーバラに代わるピンチヒッター、トラビス・ディックスだ。まだ二〇代半ばの彼は、身重の妻と一歳になる息子を連れて「ジャーニー」に参加している。この日もトラビスの隣には、息子を抱いた妻が座り、四〇人の視線が三人に集中していた。

トラビスはそんななか、少し緊張した面持ちで語り始めた。

「僕の兄はテネシー州の死刑囚です。一七年ものあいだ、「無実」の罪に問われています。事件当時兄はまだ一八歳。結婚したばかりで、ノースカロライナから引っ越してきた直後のことでした。兄の妻のお腹には新しい命が宿っていました。新しい生活がスタートしたばかりで、本当に幸せそうでした……」

トラビスは続けた。

「兄はまじめで働き者で、警察のやっかいになることなんてまったくありませんでした。でも、兄には刑務所を出たり入ったりの一九歳になる友人がいました。兄はある日、この友人に頼まれてドラッグストアまで車を運転してやったのです。友人はその店を襲って店員を殺害したのですが、兄はそんなことになっているなんて夢にも思っていませんでした。友人が店から出てくるのをただ待っていただけなんです。しかし、店から出てきた友人は、返り血を浴びた服を着たまま車に飛び乗り、兄に運転をするように告げました。兄は何が何だかわからないまま、命令に従って運転したにすぎません」

こうしてトラビスの兄は強盗殺人事件に巻き込まれ、犯罪のなかでも一番凶悪とされる、第一級殺人犯として扱われた。テネシー州では主犯でなくとも事件に立ちあっただけで同罪に問われる可能性がある。共謀の意思があったと見なされるのだ。

「僕は当時一一歳でした。裁判官が兄に死刑を宣告した時、「死刑、死刑、死刑」という声が何度も耳にこだましました。以来、僕の人生は変わってしまったんです……。

まだ幼くて細かいことはわからなかったけど、兄が電気イスにくくりつけられて苦しみながら処刑されることになる、ということだけはわかっていました。兄が無実だとしても僕にはどうすることもできません。真実を語れば公正に扱われると信じていたけれど、実際はそうではないということにやっと気がついたのです」

トラビス・ディックスと息子（提供：Rachel King）

参加者の目はトラビスに釘付けになっている。

「僕らは二級市民と見なされているようでした。とても貧しかったから……。だけど僕らは他の市民と同じように毎週教会へ行き、独立記念日を祝ったりもしました。父は、六つも七つもかけもちで仕事をして家族を食わせるために必死でした。母は僕ら五人兄弟を育て、家計をやりくりしながら服を作ってくれたり……。それなのに、兄が死刑を宣告されたことで、僕ら兄弟は皆偏見の目で見られ、馬鹿にされ、社会からいわれもない制裁を受けることになったのです。神様にも見捨てられたと思いました。それから酒や麻薬に溺れるようになったのです。心の痛みを感じなくてすむためでした。それで中毒患者になってしまったんだと思います。今でも毎週一回、酒や麻薬を断つためのサポートグループに通っています。当時はとくにアルコール依存症がひどくなり、鬱状態になりました。試せるものは何でも試しました。希望のない気持ちから抜け出すために……。でも結局は何も変わらなかったんです」

トラビスの声は震えていた。何度も何度も息を吸ったりはいたりしながら、やっと言葉が出てくるという感じだった。

「ある日、もう目を覚ましたくないと思って、自殺をはかりました。手首を切ったんです……。目が覚めた時、枕元で泣いている母の姿が見えました。病院で手術が終わった直後のことです。その時母さんが言いました。「死刑によって息子を一人失うかもしれないのに、あんたまで失ったら母さんはやっていけないよ」って……。その言葉を聞いて、母をこれ以上哀しませられない、もう自暴自棄になるのはやめようと誓ったのです。麻薬やアルコール依存症から回復するためのプログラムに参加するようになったのは、この自殺騒ぎの後でした」

トラビスの目からは大粒の涙がこぼれ落ちていた。そして部屋の隅では、トラビスの妻が赤ちゃんにおっぱいを飲ませながら、唇をかみしめていた。トラビスは声を震わせ、涙をぬぐいながら語り続けた。

「死刑囚の家族だって被害者なんです。なかなかそんなふうには受け取ってもらえないけど……。死刑によって家族を失うことは、殺人によって被害者遺族が味わう苦しみや哀しみと変わりないはずで……それに僕の兄のように無実で殺されてしまう可能性もあるってことを皆さんに知ってほしいんです。処刑された後で「悪かった、お兄さんは無実だった」なんて言われても、遅すぎるんです。もう兄はこの世に戻ってこれないんだから……」

あちこちからすすり泣きが聞こえていた。
と同時に、なかには納得がいかない様子の人もうかがえた。無実を証明できないのなら、犯罪を犯したに決まってる。ある中年女性は、発言はしなかったが、そんなことを言いたげな表情をしていた。

トラビスの兄のように、無実を証明できずにいる死刑囚はどれぐらいいるのだろう。

ワシントンDCに本拠地を持つ「死刑情報センター」によると、一九七三年から一九九七年の二四年間に、およそ六〇〇〇人に死刑判決が下され、うち六九人が「無実」で釈放された[2]。この数は死刑囚全体の一%強にあたる。そしてその三分の一近くの釈放が、一九九三年から一九九七年にかけてのたった四年間でおこなわれている。ということは最近になってようやく「無実」を獲得できるようになってきたと言ってもいいと思う。しかも無実の判決を勝ち取るまでには、死刑判決を受けてから平均六年半という長い歳月を要している。そしてある報告書によると「無実」を勝ち取った彼らのほとんどが、腕利きの刑事事件専門の弁護士や執拗なジャーナリスト、そしてDNA鑑定などの進んだ科学技術によって、確実な裏付けをとることに成功した「恵まれた死刑囚」であるということがわかる。(3) 言いかえると、大多数の死刑囚たちが、そのようなチャンスに恵まれていないということだ。

元最高裁判所判事ウィリアム・ブレナンは、みずからの経験にもとづいて、次のように述べている。

「死刑制度に疑問を抱くのは、死刑判決そのものが差別的で根拠に一貫性が欠けるということだけでなく、実際に無実のケースに対して死刑判決が下されているという事実があるからです(4)」

陪審員の苦悩、保護観察官の葛藤

アンとトラビスの話が終わると、フリーディスカッションに入った。いくつもの手があちこちであがり、ある女性が今まで心の底にしまってきたことを告白するという場面があった。

「私は今から二〇年ぐらい前に、ある強姦事件で陪審員を体験したことがあって……それ以来ずっと悩んできたことがあります」

五〇歳前後の女性は言った。一九七〇年代後半、彼女は南部のノースカロライナ州に暮らしていた。その頃の同州では、すでに第一級殺人罪に対して死刑の適用が認められていたが、さらに殺人を犯さなくとも強姦だけでも死刑を適用すべきだ、という議論が巻き起こっていた。

その女性が陪審員を任命されたのはまさに強姦事件で、有罪の判決が下れば被告人が死刑になる可能性があると話題になっていた事件だった。アメリカでは、陪審員をつとめることは、投票権を持つ市民の義務のひとつだ。一度任命されると、特別な事情がない限り、断ることはできない。あまりにも重大なケースだけに、彼女は最初から気乗りがしなかったという。

「証拠や証言もそろっていて、被告がレイプをした犯人であることは、誰の目にも明らかでした。でも、その罪を陪審員が認めたなら、被告は死刑になるかもしれないのです。でも、私自身は死刑に反対でした。被告が犯人であることを確信しているからには、有罪と判定すべきです。しかし、私が出した結果によって、目の前の被告が死刑になるとしたら……。そう考えると、もうどうしていいかわからなくなりました。裁判は一週間ほどにわたりましたが、その間私は眠ることも食べることもほとんどできない状態に陥りました。本当に苦しかった」

その女性は感極まって、泣き始めた。

「結局、私は悩んだあげく、有罪としました。その他の陪審員も全員が有罪とし、被告は有罪になりました。それからすぐに、強姦罪だけでは死刑にできない、という最高裁の判決が下ったので、被告は死刑を免れましたが、もし強姦罪だけで死刑に処せる、という判決が下っていれば、あのケースはまちがいなく死刑になっていたと思います。それを想像すると、本当に恐ろしいんです……。私も死刑の判定に直接かかわってしまうことになったわけですから……」

彼女はいまだに「死刑」という言葉に敏感だという。なるべく考えないように避けてきた。テレビやラジオで「死刑」という言葉を耳にすると、消してしまう。今回「ジャーニー」の集会に顔を出したのは、親しんできた教会での講演だったということと、被害者と加害者の両側の家族が参加すると聞いてのことだった。自分の体験は誰にも話せず、ずっと自分のなかにだけ閉じこめてきたが、本当は誰かに聞いてもらいたかったのかもしれない、と最後に語ったのが印象的だった。

その女性は陪審員をつとめることによって、「死刑」というテーマを自分の問題として受けとめた。正確には、受けとめざるをえない状況に追い込まれた、と言ったほうがいい。しかし、日本の制度では、一般の人が死刑を自分の問題として受けとめることはむずかしい。事件の判決が、職業裁判官の手にだけゆだねられている日本と、すべてのプロセスに直接一般市民がかかわるアメリカ。二つの国の制度の違いを見せつけられた気がした。

話を聞きに来ていた人のなかには、犯罪の加害者と被害者両方に接することを仕事にしている男性もいた。肩書きは保護観察官。アメリカでは一般に、受刑者が刑期を終える頃になると、かならず保護観察委員会が開かれる。そこで、受刑者のそれまでの生活の記録や現在の状況を評価するのが、保護観察官の主な役割だ。しかし、時には被害者側からの苦情を受けたり、裁判に出廷したりもする。

その男性は丁寧に講演者であるアンとトラビスの二人に礼を言い、倫理的には死刑に反対すべきだとわかってはいるものの、自分のような仕事についていると、そう簡単には割り切れないと心の内を明かした。

「私は毎日のように殺人や強姦など、凶悪な犯罪を犯した受刑者と接しています。もちろん全員が更生不可能だとは思いませんが、なかには本当に手のつけられないような悪人がいるものです。そんな受刑者が出所する時ほど、嫌な思いをすることはありません。ある殺人事件の被害者遺族は、受刑者が出所することを聞きつけ、私のもとにやって来ました。話を聞くと、犯人はひどい犯罪を犯したうえにまったく謝罪もせず、遺族は事件から一〇年以上も経過しているのにいまだに苦しみ続けている。もし犯人が出所したら、また殺人を犯すだろう。お願いだから出所させないでくれと、訴えるのです。彼らの気持ちは本当によくわかりました。しかし、刑期を終えた受刑者を出所させないわけにはいかないのです。とくに問題を起こしていなかったその受刑者は、結局出所しました。そして被害者遺族が言ったことが現実になりました。数カ月後、彼は再び犯罪を犯したのです」

あちこちから溜息が聞こえた。首をふったり、隣の人と顔を見合わせて、問題の複雑さをかみしめているようだった。その時突然、ある女性が口を開いた。死刑囚の弟、トラビスの話を聞いた後、不満そうな顔をしていた中年女性だ。

「あなた方は死刑に反対するというなら、死刑に代わる具体的な刑罰を提案すべきじゃないですか？　私たち市民は犯罪から守られるべきです。残忍きわまりない犯罪を犯した人を野放しにするなんて、もってのほかです」

保護観察官もそうだと言わんばかりにうなずき、

「死刑がベストだなんて誰も思っていないでしょう。ただ、それよりいい方法が見つからないから、仕方なく死刑を適用しているにすぎない。被害者遺族と死刑囚の家族が死刑の反対を唱えるという「ジャーニー」の試みは画期的かもしれないが、自分の体験談を語るだけでは、説得しきれませんよ」

と強く言い放った。

死刑に代わる刑

こういう話し合いでは、かならず現在アメリカに死刑囚は何人存在するのかといった質問や、死刑制度にかかるコスト等、一般情報的な質問が出る。被害者遺族や死刑囚の家族は、かならずしもそういう質問に答えられるだけの知識を持ち合わせていない。そんな時のために、「ジャーニー」ではかならずサポーターを同行させることになっている。

サポーターとは、人権NGOアムネスティ・インターナショナルや全米死刑廃止連合(NCADP)など、死刑に反対するさまざまな団体に所属し、死刑制度に関する基礎知識を持っている一種の専門家たちのことを指す。

この日も三名のサポーターたちが同行していた。そのひとり、ヘンリー・ヘラーは、バージニア州の住民で「死刑に反対するバージニア住民の会」の代表者をつとめ、今回の「ジャーニー」の地元コーディネーターとしても活躍していた。

ヘンリーは、先述の保護観察官の疑問に応えて、「ジャーニー」の参加者のあいだでも死刑に代わる刑に関しては合意がとれていないことや、合意をとるつもりも今のところはない、と説明したうえで、バージニア州の例をあげた。

「バージニア世論調査センターによると、五七％の住民が、終身刑に被害者遺族への賠償を加えた刑であれば、死刑を廃止してもよいと言っています。ここで言う終身刑とは、仮釈放の可能性を残したもので、ただし最低二五年間は仮釈放を与えない、というものです」

会場がざわめいた。

「それではまったく甘すぎる。遺族の多くは納得しないでしょう」

保護観察官が声をあげた。ヘンリーはその声にかぶさるようにして言った。

「しかし、死刑の支持率が高いといわれているバージニア州でさえ、「二一日ルール」に疑問を抱き、じつに七二％もの人々がこのルールには反対しているんですよ」

「二一日ルール」というのは、判決が下されてから二一日間のうちに証拠をそろえなければ、それ以降いくら新しい事実が浮かびあがったとしても、証拠として扱われないというバージニア州特有の法律だ。このルールがあるために、無実が証明できずに処刑されていった人々が大勢いるといわれている。なおこの「ジャーニー」の翌年、一九九七年七月に処刑されたジョセフ・オデールという死刑囚は、DNA鑑定で彼自身が犯人ではなかったことを証明したにもかかわらず、この「二一日ルール」のために申し立てが却下された(5)。

結局、全員が合意できるような案が出ないまま、「ジャーニー」の参加者たちは「まず死刑を廃止してから議論すべきだ」と主張し、聴衆側の何人かは「代替刑を提示できない限り死刑廃止論は理想論のままだ」と指摘して、集会場での講演会は終わりを迎えた。

この日のしめくくりは、死刑をテーマにした映画『デッドマン・ウォーキング』の原作者シスター・ヘレン・プレジャンによる講演会だった。カトリックのシスターで、「ジャーニー」の主催団体であるＭＶＦＲの準会員でもあり、死刑囚とも被害者遺族とも深くかかわり合ってきた人物。映画がその前年に公開され、大ヒットしたこともあって、メディアからも引っ張りだこである。今回も南部ルイジアナ州から駆けつけ、会場は一〇〇〇人は収容できるカトリックの大聖堂が用意されていた。

講演が始まる三〇分ほど前の六時半頃、大聖堂前はもうすでに人でごったがえしていた。家族連れが多かった。ミサに出る時のようにおめかしした子どもたちは、親の横にちょこんと座り、忙しそうに歩きまわる司祭や記者たちに、目だけをキョロキョロさせていた。前列には、三脚にのったテレビカメラが五、六台ほど並び、講演者が使用するマイクのそばには録音用のテープレコーダーがびっしり置かれていた。

そして講演が始まった瞬間、後ろを見て驚いた。通路にも人が座り込み、入り口あたりは立ち見だった。観客は軽く一五〇〇人を超す。死刑をテーマに一般市民がこれだけ集まるというのは、どう解釈すればいいのだろう。それだけテーマへの関心が高いと見るべきなのか、映画の原作者に対する単なる好奇心だけなのか。関心の高まりが死刑廃止への動きにつながっているのか、それでもやはり何も変わらないのか。

「ジャーニー」の参加者たちは、ヘレンの話を食い入るように聞き、時には涙を浮かべ、自分たちの体験と重ね合わせているようだった。アンもそのなかにいた。

講演終了後、大聖堂の前で、一一回目の娘の命日を終えたアンに感想を聞いてみた。

「娘を失くした哀しみは薄れやしないけど……」

そう言うと、一気に涙があふれ出た。そして、次のように言った。

「憎しみや怒りに駆られているよりも、こうして娘の思い出や自分の体験を話している私のほうが、天国にいる娘も喜んでくれるはずよ」

アンの自宅で

少し時間を戻そう。「ジャーニー」が始まる一カ月ほど前の八月一八日、私はアンが暮らすデラウエア州ドーバーの自宅を訪れていた。死刑囚の母親で、アンの友人でもあるバーバラ・ルイスといっしょだった。その前日私はバーバラの自宅で話を聞き、この日は、わざわざ車で片道一時間半もかかるアンの家まで、バーバラが送ってきてくれたのだった。

手入れの行き届いた緑の芝生。ゆったりとした大きな白い家。ポーチには木製のおしゃれなベンチがあり、家の脇には大きな自家用車が二台停められている。絵に描いたような中流家庭の家だ。車から降りると、庭の真ん中にちょこんと座っていたダックスフンドが、突然吠え始めた。そして猛スピードで私やバーバラのもとに駆け寄り、足下でぐるぐるとくだを巻くように元気よく駆けずりまわった。

そんな慌ただしさに気づいたのだろう、アンらしき女性が家から出てきて、手をふった。大柄でショートカット、ボーイッシュな感じの白人の女性だ。「目には目を歯には歯を――復讐心は復讐心しか生まない」と書かれたTシャツを着ていた。

「ハーイ、バーバラ！　ハーイ、カオリ！」

アンは大きな身体を揺さぶるようにして近づいてきた。まず、アンはバーバラを強く抱きしめた。そして次に私を抱きしめた。ほとんど違和感がなかった。どんな取材でも、初めて相手に会う時は、かなり緊張する。しかし、バーバラにしてもアンにしても、会ったとたんに緊張感などふっ飛んでしまうぐらいに、とけ込めた。それまでに電話でいく度となく話していたこともあるだろうが、赤の他人には思えなかった。

玄関先には、恥ずかしそうにもじもじしている、やはり体格のいい女の子がいた。バーバラが「ハーイ、サマー！」と呼びかけるとうれしそうに手をふり返し、バーバラのもとに駆け寄ってきた。二人はふざけ合って何度も何度も抱き合った。とても親しそうに見えた。

「孫のサマーよ」

アンが言った。それは、殺された娘フランシスの子どもだった。アンにとっては孫にあたる。アンは事件後、母親を失った孫の親代わりをつとめてきたのだった。

一二歳にしては大柄な女の子で、表情や雰囲気からも、年齢よりずっと上に見えた。かしこそうな子だったが、家のなかではまるで二、三歳児のようにアンやバーバラにべったりくっついて離れない。アンのことを「ママ」と呼び、バーバラをまるで同年代の友だちのように扱い、「ねぇねぇ、聞いてよ聞いてよ」としゃべりっぱなしだった。はじめの三〇分ぐらいはアンやバーバラが私の質問に答えようとすると彼女が突然話に割って入り、私たちは落ちついて話ができなかった。「じゃまだから自分の部屋に戻りなさい」とアンが何度も叱った後に、バーバラがサマーの「子守り」をかって出た。サマーはうれしそうにバーバラの手を引っ張って二階にある自分の部屋へ連れていった。その姿はどう見ても、自分に注意を向けてほしくてしょうがない、という感じだった。

アンは、二人が二階にあるサマーの部屋に入ったのを確認してからつぶやいた。

「あの子にはかわいそうなことをしたわ。母親を失ってから半年ほどは親権の問題が解決しなくて施設に預けられていたし、ここに来てからも私たち家族の皆が悲嘆にくれていて……。それからダニエルの自殺。哀しみが何年も尾を引いたでしょう。サマーを十分にかまってやる余裕がなかった……。そのことが影響しているのかもしれないって思うのよ。成績はいいんだけど、最近は幼児みたいに振る舞うことが多くて、学校の先生や私もとまどっているのよ」

アンは本当にどうしていいかわからない、と困った顔をした。そして三〇分ほどたって、バーバラとサマーが二階から降りてきた。バーバラはこの日午後から仕事を控えていた。遅番で、午後二時からだという。お昼近くなっていたので、もう帰らなければ間にあわない。アンとバーバラは再びしっかりと抱き合った。そして私に「取材がうまくいくことを願ってるわ」と言い残し、バーバラは去っていった。

「お腹すいた！　お腹すいた！　もう我慢できない！」

バーバラがいなくなったとたんに、サマーは騒ぎだした。アンが「いい加減にしなさい」と追い立てる格好をするとサマーの声はそれまでにも増して激しくなった。このままではおさまりそうになかったので、私はある提案をした。

「じゃあ、話は後にして、サマーのお気に入りのレストランへでも行こうか？」

サマーはニコニコしながら私のほうに駆け寄り、腕にしがみつき、「私この人ダーイスキ！」と言った。車中では、私の横に座り、ずっとしゃべりっぱなしだった。

私たちが到着したのは、フライデーという名のファミリーレストランだった。サマーは常連らしく、メニューも見ずに「いつものやつ」と言ってメキシコ風の料理を頼んだ。

料理を待つあいだもサマーは、相変わらず一人で話し続けていた。嫌いな先生や友だちのこと、好きなテレビドラマなど、たわいもない話ばかりだった。私は少しでも事件について話を聞きたかったのだが、サマーがまだ子どもだということもあって事件の話は遠慮していた。しかし、アンはそんな私の気持ちを見抜いたのか、事件当時のことを切り出した。

「事件について何も覚えてないって言ってたけど、どうなの？　カオリに話してあげなさいよ」

アンの言葉に、サマーは首を大きくふって言った。

「だって、ぜーんぜん覚えてないんだもん」

「じゃあ、フランシスのことは？」

「なーんにも覚えてなーい」

事件当時まだ二歳だったこともあり、サマー本人が何も覚えていないのは無理もない。しかし、彼女は母親が殺されたことで、幼い頃から環境の変化に順応せざるをえなかったことはまちがいない。そして何よりも母親を殺されたという事実とともに暮らしてきた。

年齢より大人びた風貌に、幼児のような振る舞いをするサマー。そんな彼女と接するなかで、ひとつの殺人事件が生む犠牲の重さと複雑さを、私は改めて感じた。

バーバラとの出会い

昼食を終え、サマーを友だちの家に降ろした。私は再びアンの自宅で話を聞くことにした。

話のきっかけに、アンとバーバラに関する『ニューヨーク・タイムズ紙』の記事を見せた。アンはうれしそうな表情を浮かべた。そして数時間前に帰っていったばかりのバーバラとのことを、一気に話した。

「二年半前、私は死刑に関するデラウェア州の公聴会に顔を出したの。ちょうど死刑執行がおこなわれようとしていた頃で、私はニューヨーク州から引っ越してきたばかりだったわ。その頃のニューヨーク州にはまだ死刑がなくて、九五年には死刑が復活してしまったけれど、死刑のある州は野蛮だと思っていた。だから娘が殺された時、一時期自分の手で殺してやりたいとは思っても死刑という選択は私のなかになかった。デラウエア州に死刑があることを知って、しかも執行をすると聞いて、いったい皆が何を考えているんだか知りたくて、顔を出しただけだったの。そうしたら驚いたことに、そこには、死刑に反対する弁護士や牧師などに混じって、死刑を強く支持する白人優越主義者のクー・クラックス・クラン(ＫＫＫ)も来ていたのよ。

「ニガーやユダヤ教の奴らは死刑で当然だ。あんな奴らは全滅させてしまえ！　殺人罪じゃなくても犯罪を犯した奴らは全員死刑にすべきだ」なんて、信じられないことをがなりたてていたわ。ＫＫＫのメンバーが叫ぶと、それに対して「黙れ」と叫び返す人がいて、会場はパニック状態。私は心のなかで、とんでもないところに来てしまった、と後悔していたわ。

そんななかで突然、黒人の女性が立ち上がって発言したの。

「つらいんです。私、とっても苦しいんです。息子は死刑囚で執行を待つ身です。私にはそのことが耐えられません。私だけでなく、孫も子どもたちも、息子が死刑囚であることに苦しめられるからです。私は、毎晩のように悪夢にうなされます。息子が処刑される夢です。おかげで今の私の生活はむちゃくちゃです。朝起きたり、ご飯を食べたり、働いたりするといったごくふつうのことでさえままならないのです」

それがバーバラだったのよ」

そしてアンはその頃のことをかみしめるように言った。

「私には、そんなバーバラの気持ちが手に取るようにわかったわ。これから子どもを殺されようとしているわけでしょう。私自身、子どもを二人も失うというつらさを体験していたからだと思うけど、決まった日に決まった方法で自分の子どもが殺されることなんて耐えられない！　私がバーバラの立場だったら自殺してしまうかもしれないって思った。それで、私はバーバラのスピーチを聞きながら、泣き出しそうになっていたの。

それからバーバラが言ったのよ。「息子が殺した女性には娘さんがいました。被害者遺族であるその女の子を抱きしめてあげることができれば」って。

私はこの言葉に強く揺り動かされた。もういてもたってもいられなくなって、公聴会の終了後、バーバラのところに駆け寄ったわ。そして思い切ってバーバラに話しかけた。「私には孫がいます。孫も殺人によって母親を失った被害者遺族なんです。よければ、代わりに私の孫を抱きしめてやってくれませんか」って。

バーバラはしばらくきょとんとして私の話を聞いていたけど、私が話し終わるとサマーをギューッと抱きしめてくれたわ」

この公聴会をきっかけに、アンは死刑囚の母親であるバーバラと親しくなり、死刑反対の立場を強めてゆくことになる。

死刑囚の家族を訪ねて

アンの自宅の居間には、たくさんの写真立てがある。殺された娘フランシスの写真、自殺した息子ダニエルの写真の他に、死刑囚の写真が二枚飾られている。一枚はバーバラの息子ロバートの写真で、もう一枚は一九九六年一月二五日に処刑されたビリー・ベイリー。二人とも「殺人」という取り返しのつかない犯罪を犯してしまった身だが、アンにとっては大切な存在だという。

死刑囚との出会いは、「息子に面会してみないか」というバーバラの一言から始まった。アンがバーバラと知り合って数カ月が経過していた。アンは死刑囚の息子を持つバーバラを気遣って、毎日のように電話を入れていた。誰にも話せないような悩みを打ち明け合ったり、週末には往復三時間かけてお互いを訪問し合ったりする親しい関係になっていた。

そんなある日、バーバラから息子に面会することをすすめられたアンは、ためらわずに承諾した。死刑囚であるロバートは、二人がいっしょに訪れたことをとても喜んでくれると同時に、こうもらした。

「ここには僕の他にも死刑囚がたくさんいる。僕には母さんのようにいつも面会に来てくれる家族がいるけど、他の多くの死刑囚には訪ねて来てくれる人なんてほとんどいないんだよ」

ロバートの言葉にアンは触発される。バーバラやロバートと知り合うことで、アンは死刑囚やその家族が置かれているつらい状況を知った。なんとかその状況をよくできないものだろうか。そんなふうに感じていたアンは、デラウェア州の死刑囚全員に面会をすることにしたという。

ビリー・ベイリーは、その頃いた一四人の死刑囚のうちのひとりだった。彼は一九八〇年に老夫婦を殺害したことで死刑の宣告を受けた。以前テレビニュースに登場したビリーは、「はっきり言って「凶暴な男」以外の何者でもなかった」とアンは言う。レポーターに向かって口汚い言葉でののしり、目をひんむいてがなりたてているビリーの姿。しかし、面会で出会ったビリーはまったくの別人だった。シャイでおとなしい人、という印象を持った。アンの居間に飾ってある写真のなかでも、ビリーはうつむきかげんに、はにかんでいる。

「ビリーは生まれてきた時から死刑と決まっていたようなもの……」

アンは哀しげにその写真を見つめていた。半年前のビリーの処刑で受けたショックから、アンはまだ立ち直れていないように見えた。

「初めて会いに行った時、看守が驚いていたわ。一〇年以上ものあいだ、ビリーにはひとりも面会者がなかったと言ってた。案の定、ビリーはバーバラと私のことをひどく恐がったのよ。だって一〇年ものあいだ、刑務所関係か裁判関係の人間にしか会わないんですもの。それに、ビリーにとって他人は彼を利用するか、傷つけるかのどっちかだと思い込んでいたから、無理もないわ」

はじめはアンとバーバラを警戒していたビリーも、二人が何度か訪ねてゆくうちに打ち解け始め、自分の子どもの頃の話をするようになったという。

ビリーには二三人のきょうだいがいた。母親はビリーがまだ赤ん坊の頃に死んだ。父親は子どもにまったくかまわない人で、再婚した相手はひどく子どもを嫌った。幼い頃からビリーが盗みを始めたのは、そうするしか生き延びる方法がなかったからだった。ビリーは義理の母親からいつも目のかたきにされた。虐待が日常化していた。そしてその虐待から逃れるために床下に隠れていた。一〇歳の時、その義理の母親にビリーは捨てられる。それも墓場に置き去りにされたのだ。そこである人に拾われるが、新たなる虐待が始まった。そしてビリーは盗むことによって生き延び、盗むために人を殺し、死刑を宣告されていた。

そしておよそ半年前の一九九六年一月二六日深夜、ビリーは処刑された。

執行の当日、バーバラと二〇人ばかりの執行に反対する人々とともに、アンは刑務所前に立ちつくしていた。手にしていたろうそくの灯が何度も消えるほど、強い風が吹き、四、五分立っているだけで、手が真っ赤に腫れ上がるぐらいに、寒い夜だったという。

アンは当時のことを思い出しながら涙を浮かべて言った。

「哀しいことに、ビリーにとっては刑務所が初めての「家庭」だったのよ。盗まなくても食事にありつけて、仕事も覚え、刑務所内の作業場で家具を作れるようになった。ビリーはやっと「生きたい」と思い始めていたのに。刑務所の生活で更生したのに……」

私が訪れた日の午後、アンはちょうどある死刑囚の母親を訪ねるつもりだと言った。私が同行させてほしいと言うと、電話がないので直接行ってみようということになった。会いたくないと言われれば、私は車のなかで待っていればいい。

それにしてもアンは積極的だ。娘を「殺された」遺族という立場でありながら、「殺した」側の死刑囚の助けになろうとしている。ふつうには考えられないようなことが、アンの日常生活の一部になっていた。

「死刑であろうが、殺人事件であろうが、事故や病気であろうが、家族を失うのはつらいこと。私は子どもを二人も失くした母親として、その苦しみや哀しみを誰にも味わわせたくないの。そしてその死が防げるものなら、防いであげたい」

子どもを失くした母親の哀しみや苦しみ、そしてバーバラとの友情。これらが、アンが死刑に反対する、最大の原動力になっているようだった。

その死刑囚の母親は町のはずれにある、低所得者用の住宅に暮らしていた。中心街からは四、五キロ離れた、レストランもスーパーも何もない、孤島のようなところだ。

「まぁー、アン！　よく来てくれたわね。電話かけようと思ってたところなのよ」

アパートの前で、ヨロヨロとよろめきながら、細い黒人の女性が立っていた。酔っぱらっているのは一目瞭然だった。満面の笑みを浮かべ、大きく手を広げ、アンに抱きついた。

「サリー、サリー、サリー！」

アンは駄々っ子をあやすようにサリーを抱きしめ返した。太ったアンが枝のように細いサリーをすっぽりと腕のなかに包み込んでいた。なんともユーモラスな光景に、私は思わず微笑んだ。

サリーの息子、ウィリー・サリバンは、四年前の一九九二年にある女性を殺していた。ウィリーは当時まだ一九歳になったばかりで、同じ年の一二月、一九歳という若さで死刑を宣告されていた。そして、私たちがサリーを訪れる二カ月前には、執行日を延期されたばかりだった。

アメリカでは死刑が確定すると、執行予定日が設定され、かならず公表される。すぐに予定日が設定されることもあれば、何年も後になってから設定されることもあり、州によって、事件によって異なるが、いったん執行予定日が設定されると、延期を求めることができるのだ。

私は日本から来たジャーナリストだとアンから紹介された。サリーはニッと笑うと、

「アンが連れてくる人なら誰でも大歓迎よ!」

と大きく手を広げ、部屋に招き入れてくれた。私はホッとする。

私たちが通された居間は、ツーンと鼻をつく臭いが立ちこめ、おまけに暗くて気が滅入りそうだった。カーテンがわりに窓枠に打ちつけられたビニール。時間が止まったままの時計。やたら大きな古ぼけたテレビ。ところどころ破れて綿がはみ出しているソファー。小さなテーブルの上には、汚れたグラスとビールの缶が転がっていた。

「また飲んでたのね」

アンがサリーをにらみつけると、サリーはへらへらと笑いながら、

「これでも最近、うーんと量を減らしてるのよ。ウイスキーとかハードなやつはやめてるし……」

と言いわけをした。

サリーは近況をアンに報告した。近くに住む牧師と最近知り合って、時々悩みごとの相談に行っていること。お酒を断つことを牧師からもすすめられて、徐々にやめようとしていること。月に五〇〇ドル程度の生活保護では車が買えないので、どこにも行くことができず、息子ウィリーの面会にもここ数カ月行くことができていないという。その息子からは金を送金しろ、テレビやステレオ機器を送れと、催促の手紙ばかり来る。自分の犯した罪の重さをまだ自覚していないようであきれてしまう、などと話はつきなかった。

そして、どうしても酒を飲まずにはいられないと涙をこぼした。

「ウィリーは人を殺したんだから死刑になるのはあたりまえだと思うようにしてる。でもね、つらくてつらくて、仕方がない。いつまでこんな闇の状態が続くのかと思うと……気がおかしくなってしまいそうで……わかってくれるでしょ。飲まずにはいられないのよ……」

返す言葉が見つからず困っている様子が、アンの表情から見てとれた。

アンがトイレに立ち、しばらくのあいだサリーと私だけになった。私は何を言っていいかわからず、「アンはよくしてくれるのね」というようなことを口走ったように思う。サリーはうなずきながら、

「私は地獄に暮らしているようなもの。息子はどうしようもないし、娘は家族に死刑囚がいることを恥じてフロリダ州へ引っ越しちゃったし、私は独りぼっちでアル中だし……。アンはね、そんな私にとって唯一の救いなの。アンに生かされているんだって思うことがあるわ。だって、アンに出会うまで、私たちみたいな死刑囚の家族のことを気にかけてくれる人がこの世に存在するなんて知らなかったし、私たちは皆憎まれて当然だと思ってたから……。本当にありがたいわ」

と言った。彼女の目にも、私の目にも、涙がいっぱいあふれていた。

帰りがけ、アンは「何かあったらこれで電話して」とサリーに五ドル札を渡した。そして急に眉をキュッとつりあげて言った。

「お酒に使っちゃダメよ。刑務所へ面会に行きたいなら私が迎えに来てあげるから、遠慮せずに電話するのよ」

アンの言葉にサリーは何度も何度もうなずきながら、アンと抱き合った。そして、「ありがとう」の言葉をくり返しながら、いつまでも私たちの帰る姿を見送ってくれた。

ふらふらとよろめきながら手をふるサリーの姿に、「アンに生かされている」という言葉が重なり、胸が熱くなった。

帰りがけ、もうひとり死刑囚の家族を訪問するとアンが言った。車が止まった先は、ファーストフードのハンバーガー店だった。午後三時過ぎ、客がひけてガランとした店内で、高齢の白人女性がテーブルをふいていた。疲れ切った感じの横顔が、なんとも哀しげで印象的だった。

「エリー!」

アンが声をかけると、疲れたその女性はこちらに振り向き、一瞬表情にフッと笑顔がのぞいた。

六〇代後半ぐらいのエリーという名の女性は、やはり息子が死刑囚だという。死刑の執行日が三カ月後に迫っていると聞いていた。そのせいだろうか、彼女は極端に疲れているように見えた。

「ちょっと待ってて。マネージャーに頼んで休憩をもらうから」

エリーはそう言い残し、キッチンに姿を消した。私たちは店の隅に席をとり、アンは彼女の身の上を小声で説明し始めた。エリーはアンの家から車で五分ほどのところに住んでいる。年金だけではやっていけず、最近近くのハンバーガー店で働き始めたばかりだった。寝たきりの夫の介護と、一一歳になる孫マーカスの面倒、それに息子の死刑執行日が近づいてきていることも重なって、エリーは疲れ切っていた。アンはそんなエリーを気遣い、時々店に顔を出していた。

「今はお客が少ないから、一五分ぐらいなら休憩とってもいいって」

エリーは私たちの席についた。アンが私を紹介すると、力なく愛想笑いを浮かべ「よろしく」とだけ言い、すばやく視線をアンのほうに戻し、白髪混じりの髪を後ろに束ねながら、フウーッと深い溜息をついた。

「マーカスの調子はどう？　学校にちゃんと通ってる？」

アンがエリーの孫の話を切り出した。エリーは、しばらく考えてから答えた。

「……元気とは言いがたいわね。ただ私も忙しいから、かまってやれなくて。家にいるときも夫にかかりっきりでしょ。学校でもね、いじめられてるらしくて、最近は行きたがらないのよ。無理矢理送り出してはいるけど……」

エリーの力ない言葉。アンは、うんうんとうなずきながら、彼女の肩を優しくなでていた。

エリーの息子で、生き残った孫の父親にあたるデービッド・ラウリーは、自分の家族三人を殺した。殺された被害者は孫にとって、母親と姉にあたる。四年前の一九九二年、デービッドはぐでんぐでんに酔っぱらって、妻と激しい口論になり、暴力を振るった。そして明け方、子どもたちが寝静まった頃、デービッドは妻を刺し殺し、家に火をつけた。またたく間に火は燃え盛り、妻と二人の娘は焼死した。ちょうどその時親戚の家に泊まりに行っていた孫のマーカスと、火をつけて家を飛び出したデービッド本人だけが助かった。一九九三年七月、デービッド・ラウリーは死刑を宣告された。

判決が下った時、幼いマーカスにも、父親が死刑になって死ぬんだということは理解できたようだった。裁判があるごとにマーカスは法廷に立った。

「どうかパパを殺さないで」

と毎回、裁判官に「お願い」してきていた。しかし、その「お願い」はまったく無駄に終わっていた。

アンと私は店を後にした。ホテルまでアンが送り届けてくれることになった。運転し始めてすぐ、エリーの孫のマーカスのことが心配でたまらないとアンは言った。エリーが仕事を休めない時には、刑務所まで彼を連れてゆき、父親との面会に同行した。野球の試合をいっしょに見に行ったこともある。クリスマスや誕生日にはプレゼントを持って彼を訪れた。「マーカスが大好きなアンより」というカードをつけることも忘れない。そんなエピソードをアンはいくつも話してくれた。

何も悪いことをしていない一一歳の少年にはひどすぎる人生。それでも、彼が自暴自棄になったり、誤った道へ走らないように、できるだけのことをしようとしているアンの話を聞いて、少しは救いを感じた。

そしてアンは言った。

「「死刑にするのは被害者遺族のためだ」、なんて言うけど、マーカスはどうなるの？お母さんもお姉さんも失っちゃったのよ。お父さんは家族三人の命を奪った極悪人かもしれないけど、あの子にとってお父さんであることには違いないでしょう。父親と面会してる時なんて、本当に楽しそう……。あの二人がふざけてケラケラ笑いころげてる姿を見てると、涙が出てきちゃう。父親が処刑されてしまったらどうなるんだろうって。この子はまた新たに家族を殺されるという体験をしなくちゃならない。それでもまっとうに生き続けろなんて、誰にも言う資格ないわよ。死刑を積極的に支持していなくても、私たちのほとんどが容認していることには変わりないんだから」

話を聞きながら、私の胸はキリキリと痛んだ。

二つの出会い

愛する誰かが「殺人」によって命を奪われたなら。

また、愛する誰かが「殺人」を犯し、「死刑」を宣告されたなら。

「ジャーニー」の行く先々で、私はこの二つの問いを、何度も何度も頭のなかでくり返した。

「殺人」という出来事においては、「殺す人」がいて、「殺される人」がいる。当然「殺された人＝被害者」には家族や親戚、友人などがいる。同時に「殺した人＝加害者」にも家族や親戚や友人がいるはずだ。言うまでもなく、ひとつの殺人行為は人ひとりの命を奪うだけでなく、被害者や加害者をとりまくさまざまな人々の人生を大きく左右することになる。

しかし、殺人事件をニュースで見聞きした場合、なぜか私たちの多くは被害者側に姿を重ねあわせ、加害者側にはほとんど思いを寄せようとしない。

「被害者の遺族は犯人を八つ裂きにしても気がすまないだろうね」

「自分の子どもが殺されたりしたら犯人を死刑にしたいと思うのが当然よね」

このような意見をよく耳にするし、そう言いたくなる気持ちもわからないではない。実は、私も十数年ほど前までは、そんな言葉にうなずくひとりだった。自信を持って死刑制度を支持するわけではなく、かといって積極的に反対する気にもなれない、いわゆるサイレント・マジョリティーの一員。それが私だった。

しかし、それから数年のうちに、二つの出会いを通して、「死刑」が身近なものとして私に迫るようになっていった。ひとりは被害者遺族で、もうひとりは死刑囚の母親だった。私は、この二人の体験や思いを知ることによって、少しずつ、変わっていったのだと思う。

被害者遺族ベロニカ

今から一二年前の一九八六年、当時アメリカの大学に通っていた私は、『ワシントン・ポスト紙』の付録雑誌に掲載された、ある特集記事に衝撃を受けた。それは、息子を殺された被害者遺族のインタビューだった。この事件は、アメリカのメディアでも大きく取り上げられ、三大ネットのニュース番組では連日のように、嘆き哀しむ彼女の姿が映し出されていたので、私は吸い込まれるようにして、その記事を読んだことを覚えている。その被害者遺族は、南米のチリからアメリカに亡命してきたベロニカ・デ・ネグリという女性だった。

当時、高校を卒業したばかりで好奇心旺盛だったベロニカの息子、ロドリゴは、フォト・ジャーナリストを目指していた。自分の目で生まれ故郷を確かめ、写真で記録したいと、一九七三年から続いていたピノチェト独裁政権下の祖国チリに、その夏、一時帰国した。町の至るところで、軍政に対するデモがおこなわれ、ロドリゴはそんな様子を興奮しながらスチールカメラで記録していたという。そして、七月二日、いつものようにカメラを手に、デモに参加していたロドリゴは、CNIと呼ばれるチリの秘密警察によってガソリンをかけられ、火を放たれ、焼き殺されたのだった。

さらに、ベロニカ自身が拷問のサバイバー（生存者）であることもその記事には記されていた。実は、アメリカに亡命する以前、一年近くものあいだ、ベロニカはCNIからさまざまな拷問と強姦を受けていたのだった。

その頃のチリは、軍事政権による反体制派への抑圧がすさまじかった。貧困層への援助プログラムの推進など、昔から人権活動に深く携わっていたベロニカの周辺では、友人たちが忽然と姿を消す、ということが頻繁に起こっており、ベロニカは「失踪」した友人たちの行方を探すための活動をおこなっていた。そんなある日、彼女自身がCNIによって捕らえられてしまう。

そして、ベロニカは、人間の仕業にはとうてい思えないような残酷な拷問を受けたのだった。

たとえば、「サブマリン」と呼ばれる拷問を受けた時のこと。自分の排泄物と水でいっぱいの浴槽に座らされたベロニカは、CNIから仲間の名前をあげろと言われた。否定するたびに顔をその浴槽のなかにうずめられ、何度も窒息死しそうになった。「人間グリル焼き」と呼ばれるものでは、手足を縛られ、大きな電気グリルにくりつけら

殺された息子ロドリゴの一周忌に，在米チリ大使館前で抗議するベロニカ・デ・ネグリ
(提供：Veronica De Negri)

れた。その状態で顔や性器、手首や足先など、身体のあちこちに電流を流されるのだ。ショックと痛みで数えきれないほど気絶したという。複数の秘密警察官によってレイプもされた。極めつけは、膣の中に生きたねずみを入れられたこと。出口を見つけようとベロニカの体内であがくねずみが、彼女の内臓をズタズタに引き裂いた。傷つけられた内臓や性器は来る日も来る日も出血し続け、何の手当てもされないそのままの状態で、放置されていたという。どこまで人間は持ちこたえることができるのか。ベロニカは、そんな生体実験の被験者にされているようなものだった。

この記事を読み進めるうちに、私の思考は何度も停止しそうになった。あまりにもすさまじい体験に、何度も新聞を折りたたんでは溜息をつき、読むのをやめようとした。しかし、いったん読み始めた記事、それも自分の心をこれだけ乱す記事を放っておくことができなかった。何行か読んでは止まり、読みまちがっているのではないかと、元にもどって何度も読み直したりもした。

もし自分がベロニカだったら生き続けることはできないだろう。拷問をおこなった人々に対しての怒りに震え、また、人間は際限なく卑劣になれる、という事実に私は打ちのめされた。

拷問や殺人を黙って見逃すべきではない。記事を読み終えた後、私は強くそう感じた。そして、私なりにベロニカのような立場にある人々を少しでも助けられたら、と思い、アムネスティの人権活動に参加することにしたのだった。

当時のアムネスティは、死刑廃止キャンペーンの最中で、私のもとには死刑に関するビデオや報告書が次々に送られてきていた。死刑が犯罪抑止力にはならないことや、人種差別が色濃く、無実の人が処刑される可能性があるということは、資料に目を通せば一目瞭然だった。にもかかわらず、私自身、立場をはっきりできないところがあった。もちろん、刑といえども人が人を殺すことに違いないわけで、そのことをすんなり受け入れることはできなかったし、誰が死刑で誰が死刑にならないのか、といった線引きをすることにも抵抗感があった。しかし、「被害者の立場に立って考えろ」と問いつめられると、「死刑はまちがっている」とも言えなかった。

それから四年後の一九九〇年、ワシントンＤＣで開催された、ある集会でのこと。会場となった大学の教室で、実際に拷問を受けた被害者だという四〇代の女性が、三〇人ほどの聴衆に向かって自分の体験を語り始めた。それがベロニカであることに気がついたのは、彼女が実際に拷問を受けた時の様子を描写し始めた時だった。一言一言、腹の底からしぼり出すように語るベロニカの姿を前に、私はひたすら涙をぽたぽたと床に落とし続けた。

数カ月後、私はベロニカの家を訪れた。ロドリゴを失ってからは、もうひとりの息子パブロと二人でワシントンＤＣにある小さなアパートに暮らしていた。

ドアが開いたとたん、殺された息子ロドリゴの写真や似顔絵が目に飛び込んできた。そのなかには、写真が趣味だったというロドリゴ自身が撮影した、チリの街角や友人のポートレート写真もたくさんあった。生前、愛用していたというギターが玄関近くにたてかけられており、ロドリゴを思わせるカメラも二、三、棚の上に飾られていた。とにかく、家のなかはロドリゴ一色だった。それぞれの遺品に優しく、時に哀しげな眼差しを注ぐベロニカの姿からは、息子の死から五年以上たった今も、まだまだ立ち直れていないことがうかがいしれた。

ベロニカは、その頃の心境を次のように語った。

「私の人生はむちゃくちゃにされた。「憎い」なんて言葉じゃ表現しきれないぐらい強くて否定的な感情が胸のなかをうずまいてるわ。肉体的にも精神的にもボロボロに破壊されたのよ。拷問とレイプのせいでいまだに内臓は欠陥だらけ。アメリカに亡命したのも、生き延びるためには祖国を離れるしかなかったから。そのうえ息子を殺されるなんて、本当に耐えられない……」

その時私は、ふと、あることを口走った。息子を焼き殺した犯人や、ベロニカ自身をレイプし、拷問した相手に対しては、死刑を望んで当然だろう、と。

しかし、驚いたことに、ベロニカの口から出てきたのは、次のような言葉だった。

「私は、死刑は望まない。死刑にしたところで何になるの？　ロドリゴは戻ってきやしないでしょう。私や家族の苦しみが消えてなくなるの？　毎晩見る悪夢がなくなって、ぐっすり眠れるようになるの？　拷問でボロボロになった内臓が、元に戻るの？　私をレイプした男の顔や体臭を、私の記憶からすっかり消し去ることができるっていうの？」

予想もしない反応に、私はたじろぎ、ただじっとベロニカの声に耳を傾けていた。

「私が拷問を受けたことも、息子が殺されたことも、すでに起こってしまったことなのよ。事実を変えることはできないでしょう。私はね、何がどのようにおこなわれたか、真実が知りたいのよ。そして犯人は、自分のおこなったことを悔い改めるような処遇にされるべきだと思う」

ベロニカの言葉はどれも、私にとってはショックだった。被害者遺族は死刑を望むに決まっている、という思いをどこかで抱いていた私は、被害者感情にもいろいろあるのだということを、この時初めて実感した。そして、ある疑問が私のなかに生まれた。

死刑はいったい誰のために存在するのだろうか。

人まちがい

それからさらに四年後の一九九四年、そのような疑問をさらに強める出会いが日本でもあった。死刑囚の母親Aとの出会いだ。

その頃、ある死刑事件が気になり始めていた私は、死刑事件の公判を傍聴するために、ある地方裁判所へ出向き、そこで四〇代半ばぐらいのAに声をかけられた。

「すみませんが、ひょっとしてCさんではありませんか？」

私が「違います」と答えると、Aは小さく肩を落とした。そして、人まちがいをしたことを丁寧に謝り会釈をすると、足早に去っていった。

公判中、Aは傍聴席で私の斜め前に座っていた。人の目を避けるように頭を垂れ、目を伏せ、背中を小刻みに震わせ、ハンカチをぎゅっとにぎり、時々そのハンカチを目にあてていた。そして、死刑囚のBが最後に証言台に立ち、聞き取れないほど小さな声で何かを言った時、それまでにも増して彼女の身体の揺れが激しくなったのを、私ははっきりと覚えていた。

死刑囚の母親にちがいない。

そのAに声をかけられて間もなく、あることに気がついた。私は被害者遺族とまちがえられたのかもしれない、と。

実際、Cというのは事件で殺害された家族のなかで、唯一生き残った被害者遺族だった。公判でもCの名前は、いくどとなく耳にしていたし、検察官は、CがBに強く死刑を望んでいると主張していた。

そのような状況で、直接の被害者遺族に加害者の家族が声をかけるなんて、どんなに勇気がいったことだろう。もし自分が同じ立場だったら、と考えると私はいてもたってもいられなくなり、Aの後を追いかけた。

裁判所の門を出たあたりで、中年の男性に付き添われて歩く彼女の姿が見えた。何を言っていいのかもわからないまま、「Bさんのお母さんでしょう。大変ですね」というようなことを口走ったように思う。彼女のほうも、どう答えたらいいのかわからずとまどっているようだった。隣に立っていた彼女の友人が見かねて口火を切り、その場で私たちは少し立ち話をした。

彼女はまさしく死刑を求刑されている被告Bの母親だった。その後、私は何度かAや弁護士と個人的に会う機会を持った。取材が目的というわけではなく、偶然にも死刑囚の母親から声をかけられたことによって、なんとなく事件に足を突っ込むことになっていったのだった。そのなかで、事件が報道されているように単純ではないことや、死刑囚の家族が直面している問題の深刻さを垣間見ることになった。

息子のBは血も涙もない残忍で凶悪な連続殺人犯として報道され、巷では彼に死刑は当然というムード一色だった。しかし彼の母親は「息子の死」という方法ではないやり方で、被害者遺族であるCに償いをしたいという思いでもがいていた。弁護士を通して、Cへの接触をいくどとなく試みてはいたものの、かたくなにその道は閉ざされていた。わらにもすがる思いで、年格好の似た私に声をかけてきたに違いない。

「息子の死をもってしか罪を償えないのかもしれない」

この言葉を、私は彼女の口から何度聞いたことだろう。

息子には生きて償うことを望んではいるものの、彼のおこなった「殺人」という行為の重さに、Aはつぶされそうになっているように見えた。そんな死刑囚の母親Aの姿は、ふとした瞬間記憶のなかで蘇り、私は問い続けてきた。

死刑はいったい何を解決するのだろうか。

(1) 娘を誘拐され殺された母親。マリエッタ・イェガー著、村田桂一訳(一九八五)『スージーはどこへ――我が子を誘拐されて』聖山社、一七三ページ。

(2) Dieter, Richard C. (1997) *Innocence and the Death Penalty: The Increasing Danger of Executing the Innocent*, Death Penalty Information Center.

(3) (2)と同様。

(4) Brennan, W. Jr. (1994) Neither victims nor executioners, *Notre Dame Journal of Law, Ethics & Public Policy*, Vol. 8 No. 1, p. 4.

(5) Frank, John (1998) O'Dell wife petitions Beach Court to return executed killer's items, likely for DNA testing, *The Virginian-Pilot*, Jan. 15.

Ⅱ　新しい被害者運動

MVFR の創始者マリー・ディーンズ（右）と現在の事務局長
パット・ベイン（提供：Pat Bane）

国民の大半が支持しているからといって――カリフォルニア州では八〇%が死刑を支持し、アメリカでは過半数を超える人々が死刑を支持している――倫理的にその意見が正しいとはいえない。今では野蛮とされる奴隷制度や、リンチや、盗みには手を切るという処罰やさまざまな拷問も、かつては国民の大半によって支持されていたわけだから。

ウェンディー・レサー(1)

死刑執行前日

「ジャーニー」が始まる二週間前、オレゴン州では、三四年ぶりに死刑が執行されることになっていた。

アメリカは、一九七二年から七六年まで死刑執行を停止し、七七年に再開していた。最初はユタ州だけだった。以降、フロリダ州、ネバダ州と続き、八〇年末までには一三州で執行されるようになっていた。一般に、いったん再開すると、定期的に執行されるようになる。フロリダ州、テキサス州、そしてバージニア州の三つの州では、一〇年以上ものあいだ、毎年欠かさず執行されている。

執行数も増加の一途をたどっている。八三年までは一桁《けた》台だった毎年の執行数が、八四年からは二桁台を維持するようになった。そして、九〇年代に入ってからは、死刑囚の数が二〇〇〇人を超えるのに対して執行率が低いという指摘がなされるようになり、政治家たちは「すみやかに執行する」という政策を掲げ始める。その結果、九〇年から九五年までのたった六年間に、さらに一三州が執行を再開し、九五年には、その年だけで五六人もが執行されるという急増ぶりを見せた。

オレゴン州での執行再開は、そのような流れのなかで起こった、象徴的な出来事である。

一九九六年九月六日の午前〇時一分、同州で処刑される死刑囚は、ダグラス・フランクリン・ライトという五六歳の白人男性で、九三年に二三歳から三七歳までの三人の男性を殺した罪に問われていた。

前日の九月五日正午近く、州内最大の都市ポートランドの空港に降り立った私は、まず、空港じゅうのニューススタンドを駆けまわり、地元の新聞を探しまわった。今夜の死刑執行に関する、最新情報を手に入れたかったからだ。

日本の場合、死刑の執行日が事前に明かされることはないし、処刑される死刑囚本人でさえ、当日の朝まで知らされることはないという。しかし、アメリカでは一般に、何カ月も前から執行日が公にされるし、執行の直前に公聴会が開かれて恩赦が与えられたり、執行が延期されたりすることがある。

この日も、事前に執行が停止されたり延期されたりする可能性はないか。そして、市民はどう思っているのかも私は確かめたいと思った。しかし、五軒ほどのどの店も新聞は売り切れで、レジの女性は、「こんなことめったにないんだけど」と不思議そうに首をすくめた。仕方なく外へ出ると、タクシー乗り場の陰に、新聞販売機を見つけた。駆け寄ると、どの新聞も一面にデカデカと「死刑執行」の見出しが出ている。死刑に対する市民の関心の高さがうかがえた。私は急いでありったけの小銭をかきあつめ、三つの地元紙を購入した。

哀しげな表情を浮かべている高齢の白人女性が、すべての新聞の表紙を飾っていた。その女性は息子を十数年前に殺害された被害者遺族のひとりだった。その夜、同州で死刑が執行されることになっているダグラス・ライトが、息子の命を奪った犯人だ。死刑執行によって、遺族の苦しみが軽減されるであろう、というのがどの新聞記事にも共通した論で、執行の再開が前向きにとらえられている印象が強かった。

たとえば『オレゴニアン紙』のヘッドラインには大きく太字で、「ダグラス・ライトの死刑執行日は苦悩の終わる日」と被害者の母親の言葉がそのまま引用されていたし、紙面の四分の一近くを被害者の母親の写真が占めていた。写真のなかでその女性は、レースの飾りがほどこされた手作り風のアルバムを開き、哀しげにその上に視線を落としていた。開かれたアルバムの左ページには、ありし日の息子の写真、そして右ページには、事件の現場検証で撮影された白骨化した状態の写真と、事件現場で警察が使用したと思われる「立ち入り禁止」の黄色いテープが、はりつけられていた。それはなんとも生々しく、見る者を「死刑執行は当然」と思わせるだけの迫力を持った、悲哀感が漂う写真だった。

同じ記事に、淡いカラーで描かれた処刑室のイラストがあった。そこにはベッドやテレビや電話といった物だけが描かれ、人が存在していない。まるで最新式の病院か高齢者ホームのパンフレットを見ているような気がしてくるのだった。イラストの脇に書き加えられた執行日のスケジュールは日課のようで、その印象をさらに強める。

「ダグラス・F・ライトは、午後六時に最後の夕食をとる。メニューはパンケーキ、卵焼き、ベーコン、ハッシュブラウン、コーヒー、ミルク、それにオレンジジュース。一一時五〇分、彼は六人の看守にエスコートされ処刑室へ向かい、処刑用ベッドにくくりつけられる。注射針が血管に刺される。心電図に表示される。午前〇時一分、金曜日、硝酸ナトリウムによって眠らせ、臭化パンクロニウムによって息を止め、塩化カリウムで心臓を停止(2)」

また、『ステーツマン・ジャーナル紙』では、「致死薬注射は投票者によるチョイス」という記事が目を引いた。一九八四年、オレゴン州で死刑制度が復活した際に、処刑方法に関する住民投票がおこなわれた。結果は致死薬注射が第一位になり、今後の死刑執行は致死薬注射でおこなうことになった、と書かれていた。

死刑執行をオレゴン州の住民は望んでいる、ということであろうか。

オレゴンの空港から一時間半ほど車で走ると、目的の町セーラムに到着した。ハイウエイ沿いにショッピング・モールや大型のアウトレットショップが並ぶだけの、とりたてて特徴のないありふれた町だ。

午後三時過ぎ、私は町はずれのモーテルにチェックインをすませ、遅めの昼食をファミリーレストランでとることにした。

「今晩この町で、三四年ぶりに死刑の執行がされることを知ってる？」

私は注文をとりに来た若い女性のウェイトレスに声をかけた。

「もちろんよ。知らない人なんていないんじゃない？」

と素気ない返事が戻ってきた。そして「執行をどう思うか」という私の質問には、次のようにめんどくさそうに答えた。

「どうもこうもないわ。やらざるをえないのよ。彼は死刑にされて当然のことをしたんだから。セーラムの住人は皆そう思ってるわ」

そして「死刑なんて私には関係ないんだから、さっさと注文してよ」とでも言いたげに、注文票とペンをエプロンのポケットから出した。彼女にとって、死刑の執行があることはどうでもよさそうだった。

『オレゴニアン紙』によると、オレゴン州で最後に死刑が執行されたのは、三四年前の一九六二年八月二〇日、午前〇時一五分。リーロイ・マッゴイという男性で、若い女性と彼女の二歳の息子を殺した罪に問われ、ガス室送りとなっていた(3)。それから二年後、オレゴン州の住民は死刑の是非をめぐって住民投票をおこない、死刑の廃止を決め、ガス室は廃棄した。しかし、一九八四年、死刑制度が復活した。

「やらざるをえない。皆そう思ってる」とあたりまえのようにウェイトレスは言ったが、そのあたかもあたりまえのようにおこなわれていることが、どういうことであるのか、そしてそのことによって多くの人々が深刻な影響を受けているということを、彼女たちマジョリティー（多数派）は知らない。そして、その「知らない人々」が、死刑を支えているのだ。私がそうであったように。

死刑執行をめぐる刑務所とメディア

オレゴン州で死刑執行が再開されることを知ったのは七月上旬、「ジャーニー」の参加者のひとりアン・コールマンと電話で話した時だった。執行日の前日には、死刑執行の再開に反対するためのデモが、刑務所前でおこなわれるとアンは言った。そして、死刑囚の母親であるバーバラ・ルイスやＭＶＦＲのメンバーとともに、そのデモに参加する予定だという。私もぜひ同行したいと思った。

まず、執行について詳しい情報を得るために、セーラム刑務所に直接日本からファックスで打診してみた。すると翌日には、四ページにもわたる「取材手続き書」なるものが送られてきた。執行に関する情報どころか、執行の予定日も、誰が処刑されるのかも公表されない日本と比べて、アメリカでは死刑に関する情報がかなりオープンであることは認識していたが、そのファックスの内容には目を丸くした。

「メディア関係者へのアドバイス」と題されたその書類は、「緊急記者発表　一九九六年七月一九日。担当者ペリン・デイモン。電話番号(五〇三)××-××××」と頭に記され、取材を希望するメディア関係者に配布されていた。最初のページには「予定されている死刑執行の取材に関して」という見出しがつけられ、取材の何が許され、許されないのかが、四ページにわたって事細かに記されてある。たとえばこうだ。

「背景情報――オレゴン州矯正局は、一九九六年九月六日金曜日に予定されている死刑囚ダグラス・F・ライトの死刑執行に関しての準備を進めている。死刑の執行はオレゴン州刑務所、二六〇五　ステート・ストリート、セーラムにておこなわれる。『取材エリア』は九月五日木曜日から九月六日の午前中まで使用可能。

取材エリア――矯正局では、メディア関係者のためのスペース(『取材エリア』と呼ぶ)を特別に確保する。刑務所の建物の横に位置し、フェンスで囲まれた駐車場が『取材エリア』になる。実況中継放送用にも適している。この『取材エリア』は九月五日木曜日の正午から使用可能である……」

非常に合理的でシステマチック。しかも、メディアに対しては、日本では考えられないほど、手とり足とりの大サービスである。

たとえば、刑務所の電圧は一一五ボルトで、撮影用の照明、コンピュータ、テープレコーダーなどに必要な電気は、刑務所の電源を無料で提供可能。処刑そのものの撮影は許されないが、死刑執行から九時間後の午前九時からは記者会見が持たれ、その後、希望するメディアには、執行後の処刑室が公開される。そこでは撮影も可能だ。さらには、刑務所側が撮影した刑務所内の資料映像を無料で貸し出すという。「取材エリア」で使用する電話に関しては、レンタル会社が指定されていた。その会社ではなんと「死刑執行プロジェクト担当者」という肩書きまでつくられており、担当者の名前と連絡先までが明記されていた。しかも、その電話を「取材エリア」まで配達してほしい場合は誰それに連絡すべしと、別に項目がわけられている。

改めて日本とアメリカのメディアへの対応の違いを実感するとともに、過剰なまでのメディア対応に面食らってしまった。私は早速、取材許可の手続きについて、刑務所側に電話で問い合わせてみることにした。

「わざわざ日本から取材にいらっしゃるんですか？　それはご苦労さまです。『取材エリア』はもう定員オーバーですので、今からの申し込みはお断りしています。『デモエリア』での取材は、とくに許可を必要としないので、ご自由にどうぞ。混雑が予想されますので、早めにいらっしゃったほうがいいかもしれませんね。その他、何か必要であればいつでも連絡してください。できる範囲内のことであれば、私どもも極力お手伝いしますので」

刑務所の担当官は遠方からの取材をねぎらい、宿泊に関することまで細々とアドバイスしてくれた。あまりのオープンさとサービス精神に、私はあっけにとられた。

さらに、オレゴン州では執行の現場に直接立ちあうことが、メディアの人間にも許されている。もちろん、希望すれば誰でもというわけではなく、刑務所側が選んだ地元の新聞社やジャーナリスト協会に所属する四人のジャーナリストに限定されているのだが。

それで思い出したことがある。数年前にたまたま目にした医学雑誌で、死刑執行に立ちあったジャーナリストの心理的影響に光をあてた特集を組んでいた。アメリカで発行されている精神分析科医の専門誌に掲載されたその記事は、一九九二年、カリフォルニア州でおこなわれた死刑の執行現場に実際に立ちあって取材したジャーナリストたち一八人に調査をおこない、「執行を目撃する」という行為が彼らにどのような影響を与えたかという検証をするという内容だった。(4)

目の前で「死刑」という刑罰のもとに、ひとりの人間が処刑される。その様子を客観的に見つめ、記憶にとどめ、レポートするのが一八人のジャーナリストに与えられた課題だった。仕事とはいえ、「私には到底こなせないな」と思いながら読んだことを記憶していた。

そこには、一八人のほとんどが深刻な心理的ショックを受けたという調査結果が出ていた。たとえば、その多くにディソシエーション・シンドローム（乖離症候群）と呼ばれる症状が見られた。処刑現場を目撃した時、ジャーナリストたちは自分と気持ちを切り離し、感情を麻痺させることで、なんとか自分を保ったが、重度のショックから、日常生活にも支障をきたす傾向が強いという。なかには、ＰＴＳＤと医者に診断された人もいた。実際に受けたストレスのレベルが、自然災害を体験した人々とほぼ同等だったというから、かなりのトラウマを体験していることになる。

この日の死刑執行に立ちあうことになる四人のジャーナリストたちもまた、このようなトラウマを抱えることになるのであろうか。

その頃、死刑はアメリカのメディアでもっとも「ホット」なテーマのひとつだと聞いていた。トークショーや報道番組をはじめとして、死刑に関するテレビドラマや映画もたて続けに作られていた。そのような時期に、三四年ぶりの死刑執行は、メディアにとって格好のネタだろう。私はあらかじめ地元メディアの関心の高さを予想していたつもりだった。

しかし、死刑執行の前日、セーラム刑務所に出向いて驚いた。それは、以前聞いたことがある「メディア・サーカス」という言葉がぴったりくるような騒ぎぶりだった。この「メディア・サーカス」という言葉は、アメリカにおけるジャーナリズムの傾向を批判する時によく使われる表現である。たとえば、クオリティ・ペーパーといわれる『ワシントン・ポスト紙』や『ニューヨーク・タイムズ紙』でさえ、最近はゴシップ紙やテレビのワイドショー並みに、「売れ線」の話題を追い、センセーショナルに書きたて、ブームが過ぎるとまた新しい「売れ線」のテーマにどっと流れていく傾向にある。その様子がサーカスに似ていることから、「メディア・サーカス」と名づけられたらしいが、オレゴン州の死刑執行はこの言葉がぴったりくる状況だった。

まず、執行の一〇時間ほど前に、私と撮影クルーは刑務所の下見に訪れた。そこには、すでにテレビ局の中継車やラジオ局のロゴ入りの車が数台停められていた。フェンスのまわりには、なかをのぞき込んだり打ち合わせをしたりするメディア関係者らしき人々の姿があった。

再び訪れた夜九時過ぎ、執行まであと三時間もあるというのに、すでに刑務所の敷地内には撮影用のライトがこうこうと灯り、中継車がぎっしりと並んでいた。地元局だけでなく、CNNやABCといった全国ネットの名前も見えた。上空にはヘリコプターがサーチライトを放ちながら、ものものしく旋回している。刑務所を囲むフェンスのまわりは、様子を見に来た人々とメディア関係者でごったがえし、バイクに乗った警察官が人の波を遠巻きに見張っていた。

執行の一時間前ともなると、カメラマンとレポーターのコンビがあちこちを駆けまわり、マイクを持ったレポーターが化粧直しをしながら「執行まであとわずか。刑務所前には大勢の人が駆けつけています」と実況生中継の練習をする姿が見受けられた。それは、明らかに私の想像を超える、「お祭り騒ぎ」だった。

死刑を支持する人々、反対する人々

「お祭り騒ぎ」の主人公は、死刑に賛成する人々だった。刑務所のまわりは、死刑を支持する二〇〇人近くでにぎわい、妙な興奮に包まれていた。酔っぱらって人混みのなかをフラフラし、奇声をあげる男。「残るは四人！　服役中の死刑囚ども、次はお前らの番だ！」とドスをきかせてテレビカメラにポーズをする人。「殺人を止めるための唯一の方法は「殺されたら殺し返せ」だ！」と唾を飛ばしながら攻撃的に語る若者。さらには、「ママ見てる？」とふざけたり、うれしそうにはしゃいだり、とテレビに映るためだけに来ているような、ティーンエージャーの姿も多く見受けられ、異様な興奮状態にあった。

死刑を支持する多くが、毒薬注射や電気イスにくくりつけられた死刑囚のイラストに、「地獄へ落ちろ！」とか「死刑は自業自得！」というような、辛辣なキャッチコピーが加えられたプラカードを振りかざしていた。絞首刑のイラストに、「死刑執行人をサポ

ートしよう！」と書かれた、五メートル前後の大きな横断幕も見られた。

なかでもひときわ大声で叫び、盛り上がっている白人の親子を見つけた。四〇代前半の父親は「目には目を、歯には歯を」と書かれたプラカードを手にしている。話を聞きたいと申し入れると、その男性はうれしそうに笑みを浮かべ、二人の娘を自分のもとに引き寄せ言った。

「死刑囚が以前子どもを殺したことがあると聞いて、やって来たんだ。子どもを殺すなんてとんでもないよ」

ダグラス・ライトは死刑に問われる事件を起こす以前にも、殺人を犯していた。一二年前の一九八四年、彼は子どもを殺した。被害者は、ポートランドに住むルーク・トレッドウェーという一〇歳の男の子で、ダグラスはルークを誘拐して銃殺し、死体を林のなかに捨て去った。

「あいつは死刑で自業自得なんだ。彼の犯した罪は、この州の法律では死刑が適用されてしかるべきものなんだ。法に従ったまでだ。死刑を科すのはごくあたりまえだろう？」

その男性は死刑に対してまったく疑問を持っていないようだった。なぜそこまで死刑が正しいと確信しているのかと聞くと、宗教的理由からだと言った。彼は七人の子どもを持つ父親で、一家は全員クリスチャンだという。家族で毎週教会に行くことを欠かさないと誇らしげだった。

「僕の神は死刑を支持すると思う。聖書のなかにも「目には目を、歯には歯を」と書かれているはずだ」

と彼が自信満々に言うと、一七歳の娘が口をはさんだ。

「命を奪う奴は命を奪われて当然よ。人の命を奪っておきながら、ヌクヌク生活してるなんて許せない！　死刑囚は、今さら死にたくないなんてジタバタすべきじゃないわ！」

さっきまでニヤニヤ薄笑いを浮かべていた娘は、みるみるうちに怒りに満ち満ちた目つきになり、私の顔をにらみつけていた。

もう一組、気になる親子がいた。死刑反対派の輪のすぐ側で、ビーチ用の折りたたみチェアに腰かけ、ポテトチップとコークを両手に抱え、まるでフットボールの観戦をしているかのような、興奮した母と息子と娘の三人組である。まわりのテレビカメラを意識してか、一〇歳前後の息子が得意げに叫んだ。

「そんな奴、さっさと殺しちまえ！」

叫んだ後に、チラッとカメラに視線を送り、照れながらくすくすと笑った。その横で、母親がこぶしをあげながら叫んだ。

「そうだ、そうだ！　被害者ルーク・トレッドウェーのためにも、さっさと殺してしまえ！」

その母親は子どもたちを連れて、死刑を「見届け」に来たという。「死刑は被害者のため」という言葉を連発したが、彼らは被害者でも被害者の知り合いでもない。報道によって事件のことを知り、「許せない」と感じて、やって来たらしかった。それも片道二時間近くかかる遠方から、わざわざ運転してきていた。

その前に話を聞いた父と子もこの母子も、すさまじい怒りや憎しみを体内に蓄積させているように感じた。そしてそういったネガティブな感情を発散させるために、死刑執行の「お祭り騒ぎ」に参加しているように見えた。刑罰とはいえ、死刑執行という人を殺す場にわざわざやって来て、自分たちのなかに渦巻いている感情を発散させる。何が彼らをそこまで駆り立てるのだろう。

死刑反対派は、一〇〇名ほどが丸い円を描くようにして、一カ所に集まっていた。数人単位のグループが「デモエリア」じゅうに散らばり、あちこちから叫び声をあげる支持派とは対照的で、反対派はただひたすら静かにたたずんでいる、という印象だ。手にはろうそくを持ち、祈りを捧げたり、人の輪のなかで一人ずつ意見を述べたりしていた。そのなかには、二週間後に始まる「ジャーニー」参加者たちの姿も見えた。

アンは今回の死刑の執行に関して、とくに憤慨していた。そして、顔を紅潮させ、興奮気味に言った。

「今これからおこなわれることは、暴力のリサイクルよ。さらなる暴力を生むことになるわ。暴力を根底に成り立っている社会は若者たちに暴力以外の対応策を教えることができないはず。殺人を殺人で裁くのではなく、殺すことはまちがっているということを示すべきだわ」

アンが手にしたプラカードには、スーパーなどで見かける空き缶のリサイクル用の印が描かれ、その横には「死刑＝暴力のリサイクル(循環)」と書き添えてあった。

バーバラはアンのそばで「処刑は夢を殺す」と書かれたプラカードを手にしていた。

「ここにいる意味は大きいわ。誰も抗議をしなければ、何も変わるはずがないでしょう。私は死刑囚の家族として抗議するつもりよ」

バーバラはそう答えたが、なんだか元気がない。「死刑囚を息子に持つ母親」の立場は、被害者遺族であるアンとは違い、こういった場ではとりわけ複雑なのだろう。バーバラをまともに見るのはつらかった。

しばらくして、バーバラは死刑反対派の輪の中央部に立ち、スピーチを始めた。

「私には息子がいます。ひとり息子です。彼は死刑囚です。一般市民の皆さんの意向にしたがって、いつかは息子の死刑執行日が訪れるでしょう」

それは、今まで私が目にしたバーバラとは違う、力強い口調だった。訴えかけるように、人の輪を見まわすようにして言った。

「死刑も殺人ではないのですか？　事前に計画され、そして処刑されるのですから」

そしてバーバラは断言した。

「それでも、私は皆さんを恨みはしません」

少し離れたところで、人だかりができていた。駆けつけてみると死刑の支持派と反対派が口論をしていた。

「お前の子どもがレイプされ、殺されても平気だっていうのか？」

「それでも僕は死刑は望まない！」

両者とも感情的になって怒鳴り合い、議論は平行線をたどっていた。行き着く場がないように思えた。このような言い争いは、この日、あちこちで見かけられた。

被害者の父親

死刑を支持する人々のなかに、被害者遺族が来ているかもしれない。そう思って、私は片っ端から死刑支持派らしき人々に声をかけ、「被害者遺族を見かけなかったか」と聞いてまわった。しばらくして、ある男性が「見かけたよ」と言って、あるところへ私を誘導してくれた。

「この人だよ」と紹介された相手は、五、六人の輪のなかに静かにたたずむ小柄な老人だった。彼も他の支持派と同様、白人だった。チェックのシャツにジーンズのオーバーオールという姿で、労働者風の六〇代後半の男性。顔は赤らみ、目は充血し、あごには白髪まじりの不精髭が伸びている。彼の様子からは、被害者遺族が置かれている苦悩が感じられ、胸がしめつけられる思いがした。

私は、騒がしい死刑支持派の輪から少し離れたところで、話を聞くことにした。

「私はロバート・ダーニング。息子のマークはライトに殺された被害者のひとりだ」

遺族の老人は、私たちのカメラに向かって自分から話し始めた。「今の気持ちは？」という私の質問に、

「計画通りに処刑されるべきだと思う。これでやっと終止符が打てる」

としっかりとした口調で答えた。

「ライトは一九九三年に逮捕された時点で、自分が殺したと自供しているんだ。彼が犯人であることはまちがいないし、何よりもライト本人が早く死にたいと言っているんだから、死刑の執行に関しては、誰も躊躇《ちゅうちょ》すべきじゃない」

確かに、ライトは上訴の可能性がまだ残されていたにもかかわらず、その権利をすべて放棄し、弁護士も解任し、一刻も早い執行を望んでいる、と伝えられていた。

彼のようにみずからの権利を放棄し、執行に臨む死刑囚は「執行のボランティア」と呼ばれ、ここ数年、死刑囚のあいだにこの傾向が強まってきたといわれている。

実は、この背景には、厳罰化という国の政策があることが指摘されている。死刑囚の

数が増えてゆくなかで、執行が追いついてゆかない、ということに当局側は頭を痛めてきた。そして、死刑執行を迅速におこなうために、司法手続きの簡略化を進めようと躍起になっていることが報道からも伝わってくる。執行数も年々増加している。そんななかで、死刑囚たちは「どうせ死刑になるのだから諦めたほうがいい」という気持ちに陥らされてしまうらしかった。ちなみに九六年は全米で四五人が処刑されたが、その五人に一人にあたる九人もが「ボランティア」で執行に臨んだという[5]。

「私や妻は、とにかく、一刻も早く終えてしまいたい、という気持ちなんだ」

被害者遺族であるロバート・ダーニングの目には、今にもこぼれ落ちそうな大粒の涙が浮かんでいた。

「私たち夫婦はめちゃくちゃに傷つけられたよ。養子だったけど、実子のようにかわいかった」

涙がぽろぽろとこぼれ落ちた。そして、その日の新聞の一面を飾っていた女性が妻だと言った。いま現在、死刑の執行に立ちあっているという。彼はなぜ立ちあわないのかと聞いてみた。

「私自身は、死刑の執行を見ることが耐えられないと思うから……」

老人は小さな声でつぶやいた。そして、息子を殺した犯人が処刑されることで問題が解決すると思うか、と聞いた。すると彼はためらわずにこう答えた。

「そう願うよ。そう信じるしかない。妻も回復してくれるといいが……。彼女は私よりダメージを受けているからね。妻はカウンセラーや精神科医に通って、ずっと治療を受けてきた。投薬療法も続けていて、精神安定剤や睡眠薬が欠かせないんだ」

ロバート・ダーニングは首をふりながら、やるせなさそうに言った。それでは、彼自身はどのように事件と向き合ってきたのだろうか。

「私は事件については、ほとんど話をしない。なんといったって、つらいから……」

言葉を飲み込むようにして言った。

「時間がかかるんだ。一五、六年経過したからといって、忘れてしまうほど、単純じゃないんだ……」

彼の目からは、再び涙がこぼれていた。

最後に、死刑以外の罰は考えられないかと投げかけた。彼はきっぱりとこう答えた。

「思いあたらんね。私は犯人に死刑を望んでいるし、他の刑罰なんてありえない。殺人事件のなかには慎重に検討すべきケースもあるとは思うが、この事件に関しては、まちがいなく死刑だ」

つらい時に話を聞かせてくれてありがとう、と私は彼に礼を言い、よかったら連絡先をおしえてくれないかと聞いた。しかし彼は拒んだ。

「もうメディアとは縁を切りたい。ここ二週間、妻も私もメディアに振りまわされているんだ。執行後は、誰にもじゃまされたくない。元の平穏な生活に戻りたいんだ」

そう言い残し、老人は再び死刑支持派の輪のなかに消えていった。

午前〇時一分

時間の経過とともに、刑務所のまわりがさらに殺気だってきた。

「死刑執行まであと一〇分！」

「さっさと殺しちまえ！」

あちこちから罵倒の声が飛び交う。

ろうそくを持って静かにたたずむ死刑反対派の横で、

「零時がくれば、ろうそくの灯火なんて、吹き消されちまうのさ！」

とろうそくに息を吹きかけ、悪びる支持派の人もいた。

そんななかで、死刑囚の母親であるバーバラの表情が、どんどん曇っていった。バーバラは少しのあいだ、過熱するお祭り騒ぎに目をやっていた。そして哀しげにつぶやいた。

「あの人たち、死刑執行が再開されることの意味をわかっていないのよ。自分の子どもたちだって、死刑にされる可能性があるってことを……」

バーバラはそう言うと、小声でつぶやいた。

「次は息子の番だわ……」

隣にいた「ジャーニー」の参加者サム・シェパードが、「そうでないことを願うよ」とバーバラの肩を強く抱きしめて言った。

「その時はいっしょにいてくれる?」

バーバラは、消え入りそうなか細い声で言った。

「もちろんよ」、「皆でいっしょにいるよ」。アンやサムが口々に言った。

少し前のスピーチの時とは打って変わって弱々しいバーバラの姿。彼女の哀しみがひしひしとこちら側にも伝わってきた。

その時、道路を走り去る車から鋭い叫び声が聞こえてきた。

「殺せ！　殺せ！　殺せ！」

背後からは支持派の罵倒に混じって、なぜか「ジングルベル」の替え歌まで聞こえてきた。この時、私は初めて、死刑囚の家族であるバーバラが立たされている苛酷な状況を見せつけられた気がした。彼女はこうして息子が殺した被害者の遺族でもない、まったく関係のない人々からさまざまな中傷や嫌がらせを浴び続けているのだ。この夜、死刑囚という息子と同じ身にあるダグラス・ライトに浴びせられた「殺せ」、「死んで当然」といった言葉は、どれほど鋭くバーバラの心に突き刺さったことだろう。

しばらくするとバーバラとアンが、人々の輪から離れ、ゆっくりと歩き始めた。フェンスの前で二人は立ち止まり、敷地内に立っている処刑場の建物のほうをじっと見つめていた。オレンジ色の光がこうこうと灯り、そのなかで処刑場がボーッと浮かび上がっている。まわりには数名のガードマンや関係者らしき人々がうろうろし、その影が光のなかでゆらゆらと揺れ、なんとも不気味な雰囲気だ。

突然、背後から拍手とともに「ウォー」という歓声がわいた。時計は午前〇時一分を指していた。そして引き続き、死刑支持派の高らかな歌声が聞こえてきた。

「ララララ、ララララ、ヘイヘーイ、グッバーイ！」

その日、取材を終えてモーテルに着くと、午前二時をまわっていた。執行騒ぎで気持ちが高ぶり、すぐに寝つけそうもなかった私は、部屋に入るとラジオのスイッチを入れた。しばらくすると、けたたましい音楽とともに女性レポーターの低い声が流れた。

「死刑囚ダグラス・フランクリン・ライトは、九月六日、午前〇時一六分に息を引き取りました」

さまざまな思いが胸をよぎった。死刑を支持する人々の「お祭り騒ぎ」、その様子を見つめるバーバラの暗い表情、遺族であるダーニング氏の涙など、いくつものシーンが、くり返し浮かんでは消えた。死刑を望んでいた遺族のダーニング夫妻は、どのような思いでいるのだろう。事件に終止符は打てたのだろうか。

これは後日わかったことだが、地元のあるテレビ局は死刑支持派の輪のなかで、執行までの一分間、カウントダウンをおこなっていたという。午前〇時ちょうどにレポーターが大声で音頭を取り始め、「死刑執行まで、六〇秒、五九、五八、五七、五六……」と数をかぞえ、それに合わせて聴衆が声をあげていたという。私たちからは離れていて見えなかったのだが、午前〇時一分に聞いたあの歓声は、そのカウントダウンによって起こったものだった。メディアによって人々の興奮が盛り上げられ、「お祭り騒ぎ」がエスカレートする。まさに「メディア・サーカス」ならではの幕引きとなった。

アメリカにおける被害者運動

「犯罪には厳しく！」

これはクリントン大統領をはじめとし、党派を超えてアメリカの政治家に広く浸透している姿勢だ。その背景には、犯罪によってあまりにも多くの人々が影響を受けてきたということがある。

アメリカでは過去二〇年間、四〇万人を越える人々が殺されており、延べ一億二〇〇〇万人もが、暴力的な犯罪(レイプ、傷害、強盗)により重傷を負っている。「殺人」に限って言えば、一九七〇年以来、事件の件数は減る傾向にあるが、それでも毎年二万件前後の殺人事件が起こっている。ちなみに「ジャーニー」のあった一九九六年は、一万九六四五件の殺人事件が報告された(6)。死には至らなかった暴力的な犯罪は九四〇万件。一

九秒に一人が暴力的な犯罪の被害にあい、二七分に一人が犯罪によって命を失っていることになる。(7)

殺人による精神的ショックに関する研究家ルー・レッドモンドによると、殺された一人の被害者につき、平均七人から一〇人の祖父母をふくめた親族がいる。(8) その数には、従兄弟や叔父叔母といった親戚や友人はふくまれていない。とすれば、毎年少なくとも二〇万人が犯罪によって親兄弟または子どもといった家族を失い、苦しめられていることになる。これを過去二〇年間でみると四〇〇万人になるから、すさまじい数の人々が「殺人」の影響を受けていることがわかる。

アメリカ国内には、官民あわせて一万近くの被害者関係の団体があるといわれており、犯罪被害者の存在は社会に広く認識されている。「被害者」といっても家庭内で起こる暴力から他人による性犯罪まで、さまざまな被害にあった被害者本人から、交通事故や犯罪で殺された被害者の遺族までと、広範囲にわたる。

一九七〇年代に生まれた被害者運動は、数ある市民運動のなかでも、この一〇年でもっとも力を得たひとつだといわれている。実際、八〇年代中旬には二〇〇ほどの団体しか存在せず、自助グループと呼ばれる被害者どうしが互いを支え合う活動や、被害者の権利を求めて州知事などにかけあう小規模な活動が中心だった。しかし、短期間のうちに数もその種類も急激に増え、今では「被害者権利のための憲法修正全米ネットワーク

（NVCAN）」と呼ばれる、ロビーイング団体まで存在するようになった。

NVCANは、「全米被害者援助機構（NOVA）」、「全米被害者センター（NVC）」、「子どもを殺された親の会」など、全米に支部を持ついくつもの被害者団体が寄り集まった組織で、被害者の権利を憲法上の権利として確立することが目的だ。そしてその焦点は、被害者（遺族をふくむ）の声を司法制度に反映させ、被害者が刑事司法手続きに積極的に参加できること。NVCANのホームページには支援者として、クリントン大統領やレノ司法長官の名前が、顔写真とともに掲載されているから、その影響力がうかがい知れる。

このように、被害者運動が社会的に影響力を持ってきた背景には、レーガン政権下のアメリカ政府が、八〇年代前半から被害者への対応を積極的におこなってきたことがあげられるだろう。

一九八二年、レーガン大統領が議会内に犯罪被害者特別委員会を設置したのをきっかけに、翌八三年には、犯罪被害者対応課（OVC）が司法省のなかに設置される。そして八四年、犯罪被害者法（VOCA）が制定され、その四年後の八八年には、この法にもとづき、OVCが連邦議会によって公式に認められることになった。OVCの報告書によると、その活動目的とは――犯罪被害者のために正義が実現し、その被害者が癒されるためにさまざまなサービスをおこなうこと(9)――である。具体的には、以下のような活動が柱となっている。

(1)犯罪被害者基金(CVF)を運営する

(2)被害者に対する直接のサービスを支援する(危機介入〔犯罪被害を受けた後の危機的状態から救い出し、被害者の要求に応じたり介入したりすること〕、カウンセリング、緊急シェルター、被害者の権利のサポート、緊急時における交通など)

(3)被害者を援助するために、さまざまな分野の専門家をトレーニングする

(4)被害者支援に焦点をあてた出版活動をおこなったり、普及活動をする

驚くのはOVCの予算だ。(1)であげたCVFがOVC全体の予算管理をおこなうのだが、一九九六年度の予算は五億二八〇〇万ドルだった。日本円にすると七〇〇億円近い金額だ。一九八八年からの一〇年間だと二〇億ドルで、三〇〇〇億円近くの莫大な予算になる。これがNOVAやNVCをはじめとする全米で二八〇〇近くの被害者団体に補助金として還元されたり、(2)〜(4)のプログラムの費用にあてられたりしてきた。一般には国の予算が削減されていくなかで、被害者運動に対しては例外的に年々予算が増やされている。ちなみにこの予算の九〇%は、税金からではなく、犯罪者が支払った罰則金(連邦法に違反した場合に払う罰金や反則金、保釈金や犯罪者の所有物を処分して得られた利益など)のなかから出ているという。

処刑に立ちあうこと

アメリカの被害者運動において、死刑は腫れ物的存在だ。被害者団体の大半が、死刑に対しては見解を持たない、というのが実状である。被害者団体に所属する人が個人的見解で存廃論を展開することはあっても、組織としては口を閉ざしていることが多い。

しかし一般には、被害者運動は死刑存置派と同一視されることが多い。最近では、死刑執行への立ちあいをめぐって、被害者遺族が権利を主張し始めている。

日本では、死刑執行への立ちあいが、死刑囚の家族や遺族に認められることなど想像もつかない。しかしアメリカでは、死刑制度を持つほとんどの州が死刑囚の家族や友人の立ちあいを認めており、一三州が被害者遺族の立ちあいも認めている。前に紹介したオレゴン州も、この一三州のひとつだ。これは一般に、被害者運動が獲得してきた運動の「成果」というふうに見られている。そして死刑制度を持つ残りの二五州もその多くが、遺族の立ちあいを検討中であるという。

テキサス州を例にとってみよう。

一九九六年二月一日、テキサス州で初めて被害者遺族が死刑の執行に立ちあうことを許された。その遺族リンダ・ケリーは、まさに死刑執行に立ちあう権利を「獲得」してきたといえる。『ワシントン・ポスト紙』によると、「子どもを殺された親の会」ヒューストン支部の代表者リンダ・ケリーは、州議会に出席し、死刑の執行に立ちあうことを被害者遺族の権利として保障することを求め、州法を改正するように訴えた。しかし、議会は却下。リンダはただちにテキサス州犯罪評議委員会に働きかけを開始する。この委員会は刑務所で働く矯正局職員から成り、矯正施設内の問題や規則などについて話し合う場だ。リンダは現存する規則の範囲内で、その解釈を広げるように委員会に要請し、今回の死刑執行に立ちあうことへとこぎつけたのだった。[10] また九六年二月一日付けの『USAトゥデイ紙』では、このテキサス州の例をあげ、次のように述べた。

「今日からテキサス州では、被害者遺族が死刑の執行に立ちあうことを許される。死刑廃止論者はこれを野蛮な行為だという。しかし、犯罪学者たちによると、このような傾向は広まりつつあり、被害者の権利運動が国内において急激な盛り上がりを見せている証拠だという」[11]

テキサス州は遺族に立ちあいを認めた七つめの州だった。それから二年しかたっていない現在では倍近くに増えたわけだから、急激な勢いだ。

MVFRの成り立ち

このような流れのなかで、「ジャーニー」の主催団体であるMVFR(「和解のための殺人被害者遺族の会」)は、異質な存在だ。まず、被害者による運動でありながら、死刑廃止を求めて活動している。加えて、前に述べたロビーイング団体のNVCANには属さず、彼らの修正案には反対する立場をとっている。その理由は、ＮＶＣＡＮが推進している「被害者の権利」という考え方は、社会を単純に被害者と加害者、すなわち良い者と悪い者という二極構造におとしいれてしまう危険があるからだという。

そもそもＭＶＦＲの目的とは何か。パンフレットには次のように書かれている。

「ＭＶＦＲは、義理の母親を失った被害者遺族で死刑に反対する立場をとってきたマリー・ディーンズによって設立されました。その目的は、死刑に反対する殺人被害者遺族──国によって処刑された死刑囚の家族をもふくむ──のためのフォーラム（場）を提供するためです」

この文からもわかるように、ＭＶＦＲは「死刑囚の家族」も「被害者遺族」ととらえている（厳密に言うと、死刑囚の家族がＭＶＦＲの正会員として認められるのは処刑後だが、それ以前も準会員として他の会員と同じように活動できる）。そしてＭＶＦＲは、被害者遺族と死刑囚の家族という、一般の考え方では相いれない立場にある者どうしが出会う場を初めて提供した。これは、ＮＶＣＡＮを代表とする今までの被害者運動には見られなかった新しい運動といえる。

ＭＶＦＲの創設者は、マリー・ディーンズという五〇代前半の白人女性だ。バージニア州リッチモンドに住むマリーは、今から二六年前の一九七二年、義理の母親を殺された。事件直後立ちあった現場検証で、マリーはとても不愉快な体験をした。警察官が彼女に向かってこう断言したのだ。

「心配しないでください。お母さんの命を奪った犯人を捕まえ、かならず電気イス送りにしてみせます」

マリーは警察官の言葉にショックを受け、呆然と立ちつくしていたという。犯人が死刑になることなど考えられなかったのだ。殺された義理の母親は敬虔なキリスト教信者で、どんな人に対しても包み込むようにあたたかく接する人で、とても犯人に死刑を望むような人ではなかった。

それからも、お悔やみの言葉を投げかけてくれる親戚や知り合いの多くが、いとも簡単に「犯人は死刑で当然だ」、「あなたもきっと犯人が処刑されれば気が安らぐことでしょう」といったことを口にした。「人を殺した人間は殺されてあたりまえ」というまわりの態度にマリーはひどくショックを受けた。

マリーも夫も、事件の前から死刑には反対だった。ただ、身内が殺されるまで真剣に考えたり話し合ったりすることはなかった。事件後は「犯人を処刑するよりも、心の苦しみをなんとかして!」と叫びたい心境だった。

事件から数カ月後、被害者遺族のためのサポートグループを作り、似たような境遇にある被害者遺族の人々と自宅で小さな集会を開いて話し合い、励まし合うことを始めていた。そして徐々に「死刑は望まない」という意思を公の場で表明していった。

今の日本社会では、もし被害者遺族が「死刑に反対」とメディアを通して言うようなことがあれば、非難を受けることになりかねない。アメリカでは、どうだったんだろう。今でこそＭＶＦＲのような団体は堂々と活動できるが、二〇年以上も前に被害者遺族が「死刑反対」などと声高に叫べたのか、私はずっと疑問に思っていた。「ジャーニー」の合間に、キャンプ場のベンチに座っているマリーを見つけ、聞いてみたことがある。

「そりゃあ、ものすごい反発にあったわよ」

マリーは当時を振り返って、目を丸くし、首を横に大きくふった。

彼女のインタビューが地元の新聞に載ったことがきっかけで、いたずら電話や嫌がらせの手紙などがドッと寄せられるようになった。テレビ番組に登場した時は、死刑に反対する「特異な遺族」として紹介され、視聴者からは「愛情が薄いからだ」、「血がつながっていないからだ」などと非難が浴びせられた。

そんな厳しい状況で「死刑に反対」と言い続けることができたのは、「死刑はまちがっている」という強い信念を持つ人々との出会いだったという。そして一〇年前の一九八七年、それまでは口コミで集まった人々が緩やかなネットワークを保っていただけの小さな団体が、ＭＶＦＲとして全国展開を始めた。

死刑は復讐心を満たすものに過ぎない、とＭＶＦＲの事務局長をつとめるパット・ベインは断言する。

「哀しいことに、復讐心というのは、麻薬みたいなもの。少量じゃ足りなくなって、もっともっとほしくなる。ＭＶＦＲは、そんな体験をへて、復讐心から抜け出すことを決意した人々の集まり」

そして、こう続ける。

「遺族の多くは死刑の執行を見届けることで、事件に幕を降ろすことができると信じている。でも、執行が終わったからといって、哀しみや苦悩が消え去るわけではない。実際、執行現場に立ちあった家族の多くが、死刑執行のあっけなさに苛立ちを覚え、『簡単すぎる』という感想を持つ。今まで『犯人が死刑にされること』にしがみついて生きてきた人々は、急に生きる目的を失ってしまう。そして、『被害者は苦しんで死んだのに、加害者は苦しまずにいとも簡単に死んでしまった』と不満を募らせる。今度は、『もっと苦しめる方法があったはずだ』と一種の幻想を抱くようになり、執行後は、その幻想にしがみついて生きるしかなくなる。私はそんな人を数多く知っているの」

ＭＶＦＲのメンバーは人種も宗教も育ってきた環境も異なる。被害の内容も、死刑に反対する理由もそれぞれだ。しかし、根底には似たような思いがあるはずだとパットは言う。

「殺人であれ、死刑であれ、殺すことには違いないでしょう。ＭＶＦＲのメンバーが死刑に反対するのは、被害者のため、遺族のためといって、殺人がくり返されることに我慢ならないから。愛する被害者の思い出を、汚さないでほしい。もっと人間的な扱いを、被害者遺族である私たちは望んでいるの」

事務局長のパットは、叔父を殺害された体験を持つ。叔父といっても近所に暮らし、家族同然のつきあいがあり、とても近しい存在だった。もともと死刑制度に疑問を抱いていたパットは、叔父を殺した犯人が死刑になったところで嘆き哀しむ家族の苦しみがなくなるはずはない、と感じていた。そして、マリー・ディーンズと知り合い、MVFRに参加する。

私は「ジャーニー」が終わった後、MVFRの事務局を訪ね、パットから話を聞くことにした。バージニア州、アトランティック。養鶏と観光で経済が成り立っている、のどかな田舎町だ。事務局といっても、パットと姉夫婦が暮らす自宅の一室を利用した「書斎」にすぎない。電話とデスクとコンピュータ、そしてファックスが置かれたこぢんまりとした部屋。窓からは青く広がる空と木々や花以外、何も見えない。隣の家まで二キロ近くもある、人里離れた森のなかのオフィスだ。「ジャーニー」のような大がかりなイベントが、こんな小さな、オフィスだとも呼びがたい、ただの「書斎」で生み出されてきたとは、とても信じがたかった。

パットは朗らかで冷静で、人あたりがとてもいい。二〇年以上ものあいだ大学の図書館司書として、安定した静かな暮らしを送っていたが、一九九一年、MVFRの活動を広めるために仕事をやめ、事務局長に就任した。MVFRが専属スタッフとして雇っているのはパット一人のみ。メディアとの連絡から講演会の手配や年に三回のニュースレターの作成まで、ほとんどの作業を一人でこなしている。MVFRの会計関係は、同居している姉の夫がボランティアで手伝ってくれている。ニュースレターの発送も一人でおこなっていたというが、会員だけでも四〇〇〇人という状況はさすがに手に負えなくなり、二年ほど前から印刷所に委託するようになった。仕事量はすさまじい。自宅の電話番号がMVFRの連絡先になっているので、プライベートと仕事の境目がほとんどない。私が訪ねた日も、ひっきりなしに電話がかかってきた。給料は図書館の司書をしていた頃の三分の一に減った。なぜそこまでやるのかと聞くと、パットは笑いながら答えた。

「活動を進めるうちに、どんどんひきずりこまれてしまったの。気がついたら事務局長を引き受け、図書館の仕事をやめ、自宅が職場になっていたという感じかしら」

「ジャーニー」の誕生

「ジャーニー」のアイディアは、一九九三年、インディアナ州に暮らすMVFRのメンバー、ビル・ペルケの自宅で生まれた。

私はその発案者であるビルの自宅を訪ねた。シカゴの空港から長距離バスに乗って一時間半。イリノイ州とインディアナ州の境にある、ポーテージという町に到着した。めぼしいものはバスの発着所になっている小さなモーテルと一軒のファミリーレストランだけという田舎町。ビルの家はさらにそこから二キロ先の、木々に囲まれた静かな森のなかにある。家の前には一一人乗りの大型ワゴン車とハーレー・ダビッドソンのバイクが置かれていた。

私はペルケ夫妻に迎え入れられた。四〇代後半で、製鉄所で働くビルはいかにも労働者らしく、がっちりした体格に髭もじゃの人なつっこい笑顔が印象的だ。ロングヘアーが似合う妻のリンダも「ジャーニー」にはドライバーとして毎年参加してきた。表にあったバイクは彼女のものだった。

「ジャーニー」の発案者ビル・ペルケ（提供：Abraham J. Bonowitz）

「この居間の、このテーブルで、「ジャーニー」は生まれたんだ」

ビルはそう言いながら、玄関を入ってすぐの丸テーブルを指さした。ビルの家族とＭＶＦＲのメンバー数名、あわせても一〇人に満たない仲間が集まり、このテーブルの上で「ジャーニー」の計画は練られたのだという。「ジャーニー」が生まれたこの小さな町は、同時に、ビルの祖母が殺された町でもあった。

ビルの祖母ルース・ペルケは、敬虔なクリスチャンで、教会では子どもたちに聖書を読んで聞かせる、バイブル・スタディーの先生だった。子どもたちからも町の人々からも慕われる、ビルにとっては自慢のおばあさんでもあった。そんな彼女が、長さ三〇センチのナイフで身体じゅうを三三カ所も刺されて殺されたのだ。クリスマスやイースターにはかならず親族が集うダイニングルームの床に、祖母は血だらけの死体となって、転がっていた。事件直後の現場にかけつけ、無惨な死を目撃することになったビルも、多くの被害者遺族と同様、当初は犯人を憎み、死刑を望んだ。

七八歳だった祖母の殺害にかかわったのは、四人。それも、全員が一八歳に満たない未成年の少女ばかりだということが事件の翌日に発覚した。主犯格はまだ一五歳のポーラ・クーパーという少女だった。

事件のあった一九八五年五月一四日、この四人は昼食時に学校を抜け出し、ワインを飲んで泥酔していた。お金を持ち合わせていなかったため、そのうちのひとりが、顔見知りのバイブル・スタディーの先生からお金を巻き上げようと言い出した。相談があると言ってビルの祖母の家にあがり込み、ポーラがナイフで身体中を刺した。しかし彼女が所持していたのはたったの一〇ドル。そんなわずかな金のために、ビルの祖母は殺されたのだった。

事件から一年と二カ月後、ポーラを除く三人の処遇が決まった。それぞれ二五年、三五年、そして六〇年の懲役、という判決が下った。しかし問題はポーラだった。彼女は検察から死刑を求刑されていたのだ。

ちなみに、事件の起こったインディアナ州では、一八歳未満の少年にも死刑を科すことが許されている。

一九八六年七月、検察側の証人として裁判所の証言台に立ったビルは、「被告を死刑にしてもらいたいです」ときっぱり答えた。その時ビルは、被告を死刑にすることが、残された遺族に課された当然の責任のように感じていたという。そして検察側が用意した心理学者も、もし被告のポーラ・クーパーが死刑に処されなければ、「社会は再び悲劇にみまわれることになるだろう」と、証言した。

ポーラ・クーパーは死刑を宣告された。

それから四カ月後、ビルの人生に転機が起こる。犯人のポーラはビルの希望どおり死刑になったというのに、当時のビルは、憎悪と怒りに満ちていた。以前は陽気で穏やかだった性格が一変して、陰気で怒りっぽくなった。当然、人間関係もうまくいかなくなり、酒を飲んではケンカをくり返す毎日。長年つきあっていた恋人はそんな自暴自棄な彼に愛想をつかし、二人の関係は破局を迎えた。

「孤独と憎しみで、どうしていいかわからなかったよ」

ビルは当時を振り返る。その隣で妻のリンダが苦笑いを浮かべた。彼女がその「愛想をつかした恋人」だったのだ。数年前、二人はよりをもどしていた。

転機が訪れた日のことを、ビルは昨日のことのように覚えているという。事件からは一年半近く経過していた。何もかもがうまくいかなくなっていた。一九八六年一一月二日、製鉄所ではクレーンの操作をする担当だったのだが、その日は上司に呼び出され、外で待っていた。しかし、上司はやって来ない。ビルはその場でひたすら待ち続けた。

「なぜ自分だけがこんな目に……」

そんな思いが、急に浮上してきた。そして、次の瞬間、ポーラ・クーパーの姿が浮かんだ。それは、死刑囚監房の壁に頭を押しつけ、「なんで私あんなことしちゃったのよ……」と泣き叫ぶ少女の姿だった。ビルはその瞬間、初めてポーラに対して同情に近い感情がわいたという。

「ポーラはずっと独りぼっちだったんだ。死刑が宣告された時だって、彼女の両親は法廷に姿を見せなかったじゃないか」

ビルは、七月におこなわれた裁判の模様を思い出していた。

「私のかわいい孫が殺されちまう！　孫が殺されちまう！」

裁判官が死刑の判決文を読み始めたとたん、ひとりの老人が大声で泣き出した。それはポーラの祖父だった。法廷の警備員がすぐさま駆けつけ、老人は押さえつけられ、裁判の邪魔になるということで、即刻法廷退去を命じられた。そして、警備員に両脇をつかまえられたままの状態で、ポーラの祖父はビルの横を通っていった。

その時、老人の頰をつたっていた大粒の涙。後から後から流れ続けていた。ビルは、ポーラの祖父が流した涙を思い浮かべた。そしてその後すぐ、殺された祖母が涙を流す光景が浮かんできたという。

「おばあさんは死刑を望むだろうか？　恵まれない環境に育ったポーラを、そして彼女を愛する祖父を苦しめることを、おばあさんは望むのだろうか？」

そんな疑問がビルを責めたてた。

「いいや、そんなはずはない。彼女は聖書を愛読していたんだ。赦すことを信じていた。ポーラを死刑にするどころか、同情し、涙を流し、赦そうとするはずだ」

ビルはそう思うと、一心に祈ったという。涙が止まらなかった。結局上司は現れず、四五分ほどが経過していた。ビルはその時の状況を次のように描写した。

「信じられないかもしれないけど、いきなり天使が現れて、肩に止まったような出来事だったんだ」

この説明は私には理解しがたく、ビルにもっと詳しい説明を求めたが、ビルはあっけらかんとして「こうしか言いようがない」と首をふった。

ビルの家族はクリスチャンだ。以前、彼は次のようにも言っていた。

「祖母や僕は神の愛情に包まれて育った。ポーラはかわいそうに、そういうものにまったく接することがなかったんだと思う」

ビルはポーラの死刑を減刑させようと、この時、自分自身に誓ったという。まず、その日のうちにポーラに手紙を書いた。自分がポーラに対して抱いていた感情や、その日に起こった奇跡のような出来事を、一心に綴った。一〇日後、ポーラから返事がきた。そこには、「あなたにとって大切な人を殺してしまったことを、赦してください」と書かれてあった。

その後も二人は文通を続けた。そのなかで、ポーラが置かれていた環境が少しずつあきらかになっていった。いい思い出などひとつもなく、思い出すことといったら悪夢のような出来事しかないこと、母親は精神病を患い、自殺を何度もくり返したこと、その母親は、エンジンをかけたままでドアを閉めきった車のなかにポーラや姉のロンダを置き去りにして殺そうとしたこと、父親は暴力的でポーラや妹たちに対して幼い頃から暴行を加え、ポーラ自身数え切れないほど家出をくり返していたこと、話し相手はペットの犬だけだったことなど、彼女の不遇が綴られていた。

最初は「祖母の望み」を尊重するために、ポーラを助けようとしていたビルだった。

しかし、文通を通して苛酷な生い立ちを知るにつれ、ポーラに対して情がわいていったという。

それからしばらくしてビルは「殺さないで！」という名の市民団体を結成した。目的は、ポーラの減刑を求めるためだった。このことがイタリアのメディアで取り上げられ、なんと三〇〇万に近い署名がイタリアじゅうから集められ、ローマ法王までが、インディアナ州の知事にポーラの減刑を求めることになった。そして「たった一五歳の未成年が死刑にされてしまう」ということを海外から批判された同州は、「犯行時一六歳未満は死刑にしない」との法改正をおこなった。

その後、インディアナ州最高裁への上告で、ポーラは死刑を免れた。犯行当時一五歳だったことが最大の要因だった。結局、ポーラの量刑は、死刑から六〇年の懲役に減刑された。

死刑反対ウォーク

フロリダ州は、アメリカ国内でも死刑囚の数と死刑の執行数がテキサス州と並んで圧倒的に多いことで知られている。一九九〇年五月、そのフロリダ州で、映画『デッドマン・ウォーキング』の原作者シスター・ヘレン・プレジャンが中心になって、あるイベントが開催された。それは「死刑に反対するための巡礼」と名付けられたウォークで、二週間にわたってフロリダ州からジョージア州までを歩き、死刑反対の意思を表明してまわる、という企画だった。

ビルはこのイベントに参加し、多くの人々に出会った。ウォークの参加者である死刑に反対する人々はもとより、行く先々で、死刑に賛成する人、死刑のことなど考えたこともない人、息子が処刑されたばかりの死刑囚の母親など、さまざまな人と出会った。三二人で始まったマーチは二週間で三五〇人にまでふくれあがっていた。

ビルはこの死刑反対ウォークに触発される。しかし、もともとこのウォークは宗教的なモチベーションでおこなわれたので、訪問先も教会関係に限られていた。宗教を超えて、もっとたくさんの人々に出会い、みずからの体験から学んだ「死刑では誰も癒されないんだ」というメッセージを伝えてゆきたい。そんな思いが高まり、自分たちで独自の死刑反対ウォークを計画してはどうかと、ＭＶＦＲのメンバーであるパットやマリーに話を持ちかけ、賛同を得た。そして手始めに、発案者であるビル自身が暮らすインディアナ州からやってみることにしたのだった。

「ジャーニー」はこのように、あるひとりの情熱と周囲の協力によって生まれた。

（1） Lesser, Wendy (1993) *Pictures at an Execution: An Inquiry into the Subject of Murder*, Harvard University Press, Cambridge, Massachusetts, p. 5.

(2) Mode, Michael (1996) His last hours, *Oregonian*, Sept. 5, A 01.

(3) Gustafson, Alan (1996) Oregon's deadmen waiting, *Oregonian*, June 7, A 01.

(4) Freinkel, Andrew, Koopman, Cheryl, and Spiegel, David (1994) Dissociative symptoms in media eyewitnesses of an execution, *American Journal of Psychiatry*, Vol. 151 No. 9, Sept., pp. 1335-9.

(5) Death Penalty Information Center (1996) Executions in 1996, https://deathpenaltyinfo.org/executions/1996

(6) Federal Bureau of Investigation (1997) *Crime in the United States in 1996*, Washington, D. C., US Department of Justice.

(7) Ringel, Cheryl (1997) *Criminal Victimization 1996: Changes 1995-96 with Trends 1993-96*, Washington DC, Bureau of Justice Statistics, US Department of Justice.

(8) Redmond, L. (1989) *Surviving: When Someone You Love Was Murdered*, Clearwater, FL, Psychological Consultation and Education Services, Inc.

(9) Office for Victims of Crime (1998) What is the office for victims of crime?, https://ovc.ojp.gov/help-for-victims/overview

(10) Pressley, Sue A. (1996) Execution in Texas: A satisfying end for family of two victims, *Washington Post*, Feb. 11, A 03.

(11) Potok, Mark (1996) Looking death in the eye in Texas law lets families view executions, *USA Today*, Feb. 1, A 03.

Ⅲ　バーバラ

バーバラ・ルイス（提供：Rachel King）

殺人の被害者の多くは、突然、一時の感情に駆られた個人によって殺される。しかし死刑囚は、入念に計画した集団によって、ゆっくりと殺される。しかし、どちらの場合でも、遺族は他人によって意図的に殺されたということを知りながら、生き続けるほかないのだ。

M・バンディーバー(1)

「毎日生きる口実を見つける」

五〇代半ばのバーバラ・ルイスには死刑囚の息子がいる。「ジャーニー」が始まる三カ月前の六月上旬、私は彼女に初めて電話をかけた。その時のことを、私は今でも鮮明に覚えている。電話の向こうから聞こえてきたのは、思ったよりも明るく弾んだ声だった。私が自己紹介を始めると、「ちょっと待って、キャッチホンで人を待たせているから」と言って、先方の電話を切ったようだった。

「今ちょうどアンと話していたところだったのよ。後でかけ直すように言ったから、心配しないで。あなたのことは、アンから聞いたわ」

とバーバラは言った。私がアンに電話をかけ終わってから一〇分と経過していなかった。二人のコミュニケーションの速さに驚いた。そして、新聞記事が誇張して書かれたものではないこと――二人がとても親しい関係にあるということ――をその時実感した。

私は、バーバラが「ジャーニー」に参加することを確認した後、なにげなく、彼女自身の日常について質問した。

「どんなふうに毎日を過ごしているんですか？」

「そうね……」

バーバラがそう答えてから長い沈黙が続いた。そして今までとはまったくトーンの異なる声が聞こえた。

「……毎朝、まず、起き上がらなくちゃならない理由を探すの……」

重たく、沈んだ声だった。電話で聞くようなことではなかった、とその時気がついたが遅かった。私は返す言葉に困り、「そうですか」と相槌をうち、長い沈黙に耳をすませていた。しばらくして、バーバラが口を開いた。

「息子が死刑囚だということからは、寝ていても解放されない。なかなか寝つけないし……毎日のように悪い夢を見るし……。そして目がさめるとまた地獄の一日が始まる。まず朝は、ベッドのなかでその日自分が生きる口実を探すことから始まる……」

「生きる口実？」

と私は思わず聞き返した。毎日起き上がる理由を考える、というふつう考えられないようなことをバーバラが口にしたこともあったが、その時、理由という意味の reason という単語ではなく、言い訳や口実といった意味の excuse という単語を使ったこともあった。

「そう、なぜ今日という日を私は生きる必要があるのか、という口実(excuse)。なにしろ、息子が人を殺すという取り返しのつかないことをしてしまったし、新聞やテレビでは、毎日のように殺人犯が死刑を宣告されたり執行されたりというニュースが報道されていて……息子もそのひとりにあたるわけだから、その母親である私は、何のために生きているのか……。どこかでそう思っているんでしょうね、私には生きる資格がないと……」

とっさに「そんなことない」と、私は口走った。まだ一度も会ったことがない死刑囚の母親。それも初めての電話で、彼女の口からこんな重たい言葉が出てくるなど、思いもよらなかった。遺族の人たちと死刑反対を唱え、新聞記事にも実名入りの写真を掲載するぐらいだから、強靱な精神の持ち主に違いないと、私は心のどこかで思っていたのかもしれない。しかし、実際に電話の向こうから聞こえてくる声は、そんな強靱さをみじんも感じさせないような、重苦しい声だった。

朝起きて、顔を洗ったり歯をみがいたり洋服を着たり、といった単純なことがなかなかできず、何時間もかかってしまう日がある。悪夢が頭をついて離れず、仕事が手につかない。同時に、自分のどこかで悪夢を見続けて当然だと思い、見ない日は罪悪感にさいなまれる。「死刑、死刑、死刑」と耳の奥でエコーのように鳴り響く。結局バーバラは、私を相手に二時間以上も話し続けた。

バーバラにとっての「ジャーニー」

二カ月後、私はバーバラを訪れた。「ジャーニー」が始まる一カ月半前のことである。八月一六日、ニューヨーク経由でフィラデルフィアに到着したのは夜の一〇時過ぎ。乗客で混雑し、騒々しい荷物カウンターとは打って変わって、空港の外へ一歩出ると、真っ暗でひと気がなかった。外国を一人で旅することには慣れている私だが、一人での夜の移動はいつも心細い。タクシー乗り場に直行し、デラウェア州のウィルミントンという町まで行ってくれと言った。

ウィルミントンはバーバラが住む町で、ペンシルバニア州とデラウェア州との州境にある。空港を出発し、ハイウェイを通って三〇分ほどすると「ここからはデラウェア州」という看板が見えた。それからさらに三〇分ほどすると、「ウィルミントン 出口」という看板があった。ホッとする。その先に、いくつかのスポットライトがあてられ、闇夜にこうこうと浮かび上がる看板が目に入った。そして、おどろおどろしい赤い字で、こんなことが書かれてあった。

「ようこそ、犯罪の町ウィルミントンへ。ここからは犯罪危険地域、注意すべし。市民を犯罪から守るためにも、警察官をもっと導入しよう」

いきなり「犯罪の町」だ。それでなくとも心細いのに、看板のせいで身震いするような、不安な気持ちに陥った。そのうえ、泊まることにしていたモーテルがなかなか見つからず、寂しい町はずれにあったことも重なって、「運転手に襲われたりしないだろうか」といらぬ心配までした。ウィルミントンまで一時間ほどかかり、さらに町に入ってからガソリンスタンドやセブンイレブンに立ち寄り、道順を聞いたりしながら、二〇分は走りまわった。その夜、真っ暗ななかにぽつんと「DAYS INN」というモーテルのサインを見つけた時ほど、ホッとしたことはなかった。

モーテルでは、同じ階の大部屋で、同窓会のようなパーティーが催されていた。音楽と人のざわめきで騒々しく、翌日初めてバーバラに会うことを考えると、なかなか寝つけなかった。気を紛らわすためにテレビを見ることにしたが、センセーショナルな犯罪報道や裁判ものが多く、かえって気が高ぶってしまい、逆効果だった。その夜私はほとんど眠れなかった。

翌朝、私はまず宿泊先を変更することにした。結局、電話帳で見つけた便のいい町の中心に位置するホテルに決め、午前九時過ぎ、タクシーを呼んで移動した。そして、予定の時間より少し遅れるかもしれない、とバーバラに電話をかけた。結局私は昨晩からの一部始終を説明するはめになり、バーバラは、「なんでまたそんなへんぴなところに泊まったのよ！」と高らかな笑い声をあげた。

午前一一時過ぎ、再びタクシーを呼んだ。ホテルのまわりは町の経済の低迷ぶりをそのまま表しているようで、ひどくさびれた感じがした。「閉店」や「テナント募集」と書かれた古い店が連なり、営業をしている店のほうが少ないぐらいだ。ホームレスらしき人の姿もあちこちで見られる。このあたりには、銀行や行政関係の建物が集中しているので、それなりに人通りはあるが、活気が感じられない。私はタクシーの窓外を流れる景色をながめていた。

一〇分ほど走ると落ちついた住宅街に入った。典型的な中流階級の地域だ。さらに五分ほど走ると、中流とはいいがたい地域に入った。スラムというほどではないが、なんとなく、それまでの落ちついた地域とは違う雰囲気が漂っていた。

そんななかで、花がいっぱいに植えられた白い木造の二階建ての家が見えた。周辺では、一番こぎれいな家だった。ポストに書かれた番号が、バーバラの住所と一致する。タクシーから降りようとすると運転手が、「目的の場所かどうかあんたが確認するまで、ここで待っててやるよ」と言ってくれた。万が一違った場合、容易にタクシーがつかまるような場所ではなかったし、一人でぶらぶらするにはなんとなく危うそうな地域だ。私は運転手の厚意に感謝し、車を降りた。

ドアベルを二、三度押すと、小柄な黒人女性が出てきた。彼女の笑顔を見て、バーバラだと確信した。私は早速タクシーのほうに手を振って、オーケーの印に親指を立ててみせた。

バーバラはとてもフレンドリーな女性だった。心配とは裏腹に、私たちはすぐに打ち解けた。以前の電話から、彼女と話をしだすと長くなりそうだと思ったので、まず昼食を食べに行こうと誘った。バーバラがレストランまで運転してくれることになった。そして、家の前に停めてある彼女の車を見て驚いた。後ろのバンパーは半分はずれかかっていたし、助手席のドアもなかなか持ち上げるようにしなければ開かなかった。おまけに、エンジンがかかるまで、おしゃべりをしながら二、三分は待たねばならなかった。

「恥ずかしいんだけど、今は車の修理代でさえ払う余裕がないの」

バーバラは照れ笑いしながらそう言った。

冷めた瞳

バーバラが選んだのは、車で一五分ほどのハイウェイ沿いにある、一風変わったレストランだった。大きな酒樽にテーブルクロスをかぶせ、それをテーブルとして使っていた。ウェイトレスはフリルのついた腰だけの小さなエプロンをして、おかわりのソーダやコーヒーを持って忙しそうに行ったり来たりしていた。そして店のあちこちに、キューピー人形やブリキのロボットといった、古びたおもちゃが所狭しと並べてあった。売り物ではなく、値札はついていなかったが、プレミアムがついてなかなか高価なアンテイークであるらしかった。バーバラにはそんなアンティークが宝物のように映るらしく、手にとっては「なんてかわいいの！」とはしゃいだ。

「アンティークの小物って、なぜだかひかれるの。こんなことにならなければ、アンティークの店を開いていたと思う。それが私のささやかな夢だったから……」

バーバラはしみじみと言った。

「今からだってできるわよ」と私が言うと、バーバラはほんの一瞬笑顔を見せたが、すぐに冷めた表情になった。「かなわぬ夢」と諦めきっているのがわかった。

レストランでは明るく振る舞うバーバラだったが、時折冷めた瞳を見せた。その瞳の奥には、寂しさや哀しさといった言葉では表現しきれない、もっと複雑で深い何かが横たわっているように思えた。

食事が運ばれてくるまでのほんの一五―二〇分のあいだに、バーバラはコーヒーを何度もおかわりした。そのことに触れると、「カフェインがないと生きてゆけない」と小さく笑った。

「朝起きるとまずコーヒーをポットいっぱいにわかして飲むの。そうね、軽くコーヒーカップ四、五杯は飲むわ。そうしないと悪夢をひきずったまま、ベッドから抜け出すことができなくなるから」

食事の時ぐらい事件の話はよそう、と私は決めていた。しかし、それは無駄なことだとすぐに気がついた。何を言っても話は事件へとつながってゆく。バーバラはそんな状態を次のように描写した。

「私の人生のなかで死刑が唯一の問題というわけではないけれど、死刑がどんなことにも関連していて、問題をさらに複雑にしていることはまちがいないわ。何をやっても死刑が私につきまとう感じ……」

事件

私が聞くまでもなく、バーバラのほうから事件の日について切り出してきた。

「事件が起こった頃のことは鮮明に覚えているわ」

そして一瞬、遠い昔を思い起こすかのように、とろんとした目をした。

「たぶんあの頃が私の人生のピークだったと思う。職場では賞をもらい、給料もあがった。高校しか出ていない私にとっては、申し分ないほどすばらしいことだったの。離婚してからはいつも二つの仕事を掛け持ちでやっていたから、ようやく落ちついた生活が送れるようになる、と期待していたわ」

そして、視線を窓の外を行き交う車へと移した。

「午後四時頃、近くのドラッグストアにペーパータオルを買いに行ったの。そこでカード売場に吸い寄せられた。そして「励ましの言葉」というセクションで突然立ち止まり、あるカードを見つけたわ。

「あなたの痛みを取り除いてあげることができれば……。でも時には、その痛みにしばらく耐えていれば乗り越えられることもある。私はいつでもあなたのそばにいるから元気を出して」

そんな言葉が書かれたカードが目に留まったのよ。普段、人にカードなんて送るタイプじゃないんだけど、その時はちょうど娘も離婚した直後で落ち込んでいたから、娘に送ろうと思ってなんとなくそのカードを買ったのよ」

しばらく沈黙が流れた。

「でも、私の幸せはそれで終わり……。後でわかったことなんだけど、息子が事件を起こしたのは、私がちょうどこのカードを買っている頃だったの。彼は六年つきあっていたガールフレンドを殺したの……。私がそのことを知らされたのは翌日だったから、もちろんその時は何も知らないでのんきにカードなんて買っていられたんだけど」

バーバラは首を小さく何度も横にふり、そして溜息をついた。

「事件のことを知ったのは、ちょうど娘と友人が遊びに来ていた時だった。娘に例のカードを渡したところで……。娘はそれを読むと、「ママ、このカードは自分のために買ったようなものね」と言って、私に押し返したわ。人生は残酷よね」

また、冷めた瞳になっていた。そしてしばらくボーッとしていた。

事件の話をしている時、突然、バーバラが「ブラック・アウト」状態になることがあった。ほんの一瞬なのだが、意識がどこか遠くに行ってしまうような感じだ。すぐに顔をあげ、元に戻ることもあれば、しばらくボーッとしていることもあった。私がどんな質問をしても嫌がらずに淡々と答えたが、時折、話している最中に沈黙が流れる。そして「ごめんなさい。質問は何だったかしら？」と聞き返す。そんな「ブラック・アウト」状態は、バーバラの苦しみを象徴しているかのようで、痛々しかった。

ふと気がつくとレストランには私とバーバラだけになっていた。ずいぶんと話し込んだ。夕方四時近くになっていた。レストランを出るとバーバラは車をハイウェイ沿いに、さらに五分ほど走らせた。息子が殺人事件を起こした場所を見せてくれるという。驚いたことにバーバラは毎日この事件現場を通って、職場である薬品工場へ通っていると言った。私は思わず「そんな！　他に道はないの？」と声をあげた。息子が人を殺した現場を毎日見ることになるなんて、私には想像できなかったからだ。

「仕方ないのよ。回り道をすることだってできないわけじゃないけど、一〇分以上余分に時間がかかるし……それに、息子の犯した犯罪から逃れることはできないから……」

バーバラは無表情に、何でもないことのように言った。

事件現場へ行く途中、スーパーやレストランが立ち並ぶハイウェイ沿いに、大きく

「GUNS(銃)」と書かれた看板が目に入った。真っ赤な下地に黒の文字で書かれた看板の下はガンショップだった。

「息子は事件で使った銃を、あそこで手に入れたの」

とバーバラは言った。このあたりにはいくつもガンショップがあり、銃を買うのはたやすい。店でなくともストリートに出れば、すぐに手に入る。横流しや盗品の銃が出まわっているからだ。バーバラの一〇歳になる姪が通う小学校でも、最近銃を持ってきた子がいたと、バーバラは嘆いた。

そして「言い訳をするわけじゃないけど」と前置きしてから、こう言った。

「殺人事件が起こると犯人を『死刑にしろ』って言うけど、銃がたやすく手に入る状況を変えようとは、誰も思わないらしいの。息子だって別に人を殺す目的であの銃を買ったわけじゃなかった。身を守る必要性を感じて買ったの。以前、アパートに泥棒が入ったこともあったから。私は反対したんだけど……。とにかく、銃さえ持っていなければ、あんなことにはならなかったはず。相手を脅かそうとして撃ってしまったのよ……。だからといって、許されることではないけれど」

しばらく走ると、もう間もなくだから、左手に見えるアパートに注意するようにと言った。

「その先のアパートよ、事件があったのは」

運転しながら左手で指さした所には、レンガづくりのアパートが並んでいた。そのあたりにはいくつも似たような建物があった。「デュポン・パークウェイ・アパート」という白い大きな立て看板が目に入った。バーバラは急にスピードを落とした。

「そこにロバートは住んでたの。角の二階の部屋。あそこで事件が起こったのよ」

そう言って、ぐるっとアパートのまわりを一周して見せてくれた。何の変哲もないふつうのアパート。事件現場だという部屋にもカーテンがかけられ、人の暮らす気配が感じられた。バーバラは毎日少なくとも二回、この道を通る。仕事に行く時と帰る時。他に道がないわけではないのに、ここを通っていた。

「息子がやった犯罪から逃れられるわけではない」というバーバラの言葉が私には気になった。バーバラはこの道を通ることで自分自身を罰しているんじゃないか？　これは彼女が言ったわけではないし、軽く否定されてしまうかもしれないが、事件現場を毎日通るのは、自分の息子が犯した罪の償いとして、自分自身に与えた罰のように思えて仕方がなかった。

アンとの出会い

私とバーバラが家に戻ると、陽が傾き始めていた。私は二階の居間に通された。薄暗い部屋に、買った時のビニールがかけられたままのソファー、旧型の大きなテレビ、そしてレストランで見かけたような小さなおもちゃがいっぱい並べてあった。

「私のは安物ばかりだけど」

バーバラはそう言いながら、いくつか手にとって見せてくれた。そのほとんどが黒人の人形だった。アフリカの衣装をまとったダンサーやアメリカ南部の労働者のでっぷりした男性など、どれもユニークでコケティッシュなものばかりだった。そんな人形から、バーバラが黒人としての誇りを持っていることがわかる。入り口にもキング牧師やマルコムXなど、アメリカを代表する黒人のリーダーが描かれたポスターが張ってあった。

こうしてしばらく話をしていると、電話がかかってきた。

「ハーイ、アン！　ちょうど今あなたの悪口を言ってたところよ」

バーバラは私に目配せをして笑った。

「カオリはここにいるわよ。心配しないでいいわ。明日はちゃんとあなたのところへ送り届けるから」

翌日、私はアンを訪ねることになっていた。アンはバーバラの住んでいる地域から車で一時間半ぐらいの町、ドーバーに住んでいると聞いていた。私はタクシーで行くつもりだったのだが、バーバラがどうしても私を連れて行くと言い張ったので、彼女の言葉に甘えることにした。

バーバラとアンは本当に仲がよさそうだった。何を話しているのかはよくわからなかったが、ケラケラ笑ったり、冗談を言ったり、おおげさに驚いてみせたり、とても楽しそうだった。

「私たち、双子みたいだってよく言われる。私は黒人で彼女は白人だから、そんなこと絶対にありえないんだけどね」

電話を終えたバーバラは、うれしそうに言った。二人はしょっちゅう電話をかけ合っていた。毎日、そして日に何度も。

バーバラがアンと出会ったのは、二年半前のことだった。当時の話を聞いた。

「ちょうどデラウェア州で死刑の執行が再開されようとしていた頃。息子のロバートも死刑を宣告されていたので、他人事ではなく、急に焦りだしたの。息子が死刑にされるということも、それがなぜなのかということも理解できなくて、「誰か私が納得できるように説明してよ」という感じだった。それで、手当たりしだい「死刑」に関する会に顔を出したの。そしていたるところで「被害者遺族と対話ができるように、支援をしてくれるような社会に住みたい」というようなことを発言したわ」

そしてバーバラは、死刑に関する公聴会に出席した。そのことはI章ですでに触れたが、アンだけでなく、バーバラにとってもこの公聴会は、ある出発点となった。

「それまでは自問自答ばかりしていて、出口がなかったんだけど、アンと出会うことによって、私の世界が開かれた感じだった。「ジャーニー」に参加するようになったのもアンから誘われたからだった」

　バーバラにとって「ジャーニー」がどのような存在なのか、私は聞いてみた。

「「ジャーニー」のすばらしいところは、死刑のない社会をめざす、という目的に向かって互いが受け入れ合おうとしていること。家族を犯罪や処刑によって失った人々、これから家族を失うかもしれない人々が集う。信仰も生まれ育った環境もさまざまよ。だけど、その誰もが対話を望んでいるの。争いでなく経験を共有することが、「ジャーニー」のすべてだと思う。社会が「ジャーニー」のスタイルを受け入れられるようになれば、苦しみのハードルを飛び越え、犯罪も減少させることが可能だと思う」

　テレビの脇には、写真立てがあった。なかには、ロバートらしき男性をはさんでバーバラとアンが立っている、ポラロイド写真が入っていた。

「息子のロバートよ。面会所では、二ドル払えば写真を撮ってくれるの」

　バーバラはその写真を手にとり、見せてくれた。頭を剃った黒人の男性で、額に刻まれた二、三本のしわが目立ち、落ちついた人物に見えた。

　そしてもう一枚、四つ切りサイズの大きなポートレート写真が目に入った。そこには、いがぐり頭で愛くるしい笑みを浮かべた、じつに純朴そうな少年が写っていた。

「これもロバートよ」

　バーバラが愛しそうにその写真を手にした。学校のアルバムに載せる写真を、大きく引き伸ばしたものだった。撮影は一二、三歳の頃だったという。この少年が二〇年後に死刑囚になるなんて、誰が想像できたろう。こんな愛らしい、純朴そうな少年に、何が起こったのだろうか。そう思わずにはいられない、印象深い写真だった。

「これはロバートの息子よ」

そう言って見せてくれた写真には、二人の男の子が写っていた。二人はロバートと別れた妻とのあいだにできた子どもで、テキサス州に暮らしていた。大きいほうの子は一三歳で、ちょうど、少年時代のロバートの写真と同年代で、顔も表情もロバートにそっくりだ。九歳の次男は、はにかんだように笑っていた。

ロバートは刑務所から一週間にかならず一度、二人の子どもたちのもとへ電話を入れている。デラウェア州では、着信払いの電話をかけることが許されているのだ。ただし、彼自身が刑務所で暮らしていることは、半年前まで子どもたちには知らせていなかったという。子どもたちは、もちろん、父親が死刑囚であることも知らなかった。しかし、ロバート自身、このまま隠し通せなくなり、半年前、電話でみずからのおこなったことと現在の処遇について、打ち明けた。二人は静かに聞いていたという。

そして三カ月前、二人はバーバラに付き添われ、初めて刑務所を訪れた。周囲は、子どもたちを死刑囚の父親に会わせるのは酷だと言って気をもんだが、二人はそんな心配をよそに、久しぶりに会う父親にぴったりと寄り添い、話が尽きなかったという。その様子を見た看守は、特別に面会時間を延長してくれた、とバーバラはうれしそうに言った。

ロバートの子ども時代

ロバートの子ども時代はどうだったのだろう。ずっと気にかかっていた疑問をそれとなく、バーバラに聞いてみた。バーバラの答えは次のようなものだった。

「私の結婚生活はむちゃくちゃで、息子に影響を与えているのではないかといつも恐れていたわ。時には息子に守ってもらわねばならないほどひどいありさまで……夫から私に向けられる暴力を見て、ロバートは心を痛めているようだった。息子は何しろ人一倍感受性が強い子だったから……。娘は「逃げ出せばいいじゃない」って簡単に言うけど、四人もの子どもを抱えて、高卒の女が一人で育てていくのは容易なことではなかったから」

そして、バーバラは言いよどみながら、ロバートに関するエピソードを語ってくれた。

「ある日、いつものように私は夫から暴力をふるわれていて……子どもたちは自分の部屋に閉じこもり、それが過ぎるのをじっと待っていた。なんとか事態がおさまって、子どもたちの様子を見にいくと、怒りに震えている息子の姿が目に入って……。私のことを心配してくれていたのよ。「ママ、僕が大きくなったらママを守ってあげるからね」

ってロバートは言いながらベッドの上でワナワナと震えていたわ。こんな環境に身を置き続けるのは息子にもよくないと、私は実感した。このことがきっかけとなって、ようやく夫のもとを去ることにしたの」

この話を聞かせてくれた翌日、バーバラは一見して危ない場所とわかる、貧しい地域へ私を案内してくれた。その日、アンの家まで私を送り届けてくれることになっていたが、バーバラはわざわざ遠回りをして、壊れかかったバー、「のぞき見ショー」と書かれた陳腐な店、そして酒屋ばかりが目につくあたりへ私を連れていった。昼間から紙袋の中に隠し持った酒をらっぱ飲みする男、道の角でたむろし、鋭い視線を私たちに投げかける若者たち、家のポーチに座り、遠くのほうを見つめている女性。それは、思わず顔をそむけたくなるような、気の滅入る光景だった。

「二〇年ぐらい前になるかしら……夫から逃れてここに身を寄せていた時期があったのよ。ロバートがまだ一二、三歳の頃だったと思うけど、このあたりは、あの頃からほとんど変わらない。というか、以前より、もっとさびれた感じがするわ」

バーバラはこのあたりには最近全然来ていなかったようだった。そして、「もう二度と見たくなかったんだけど」と言いよどんだ。どう考えてもここに、いい思い出があるようには思えない。バーバラはそのあたりを私に見えるようにゆっくりと通り過ぎると、急にスピードをあげた。少し走るとバーバラは私のほうをチラッと見た。

「ひどいところだったでしょう?」

バーバラはそう一言投げかけ、私の反応を待っているようだった。私は「ええ」とだけ言った。それ以上何も言えず、私は以前、ボストンで一〇代のギャングたちの取材をした時のことを思い出していた。そのことについてはV章で詳しく述べるが、あの少年たちも、州こそ違うが「貧しい、汚い、危ない」同じような地域に暮らしていた。

少し間をおいて、バーバラは言った。

「でもね、あんなところでも、私たちにとっては「聖域《サンクチュアリ》」だった時代もあるのよ。夫の暴力から逃げられれば、どんなところでもよかった。私には、子どもを連れて逃げるのが精いっぱいだった。一度なんて着のみ着のままだったからお金もほとんどなくて、親戚の家に泊めてもらっていたんだけど、夫が居場所を見つけ出して私たちを連れ戻しに来たのよ。さっきのあたりに移ってきたのは二度目に逃げた時だったわ。思い出すのも嫌なぐらい、恐ろしい生活だった」

彼女はロバートが育った環境について、それ以上多くを語らなかった。しかし、今から思えば、バーバラが「聖域」と呼んだあの貧しい地区が、ロバートの育ってきた環境のすべてを語っているようにも思える。あえて戻りたくない場所に私を連れていったのは、言葉では表現しきれないロバートの複雑な生育環境を、私に、肌で感じとってもらいたかったからかもしれない。

ロバートは一九九〇年五月九日、当時同居していたガールフレンドのシャーリー・スレイを殺した。その日、二人はケンカをしていた。シャーリーを脅かそうと、ロバートは銃を手にしていた。そして、ドアをつかもうとしたとたんにあやまって引き金を引いてしまったという。シャーリーはたまたまドアの後ろに立ち、ロバートに話しかけようとしていた。その時、ドアのすきまから銃弾が飛び出して彼女に当たった。弾はこめかみに撃ち込まれ、即死だった。

バーバラは事件のいきさつについて、次のように語った。

「息子は結果的にガールフレンドを殺してしまったけれど、あくまでも事故だった。ロバートは彼女の顔も見えなかったと言ってる。撃つ気はなくて、あくまでも脅かすつもりだった。それで、銃を撃ってしまったことに気が動転して、家を飛び出してしまった……。でも、その時はまだ、彼女に当たってしまったことには気がついていなくて……友だちの家に駆け込んだ。しばらくたって家に戻ってみると救急車が停まっていて、こわくなったって言ってたわ。ひょっとして自分はシャーリーを撃ってしまったんではないかって。それで再び逃げ出したのよ。それから数時間後、ロバートは友人の家で自殺を試みたわ。トイレにあったあらゆる薬を飲んだのよ。それで病院に運ばれ、翌日の朝、病院から警察に電話をかけ、自首した」

そしてバーバラは続けた。

「弾がこめかみに命中していたことが災いして、「残酷きわまりない、処刑スタイルの計画的殺人」と報道されたものだから、裁判は最初からロバートにとって、フェアーじゃなかった。検察官はもちろんのこと、陪審員や裁判官もテレビや新聞を通じてこのニュースを聞いていたし、最初から誤った先入観を持っていたのよ」

バーバラにとって息子の裁判や公聴会は地獄だ。

「判決が下る前の裁判では、検察の態度が非常に厳しく、私自身も裁かれているようで、その場にいることがとてもつらかった。加害者側の親族が裁判に出廷したがらない気持ちがよくわかるわ。とにかく卑下され、ののしられ、憎しみを真っ向からぶつけられ、希望のない暗闇に放ったらかしにされるのだから……。五年以上もこんな状態が続いていて、まったくよくならないのよ」

そして、一〇月一日に再び裁判所に行かなければならないと言った。それは死刑執行日の設定に関するものだという。ロバートの執行予定日は、最初の死刑判決が出た五年前からすでに五回も設定され、これで六回目になる。

私は愕然とした。死の予定日が五回も言い渡され、再び新しい死の予定日を待つ。そんな状態のなかで生き続けるのは、どんなものだろう。そして死刑囚の家族であるバーバラも、精神的には死刑囚である息子と似たような思いをしているはずだ。

取材拒否

Ⅰ章で、バーバラが今回の「ジャーニー」に参加しなかったことには、少し触れた。実際には、バーバラのまわりでいくつもの予想しえない出来事が起こり、それらが複雑にからみあい、彼女自身、精神的にも肉体的にも追い込まれていた。

九月一五日、私は再びバーバラの住むウィルミントンへやって来た。以前泊まったホテルにあらかじめ予約を入れておいたが、フロントがたてこんでいて、チェックインに時間がかかりそうだった。それで、ロビーの奥にある公衆電話へ向かい、先に取材の確認をすませておくことにした。

バーバラとは、オレゴン州の死刑執行の場で九月五日に再会していた。それからちょうど一〇日たつ。バーバラとアンはあの後三日ほど、「死刑に反対するアラスカ住民連合」の招待で、アラスカ州へ講演旅行に行くと言っていた。アラスカには死刑制度がないが、国をあげての厳罰化の潮流のなかで、死刑制度復活の動きが強まっているという。二人とも、アラスカは初めてだから楽しみにしていた。講演はうまくいっただろうか。電話でも聞いてみよう。そんなことを考えながらダイヤルを押した。

しかし、電話から聞こえてきた声は、予想もしない冷たいものだった。調子はどうかと聞くと、「あまりよくない」と素気ない一言。私は慌てて、身体の具合でも悪いのかと聞いてみたが、はっきりしない。思い切って、次のように提案してみた。

「もし今日気分が悪いのなら、私のほうは明日でもいいから、今日はゆっくり休んだら？」

しかし、気分が悪いのではなかった。バーバラは最初は言いにくそうだったが、途中からはきっぱりとした口調で言った。

「実は……あなたには来てほしくないの」

私は面食らって、「どういうこと？」と切り返した。

「これ以上何も聞かないでほしいの。私はもう公の場では話さないことにしたの。メディアの取材も受けないし、人前でスピーチするのもやめにするわ。「ジャーニー」にも参加しない」

決して取り乱しているという感じではなく、落ちついてそう言った。しかし、私にはまったく何が起きているのかわからなかった。とにかく会って話をするだけでもいい。ほんの少しでいいから時間をほしい。私は押し黙るバーバラに頼みこんだ。そして半時間ほどねばった後、バーバラは次のように言った。

「……しょうがないわね、せっかく遠くから来てくれたんだものね。あなたのしつこさには負けたわ」

私は荷物をフロントに預けたまま、バーバラの家に駆けつけることにした。そして行く途中、スーパーに停まって小さな花束とケーキを買った。

ドキドキした。行っても気が変わって会ってくれないかもしれない。ロバートの執行日が決定したのだろうか。弁護士とうまくいかなくなったのだろうか。さまざまな思いがよぎった。しかし同時に、死刑囚の家族といえども、人生には死刑以外の問題がいろいろとあるわけで、何が起こっていても不思議ではない。

「ハーイ」

元気のないバーバラが玄関先に姿を見せた。挨拶で抱き合ったが、バーバラの身体は宙に浮かんでいるようで、力がなかった。私は持参した花とケーキを渡した。バーバラは一瞬微笑んだが、精気がなかった。

私は二階のキッチンに通された。明るい陽が窓から差し込み、鳥のさえずりが聞こえる。バーバラは花を花瓶に生け、窓際のテーブルの上に置いた。少しのあいだその花を見つめ、「ありがとう。うれしいわ」と言った。バーバラがコーヒーを淹れてくれ、私たちは向かい合うようにしてそのテーブルについた。

バーバラはフーッと大きく息をはいた。「疲れてるのね」と私が声をかけると、私をじっとみつめて言った。

「ごめんなさいね、急にこんなことになって。でも、いろいろあってね。何をどう説明していいかもわからないぐらい、私自身が混乱してるの」

しばらくのあいだ、私とバーバラは黙ってコーヒーを飲んだ。本当につらそうだった。

いくら取材の約束をしていたからといって、半ば強引に説得し、押し掛けてしまったことを私は後悔していた。

二つの死

突然、電話がかかってきた。相手はミッシェルという人らしかった。バーバラの顔が一瞬曇り、「えっ何？　あなた一人なの？　誰もいないの？　ダメよ、バカなこと考えちゃ。今すぐ行くから。わかった？　今すぐだから」と言って、電話を切った。

「今からミッシェルのところへ行くから、ついて来て」

バーバラは私にそう言った。私は言われるがまま、バーバラの車に飛び乗った。車のなかで、バーバラは少しずつ、重い口を開いていった。

最近、バーバラの身のまわりでは、二人の人間が死んでいた。一人は叔母で、以前から病院に入院していると言っていた。五人の子どもがいるのだが、一人は刑務所から出たばかりで、入れ違いにもう一人が一カ月ほど前に刑務所に入ったばかりだった。他の三人も成人しているというのに誰もまともに働いていなかった。叔母が病気で入院するまでは、彼女の働いた金を全員があてにして暮らしていたが、今はもう使い果たしているようだった。以前私が訪れた時も、バーバラは刑務所から出たばかりのいとこを訪ね、おこづかいを渡していた。そして私をホテルに送り届けた夜一一時過ぎ、バーバラは疲れた顔をして、これから叔母の病院を訪ねると言っていた。いとこたちが、息子ロバートの二の舞になるのではと、バーバラはひどく心配していた。

　そしてもう一人が、これから訪ねようとしているミッシェルの夫だった。ミッシェルは職場の同僚で、五年前、ロバートが事件を起こしたという連絡が家に入った時、バーバラの家に偶然居合わせた友人でもあった。そのミッシェルの夫が五日前、心臓発作を起こし、死亡していた。死んだ夫はミッシェルにとっては再婚相手で、結婚式をあげてまだ二年もたっていないらしかった。朝、目を覚ましたら、同じベッドのなかで息絶えていたという。ミッシェルはそのことがショックで、家族や友人に電話をかけまくり「もう、死にたい」と愚痴をこぼしていた。バーバラはここ五日間、ほとんどミッシェルの家と自宅を行ったり来たりしていた。ミッシェルは夜が恐くて眠れない。昨晩はミッシェルの家に泊まり、彼女の相手で徹夜だったという。朝の九時頃になってミッシェルがようやく眠りについたので、家に戻ってきたという。

「ミッシェルがいなければ、あの頃私は自殺していたかもしれない」

　バーバラは、静かにそう言った。あの頃とは息子が事件を起こした五年前のことだ。

バーバラは、いかにミッシェルによって支えられてきたかを語った。事件の直後、毎日様子を見にやって来てくれたこと。真夜中の電話も嫌がらずに応対してくれ、何時間でも話を聞いてくれたこと。公判には仕事を休んでまで同行してくれ、ずっと手をにぎりしめていてくれたことなど。そして続けた。

「ミッシェルが困っている時なんだから、今度は私がそばにいて支えてあげる番だと思うの」

私はうなずいた。

「ジャーニー」は一週間後に迫っていた。バーバラにとって、みずからの体験を語り、死刑の廃止を社会に訴えてまわることは重要に違いない。しかし、家族同然の友人と親戚が「死」を体験し、バーバラを必要としている今、「ジャーニー」に行かないという選択をするほうが自然だろうと私は納得した。

一五分ほどでミッシェルの家に着いた。ベルを鳴らすと、白人の女性が出てきた。バーバラの知り合いらしく、その女性はミッシェルは奥にいると手で合図した。居間にはテレビを見ている白人と黒人の子どもたちがいた。そしてその奥のキッチンには、会ったことはないが一目見てミッシェルだとわかる女性が五、六人の女性に囲まれて立っていた。四〇代半ばぐらいの黒人女性で、髪はぼさぼさ、顔は泣きはらした後のようにパンパンにふくれあがっていた。よれよれのスウェットの上下を着ていて、身なりなどに構っていられないのが一目瞭然だった。

「バーバラ!」。ミッシェルは両手を広げ、子どものようにバーバラに抱きついた。そして、バーバラに電話をかけた直後に、家族や友人が訪ねてきたので、少し気持ちが落ちついたと言った。

ミッシェルを囲んでいたのは母親、祖母、そして職場の同僚だという白人と黒人の女性が三人ほど。居間でテレビを見ていたのは同僚たちの子どもたちだった。思ったより明るい雰囲気で、冗談を言って笑い合ったりもしている。ミッシェルの祖母は、冷蔵庫を開けて、手作りのパンプキンパイを持ってきたからと、私にすすめてくれたりもした。

ミッシェルはといえば、笑顔を見せたかと思うと、急に表情を崩し、かなり精神が不安定だった。まさに泣いたり笑ったりという状態だ。でも、そのことをとがめたりするものは誰もいなかった。ミッシェルが同じことをくり返し言っても、皆気長に聞いていた。ミッシェルがトイレに立ったりして席をはずすと、さりげなく明日の予定をおしえ合い、誰が何時に訪問するかを決めたりしていた。

「とりあえず人に囲まれて、外が明るいうちはだいじょうぶなの」

ミッシェルが言った。

「でも、暗くなるとダメ。一瞬でも独りぼっちになると、叫び出したり、馬鹿なこと考えたりする」

バーバラはミッシェルの肩を抱き、うんうんと優しくうなずきながら、話を聞いている。まわりの人も、ミッシェルを気遣いながらも、ごく自然に接しているように見えた。

夫を急に失う、という悲劇的状況の真っ只中にいるミッシェル。人々はそんな彼女を支え合おうとしていた。大切な人を失った時、本当に人が必要とするもの。それを見せつけられた気がして、私は胸がいっぱいになっていた。

三時間ほどして、バーバラと私はミッシェルの家を後にした。

バーバラの家に戻り、再びキッチンのテーブルを囲んで座った。二人でケーキをつついた。しばらくしてバーバラは、「これは本当は言うまいって思ったんだけど」と言った。そして続けてこう言った。

「取材を受けたくない理由なんだけど、実はもう一つあるの」

瞬間的に、ロバートのことに違いない、と私は思った。

「アンが原因なの……」

思いがけない答えだった。あんなに仲がよかったのに、二人のあいだに何があったのか。

バーバラは、アラスカでのことを話し始めた。一〇〇人ぐらいの集まりで、いつものように被害者遺族としてアンが語り、死刑囚の母親としてバーバラが語った。講演が終わり、控え室に戻った時のこと。アンがその日会場から出た質問のことを持ち出した。

「被害者遺族と死刑囚の家族とどちらの痛みが重いか」

これはよく出る質問のひとつだった。会場ではアンは「どちらも同じ」と答えた。しかし、控え室でアンはこう言ったのだ。

「被害者遺族の苦しみのほうが、死刑囚の家族より、重いに決まってるじゃないの」バーバラは自分の耳を疑ったという。しかし、はっきりそう言ったという。バーバラはこの言葉に、ひどく傷つけられていた。

「まさかって思った。そんなふうに思っていたなんて。どちらの苦しみも同じ、というところで私たちはつながっていると思っていたのに……もう、二人で話すことはありえないと思う」

耐えがたい苦しみ

その日は、結局六時間ぐらいバーバラと過ごした。

「あなたには、ありのままを見て、わかってほしかったから」

とバーバラは言った。そして何かがふっきれたように、フッと笑い、こう洩らした。

「なんだかんだ言って、あなたには私の愚痴をたくさん聞いてもらっちゃったわね。少し気持ちがやわらいだわ」

そして続けた。

「今回の「ジャーニー」には行かないと思うけど、自宅でのインタビューなら受けてもいいわ。ただし短時間にしてね。あと、アンとのことは聞かないで。今は話したくないから」

もう暗くなりかけていた。バーバラは一つひとつ言葉を選ぶようにして、かみしめながら話し始めた。

「今私は耐えがたい苦しみを味わっていて……明日、どうするかも私には見えない。日ごとに複雑な気持ちになってゆく……このような状況下に生きるのが本当に苦しいから。前向きに計画的に生きてゆくことが今はできない。他人には理解できないことだと思うわ。そして他人に苦しみを押しつけることはしたくないので、一人でいるほうがいいんだと思う。それが正しいことではないとわかってるけど、今は自分一人でいたいの。どうやって解決すればいいのかわからない。ずっと孤立したほうがいいのか、問題を人とわかち合ったほうがいいのか、今の私には何もわからない。ただ、少し時間にゆだねてみようと思っているの。時が解決してくれることもたくさんあるから」

話が進むにつれ、バーバラは息子ロバートが死刑囚であることへの無念さを隠せなくなってきた。

「息子に何もしてやれないことがつらい。経済的な問題もあるし、次の裁判がそんな理由でダメになったら……考えると泣き出してしまいそうなので、考えないようにしているの」

何度も溜息をついていた。

「人口の八〇%が死刑に賛成と聞くと、誰でも彼でも息子の死を望んでいるような気になって、どうしようもない絶望を感じる。にっこり笑って、死刑を望む一般市民の意向に従おう、と思うことさえある。闘うことが無駄に思えてしまうから。社会に向かって闘うよりも、静かに死刑の訪れる日を待ち受けるほうが楽だし。たとえば、死刑囚が上訴の権利を捨て、みずからが死刑の執行を望むことがあるでしょう。その状況はよくわかる気がするの。正しいことだとは思わないけど、希望のない人生というのは死に近いから」

苦痛に満ちた表情だった。そして一息おいてバーバラはつぶやいた。

「せめて終身刑に減刑してくれれば……」

そして、気を取り直したように顔をあげた。

「終身刑も苦しみは変わらないかもしれない。でも、死刑と違うのは、希望が持てるということ。何かが変わるかもしれないという希望。そして執行を経験せずにすむという希望。今の私はその執行を止めようと必死になっているけど、時間とのせめぎ合いをやっているだけで……無駄なのかもしれない。死刑が制度として存在する限り、その努力が報われることはないわ。執行までの限られた時間だけで、時間が永久にあるわけではないし」

バーバラはむなしそうに言った。

「執行されたら、すべてに終わりが来る、と思うことがあるの」

「終わりって？」

私は思わず聞き返した。

「私の人生の終焉かもしれない」

どぎまぎしながら、再び私は聞いた。

「じゃあ今の人生で一番何を変えたい？」

「息子が減刑され、生きる可能性を与えられること。そして被害者のお母さんが心の平静を取り戻し、被害者の娘さんが幸せな人生を送れるようになること。私にそのための手伝いができるなら何だってするつもり。そして、どんな悲劇的な状況下でも人は変わることができるんだということを社会に示したいの」

（1）　Vandiver, Margaret(1989) Coping with death, in Radelet, Michael(ed.), *Facing the Death Penalty*, Philadelphia, Temple University Press, p. 128.

Ⅳ　ロバート

死刑囚ロバート・ギャティス(中央)と面会に訪れた友人たち(デラウェア州スミルナ刑務所にて撮影.提供：Robert Gattis)

視察窓からだけではなく、終日天井からも監視されるような狭い独房に閉じ込められ、何をするにも制約を受けるのに、なぜ、それでも生きようとするのか、と思う人がいるかもしれません。

しかし、人は、どんな状況に置かれても生きる喜びを見出すことができるものです。娑婆で生活する人たちにとっては取るに足らないような事々、たとえば、鉄格子ごしに見る月や星も、換気口から入ってくる小さなコオロギも心を温めてくれるものです。そして、獄外の人たちが見失っているものを、死刑囚だからこそ感じとることができるかもしれません。

大道寺将司(1)

再会

死刑囚の息子を持つバーバラ・ルイスと知り合っておよそ一年後の一九九七年八月、私は彼女のもとを再び訪れた。

久しぶりに会うバーバラは、はしゃぎながら私に抱きつき、以前と比べるとずいぶん明るくなったように見えた。一度はこじれたアン・コールマンとの仲もある程度回復し、以前のようにべったりという関係ではなく、一定の距離を保ちながら、二人の講演会を再開し始めたこと、夫が急死したミッシェルも落ちつきを取り戻したこと、母親を失ったいとこたちもなんとかやっていることなどを笑顔で語った。

しかし、その明るさはなんとなくぎこちないものだった。その理由はすぐに明らかになった。二週間前、息子ロバートの一審判決に対する不服申し立てが、控訴審で却下されてしまったという。州レベルで上訴できるのは、あと一回だけ。その後は連邦最高裁判所だが、一般にこのレベルで判決をひっくり返すのはむずかしいとされている。バーバラはロバートのことを心配していた。先週面会した時も、言葉数が少なく、かなり落ち込んでいたという。弁護士は優秀な人だが、同時に、四つもの死刑事件を抱えているため、綿密な弁護活動はむずかしいとされていた。他に弁護士を雇うにもお金もコネもない。そんなことを、バーバラはあきらめきった表情で淡々と述べた。そして次のような言葉を何度も口にした。

「「息子のことは諦めろ」って、神様から言われているような気がする……」

ただしロバートの場合、死刑事件に経験豊かな弁護士をつけられただけでも恵まれているといえる。一四年間、死刑囚の弁護を専門におこなってきた末、限界を感じて弁護士をやめたフロリダ州のマイケル・メロは、著書のなかで次のように言う。

「死刑囚には、アメリカ社会の問題がそのまま凝縮されている。つまり、ほとんどが極貧で、崩壊家庭の出身だ。そして、死刑囚の弁護に経験豊かな弁護士を雇う経済力がない。だから、金がないという条件で手に入れられる弁護士をなんとか確保するのが精いっぱいである。彼らの経済力は、そのまま結果につながるといえるだろう(2)」

翌日、バーバラとともに私はスミルナ刑務所を訪れた。彼女の息子、ロバートに面会するためだった。デラウェア州では、死刑囚の面会も一般受刑者の面会と同じ条件だ。バーバラの面会日は、月曜日と水曜日の週二回で、時間は午前八時から九時までの一時間。一度に面会が許可されるのは二人までだが、面会日の一週間前に刑務所に申し込めば、家族や弁護士でなくとも誰でも会うことが許される。

その日、刑務所の扉の前には、私の他にバーバラをふくめた三〇名前後の訪問者が集まっていた。小さな子どもを連れた親子もいる。突然、「三、二、一」というかけ声とともに、鉄のドアがギーッと物々しい音をたてながら開いた。

ロバートはどんな顔で私を迎えるのだろうか。私はどんなふうに振る舞えばいいのだろう。

私たちは、刑務所の建物を入ってすぐ左側にある面会室に通された。入り口あたりで、バーバラは三人ばかりの看守と握手をし、挨拶を交わした。どの看守とも親しそうに笑顔で言葉を交わす姿が、「刑務所」という場所には不釣り合いで、妙に印象的だった。面会室は真っ白な壁と大きな窓に囲まれた広いスペースで、壁面のところどころには鮮やかな野山の絵が描かれ、窓からは芝生や木々がよく見えた。刑務所という無機質な場にカラフルな絵画、窓から見える緑に看守と面会者の笑顔。なんだかホッとさせてくれる。

フロアには、面会用の机とイスがひしめきあっていた。小学校か幼稚園からもらい下げてきたような、古ぼけた小さな机が三〇個。子ども用の背丈の低いイスが、それぞれの机に三席、三列に並べられていた。全部で九〇人が面会できるようになっていて、机と机のあいだには一メートルぐらいのスペースがあった。看守は入り口付近に置かれた事務用のデスクに座って全体を見守るだけで、日本のように面会の一部始終を看守が記録し、内容によっては話を禁止する、といったことはいっさいない。

実は、私がロバートに会うのはこれで二度目だった。ちょうどその一年前の九六年九月、私はロバートと面会をしていた。しかし、前回は取材ということで、刑務所側から特別にとりはからってもらったため、面会も個室でおこなわれ、監視も比較的厳しかった。こうして一般の面会者たちと同じ部屋で面会をするのは初めてのことで、私には何もかもが驚きの連続だった。

奥の廊下で囚人たちが職員たちからボディー・チェックを受けているのが見えた。全員が夏用の真っ白い作業着を着用していた。私は身を乗り出してロバートの姿を追った。しばらくして、金属探知器をくぐり抜けるロバートが目に入った。ロバートは母親のバーバラと私の姿に気づいて軽く手をあげ、ウィンクした。

少々緊張した面持ちでこちらに向かってくるロバート。表情がこわばっているように見えた。上訴が却下されたことで失意の底にいるのだろうか。もう希望を失ってしまったのだろうか。人と会うのが嫌になったのだろうか。そんな思いを抱きながら、ぎこちなく、ロバートと抱きしめ合った。

「二」という席の番号が書かれた紙を看守から渡された。私はキョロキョロあたりを見まわし、机の上に書かれた番号を探そうとしたが、ロバートとバーバラは脇目もふらず、席へと直行した。入り口近くの窓側の席だった。五年間、バーバラとロバートは週に二回、こうして決められた席で面会をしてきている。三〇席の位置を二人はすべて暗記していたのだ。

ロバートは、机をへだてて私とバーバラの向かい側に座った。一年前より多少むくんで見える。

「元気かい？」

ロバートが懸命に笑顔をつくりながら私に話しかけた。私は元気だと答え、決まり切った挨拶を交わした。一年前の取材以来、私とロバートは手紙を通して近況を報告し合ってきたが、面と向かうと何から切り出していいのかとまどった。そして彼もまた、とまどっているのがわかった。

手紙

「心身ともに、あなたがベストな状態でありますように。私自身は健康で、精神的にも充実しています」

ロバートの手紙は、いつもこのフレーズで始まる。なんだかロバートが、自分はだいじょうぶだと自分自身に言い聞かせているようで、もの哀しさを感じてしまう。

ロバートと文通を始めたのは、バージニア州への「ジャーニー」が終わってからだった。帰国すると、ロバートからの手紙が届いていた。それは、きちんとタイプアップされたもので、やはりこの挨拶文で始まっていた。手書きの部分は封筒の左上に記された名前の部分だけで、しっかりした筆跡で書かれた「囚人番号一八八七五二」という番号が印象的だった。

内容は、私の取材を受けたことに関する簡単な感想だった。以前、ロバートはドイツのテレビ局から取材を受けたことがあったのだが、その時と比べて、今回は気負わずに話すことができたことや、あらかじめ母親のバーバラから私のことを聞いていたので、親近感を抱いていた、といったようなことが書かれていた。そして最後に、「忙しいとは思いますが、返事がいただけたらうれしく思います」とあった。

簡潔で、控えめな手紙は、私が会ったロバートそのままだった。

初めての面会

私がロバートに初めて会った一九九六年当時、デラウェア州には死刑囚がロバートをふくめ、一四人いた。その全員がスミルナ刑務所に収容されていた。

ここでは、死刑囚もその他の受刑者も同じ監房に入っていて、他の州にあるようないわゆる「死刑囚監房」というものはない。ロバートがいるのもコンパウンドCと呼ばれる、一般受刑者用の建物だ。ただし、執行が迫ってきたり、刑務所内で問題を起こしたりすると、マキシマム・セキュリティーと呼ばれる厳重な監視体制の監房に入れられ、一日のうち二三時間、狭い独房に監禁されることになる。

デラウェア州で死刑の執行が再開されたのは一九九二年。以来、八人の処刑をおこなってきた。「死刑情報センター」によると、デラウェア州は死刑囚の人口に対する執行率がアメリカのなかでもっとも高く、批判を受けてもまったく躊躇せず、どの州よりも迅速に執行をおこなうことで知られている。たとえば、死刑が宣告されてから執行までの平均年数は四年八カ月で、他の州と比べるとかなり短い(たいていは一〇年前後といわれている)(3)。

死刑の執行は、同刑務所の敷地内にある処刑施設でおこなわれることになっており、致死薬注射か絞首刑の二通り。アメリカでもっとも「野蛮」とされる絞首刑が残る稀な州であるが、最近の執行はほとんどが致死薬注射によるものだ。八人の処刑のうち絞首刑がおこなわれたのは、一人だけだった。それは、アン・コールマンがとくにシンパシーを抱いていた死刑囚ビリー・ベイリーで、致死薬注射を選ぶこともできたのに、あえて彼は絞首刑を選んだ。一九八〇年、死刑判決を受けた際に「絞首刑」と執行方法を言い渡され、それからの一六年間、ビリーは自分が絞首刑で死ぬんだと言い聞かせて生きてきたからだった。

「今さら他の方法で死にたくない」

ビリーはアンにそう洩らしたという。

一九九六年九月一六日、ロバートとの初めての面会の日、時間は九時から一〇時までの一時間。言葉を交わしたこともなく、会ったこともない私に、ロバートは心を開いてくれるのだろうか。とても不安だった。

八時四〇分頃、私はスミルナ刑務所に到着した。風がとても強かった。有刺鉄線のフェンスの上には、青空にまじって、細かい雲がものすごいスピードで流れていた。私も風に吹き飛ばされそうになりながら、駐車場の中央部にあるセキュリティー・チェックと呼ばれる場所に向かって歩いた。面会を希望する人たちが手続きをおこない、身体検査がされる場所だ。私はそこで広報担当官に会うことになっていた。

入り口を入ると、空港でよく見かけるようなアーチ型の金属探知器が目に飛び込んできた。その部屋には、イスが二〇席ほどあり、人が五、六人ほどまばらに座っていた。

金属探知器の脇に座った男性係官は、内線電話に手をかけ、「広報担当官を呼んでやるからイスにでも座って待ってろ」とぶっきらぼうに言った。

私の目の前に、四、五歳ぐらいの黒人の女の子が座っていた。しばらくのあいだ、母親らしき女性の横にちょこんと座っていたが、待つことにあきたのだろう。席から離れ、壁際にある自動販売機のほうへ駆け寄ると、ガラスにへばりついた。そしてなかのお菓子を食い入るようにじっと見つめ、「欲しい」とでも言いたげな視線を、母親のほうに投げかけた。母親は「そんなもの買わないよ！」と叱りつけるように言い、女の子はべそをかいた。

この親子も面会に来たに違いなかった。面会の相手は、この子の父親だろうか。麻薬の密売？　傷害事件？　それとも誰かを殺した罪に問われているのだろうか？　ひょっとすると死刑囚かもしれない。だとしたらこの女の子は近い将来父親を失うことになる。そんな勝手なことを想像しながら、早くもやるせない気持ちに私は陥っていた。

しばらくすると係の男性が金属探知器の脇に座ったまま、母親を指さし、入ってもいい、という合図をした。親子はアーチ型の金属探知器をくぐり、なかへと消えていった。

九時を一〇分ほど過ぎ、ようやく広報担当官が現れた。細面の白人の中年女性で、髪の毛を後ろに束ね、神経質そうに見えた。私が立ち上がって自己紹介をしようとすると、

「もう聞いてます。注意事項はファックスに書いた通りです」

担当官はピシャリと言った。そして暗記したマニュアルを棒読みするかのように続けた。

「インタビューは一時間だけ。延長は認められません。死刑囚のインタビューには会議室を使います」

私は何かを質問しようとしたが、看守は私に冷ややかな視線を投げかけ、「私は言われたことをやっているにすぎません。いま言ったこと以外の注意事項は、すべてあなたに送ったファックスに書いてあるはずです」と、とりつくしまもない。

受刑者たちが収容されている刑務所の建物は、セキュリティー・チェックからは少し離れたところにあった。それは有刺鉄線のフェンスで仕切られたなかにあり、長い廊下でつながっている。その廊下とセキュリティー・チェックを隔てるゲートは、なかの係官が操作しているようだった。

突然、ギーッというものものしい金属音がして、ゲートが自動的に開いた。

建物のなかは迷路のようだった。短い廊下をいくつも曲がると、長い廊下に行きあった。二〇メートルほど先に鉄格子が見える。その奥には藍色の服を着た男たちが行き交っていた。あの奥からロバートは来るのかと聞くと、広報担当官は歩くペースも落とさず振り向きもせず、「そうだ」と答えた。

私は廊下中央部の右手にある会議室に案内された。部屋に入ったとたん、ハッとした。右側の壁いっぱいに、色鮮やかな風景画が描かれていた。アクリル絵の具を使用しているようだ。受刑者が描いたのだろう。オレンジ色に焼けた夕景のなかに、雪をかぶった山がくっきりと浮かび上がり、手前にはしっかりとそびえ立つ鮮やかなグリーンの針葉樹が描かれていた。事務用のテーブルとイスしかない、素気のない会議室を想像していた私にはちょっとした驚きで、しばらくボーッと壁画をながめていた。技術的には何ていうことのない絵だったが、なぜか人間臭さのようなものを感じた。

担当官は部屋を出たり入ったりしながら、私の様子を監視していた。

部屋に入って五分もたたないうちに、看守はロバートを連れてきた。黒いスウェット地のパーカーに藍色の上下を着た、小柄な黒人の男性。緊張で少し顔がこわばっているように見えた。それがロバートだった。

ロバートは、手錠も足枷もはめていなかった。デラウェア州では死刑囚の面会室も、映画で見るようなガラスで仕切られた部屋でないことは、バーバラから聞いて知ってはいたが、自由に歩きまわれるような会議室で取材ができることには驚かされた。日本では取材どころか、検閲だらけで、身内からの手紙でも厳しく内容がチェックされ、死刑囚が「動揺しそうだ」と思われる箇所はすべて黒く塗りつぶされてしまうと聞いている。

私はロバートの前に歩みより、自分の手を差し出した。そして彼の手を握った瞬間、ドキッとした。とても柔らかい手だった。ゴツゴツした顔や、額にある盛り上がった傷、口のまわりに生やしたチョビ髭、そして人を殺したという事実からは、想像もつかないような柔らかい手だったからかもしれない。

インタビュー

ロバートと私は向かい合うようにして座った。私のそばには撮影クルーも二人いる。落ちついてはいるが、表情が堅く、どこか緊張しているのがわかった。少し気持ちをほぐすために、軽い質問をいくつか投げかけた。そのなかで、母親との面会はどうだったか聞いてみた。その前日、バーバラが面会に来ていたのだ。

「いろいろ話したよ。母さんは旅行に行ってたんだけど、その時の楽しかったことかを話してくれた」

表情が初めてゆるんだ。そして、自己紹介をしてくれという私の質問に、ロバートは冷静に答えた。

「ロバート・ギャティス、三四歳。第一級殺人罪に問われ、死刑を宣告されている」

そして私は事件について、いつ、どんなかたちで起こったのかと、単刀直入に聞いた。

「一九九〇年五月、家庭内での殺人だ」

これがロバートの答えだった。あまりにもあっけない。私はロバートにもう少し具体的に話してくれないかと頼んでみた。彼は「オーケー」と言い、続けた。

「事故で人を殺してしまったんだが、州は計画的殺人とみなした。とても残虐な方法で殺した、というふうにね。それで死刑になったわけなんだ」

ロバートの答えは整理され、簡潔だった。私には簡潔すぎて、何か物足りなさが残った。そこで、質問を事件そのものよりも、被害者に関するものへと変えることにした。

「被害者に対して自分がおこなった行為を省みることは？」

「もちろんだよ。殺すつもりなんてまったくなかった。だけど、殺すつもりのなかったことを証明できなくて……。事件について考えない日はないよ。いつも僕の心は事件現場にあるんだ……」

「残された被害者遺族を思うことは？」

「もちろんだよ。被害者遺族の気持ちや彼女を失ったことによる影響をいつも考えている。被害者には娘もいたし、両親も兄弟もいた。僕にだって家族があるからどんなにつらいかは、想像できる。僕だって、母親が面会日に顔を見せないと心配する。息子が二人いるし、姉妹だって三人いる。家族のことはいつも気にかかる」

格好をつけるでもなく、悪びるでもなく、とても自然に語っているように見えた。

「死刑になると予想していた？」

「可能性があるとは思っていた。でもいちいち自分の処遇がどうなるかなんて心配していられなかった。どういう結果が出ても受け入れるつもりだった」

「判決が出た時の感想は？」

「陪審員の意向が裁判長に受け入れられたんだと思った。第一級殺人罪に問われるとわかった時、死刑はありうると思った」

「今の気持ちは？」

「不幸だとか災難だというふうには思わない。置かれた環境のなかでベストを尽くそうと思っている」

とても真摯な態度だった。真摯なだけに、酷な質問をぶつけるのは、気がひけた。しかし、一時間という与えられた短い時間のなかでインタビューをおこなわねばならない。あらかじめ用意してきていたメモに目を通しながら、次々に質問していった。

「被害者はすべてを失ったのに、加害者は生き続け、フェアーでないという意見があるが、どう思うか？」

ロバートは私の質問にうなずくと、

「被害者遺族の怒りはもっともなことだ。でも、その怒りによって報復することが許されているなんて、よい社会といえるのだろうか」

と質問を投げ返してきた。私の目をしっかりと見つめ、さらに続けた。

「感情のおもむくままに行動するとすれば、正義なんて成立しない。相手の気持ちになって考えることが倫理《モラル》を保つことだと言った人がいる。もし僕のおこなった殺人が倫理《モラル》に欠けているというなら、こういう僕を殺し返すことは、僕の犯した過ちと変わらないのではないだろうか？」

そもそもなぜ死刑という判決が出たのか、彼なりの意見を聞いてみた。

「事件が起こったのは一九九〇年五月。陪審員の評決は一〇対三で一〇人が死刑を支持していた。事件当時に裁判がおこなわれていれば、終身刑ですんだのに、裁判が実際に始まった一九九二年には、他の事件で銀行強盗および殺人罪を犯した犯人がメディアで騒がれ、そのために法律が変わってしまったんだ。時期が早ければ、死刑は問われなかったはずだ。よって裁判の判決がいかに世間の感情によって左右されるかということを身をもって体験することになったんだ」

そして念を押すように言った。

「もう一度言うけど、もし僕の犯したことが倫理《モラル》に反しているというなら、僕を殺すことだって同じことなんじゃないかな？」

この問いかけは私に強く訴えかけてきた。彼の言う通りだと思った。しかし、一般の人は彼の言葉をどのように受けとめるだろう、と心配になったのも事実だ。あまりにも落ちつきはらい、論理的なロバートを「死刑囚のくせにえらそうに」、「自分のしたことを反省してないから言いたいことが言える」などと思うのではないか。

「死刑でないなら自分の罪をどう償えると思う？」

「それは神の決断だよ。聖書も言っているように神にしか人は裁けないと思う」

この答えはとても抽象的に聞こえた。私はなんとか話を彼自身に戻そうとした。

「刑務所に入所して以来、あなたは変わったと思う？」

ロバートは深くうなずいた。

「変わったと思うよ。辛抱強く、人に対して寛大になるように努力してきた。人に変わることは強要できないから、すべての囚人が僕のように変わることはできないかもしれない。しかし、それぞれ可能性は持っているんだ。そのことがまったく忘れられてしまっている」

「死刑囚でも変わることができると断言できる？」

「全員とは言い切れない。変われない人だっているさ。変わらないという選択をみずからする人々がかならずいるものだ。そして変わりたいけど、どうやったら変われるのかわからない人々……」

「これからどのように生きていくつもり？」

「自分の犯したことを見つめ、それを教訓として生き、社会の役に立ちたいと思っている」

部屋の時計に目をやると、約束の一時間まで一〇分足らずだった。焦るなかで、ある質問がふいに私の口をついて出た。

「過去の過ちを変えられるとしたら、何を変えたい？」

ロバートはフフッと笑った。それまでピーンとはりつめていた糸がゆるんだような瞬間だった。

「それはよく聞かれる質問なんだけど、僕の答えはいつも同じ。何も変えられない、だ。今の自分は過去の集大成だ。事件の頃は、僕自身、ひどい生活を送っていた。その頃と比べると、僕は改心した。仮に過去を変えてしまうことができたとしたら、自分自身が今のように変わることができたかどうか疑問だ」

そして続けた。

「人間的に僕は成長したと思っている。今の自分に満足しているし、変われたことが今までの人生のなかで最高の出来事だと思っている」

この言葉は説得力を持って私に訴えかけてきた。これでインタビューを終わろう。私はそう思い、ロバートに向かって「ありがとう。これで終わりです」と言った。ロバートはニコッと微笑み、力をこめて「ありがとう」と私に向かって言い返した。そして立ち上がりながら、自分のほうから手を差し出してきた。ロバートの表情は、インタビューが始まる前とは打って変わり、なごんで穏やかなものになっていた。

気がつくと、開いたドアの横にすでに広報担当官が立っていて、「取材はこれで終わりよ。後はまた指示をするから」とぴしゃりと言った。そして担当官はゲートを開ける担当の係に知らせるため、面会室をいったん出た。

その時、初めて担当官抜きに二人だけで話すチャンスに恵まれた。まず、ロバートがパーカーを羽織りながら、リラックスした表情で、「他の人にも会ったの？」と聞いてきた。私が「他の人って他の死刑囚のこと？」と聞き返すと、彼はうんうんとうなずいた。私は「いいえ、あなただけよ」と言うと、再びある質問が私自身の口をついて出た。

「あなたはすべてを受け入れているって言ったけど、本当にそうなの？　死刑をも受け入れられるっていうの？」

私は興奮していた。ロバートは再び監房に戻ってしまう。もう会えないかもしれない。私は本当に聞きたいことを聞けたのだろうか。さまざまな思いが一気に押し寄せ、自分でも何を言っているのかよくわかっていなかったように思う。ただ、それまでの冷静なロバートの受け答えに私自身、満足していなかったのは確かだった。

ロバートは壁画の前に立って、私の質問に耳を傾けていた。

「そうしないとやっていけないからね」

そう言うと、少し考えるような顔つきになった。私を納得させるための言葉をなんとか探し出そうとしているようだった。しばらくすると、身を乗り出すようにして言った。

「仕事だってそうだろ。出張命令が出れば希望するしないにかかわらず、従うだろう。だから従うしかないんだよ」

突然ドアが聞き、担当官が戻ってきた。

「ロバート、房に戻るのよ！」

再び担当官のきつい声が響いた。ロバートはハッと顔をあげた。ゆるんでいた部屋の空気がまた元のはりつめた空気に戻った。彼は担当官の言う通り、部屋を出た。そして歩き出す前、一瞬こちらを振り向いた。そしてニコッと微笑み、「さよなら」と手をふった。

私は胸がしめつけられるような思いがした。手をふり返しながら、私のなかではどうしようもないほどのむなしさがこみあげてきた。今になって思えば、担当官がいなくなり、肌と肌が触れ合うほどの距離に立ち、何気ない会話を交わしたことで、初めてある事実がリアリティーを持って私に迫ってきたのだと思う。その事実とは、目の前にいるロバートという人が死刑囚で、近い将来、この刑務所内で殺されてしまうかもしれないということだった。

私にとってロバートは、単なる死刑囚一八八七五二番ではなくなっていた。ロバートは、私が知り合ったバーバラの息子であり、テキサス州に暮らす二人の息子の父親でもあり、同時に、ガールフレンドを殺した加害者でもあり、遺族を苦しめ続けている存在であり、暴力にさらされて育った被害者でもあり、バーバラの家に飾ってあったあの純朴な笑みを浮かべた少年の二〇年後の姿でもある。そんないくつもの事実を前に、私はただ立ちつくしていた。

ロバートは、鉄格子のゲートのほうに向かって歩き出した。オレンジ色に塗られた鉄格子のドアが、大きく口を開け、ロバートが入ってくるのを待ちかまえている。

「三、二、一」

かけ声とともに、鉄格子のドアが閉まった。ガシャン。大きな金属音がむなしく響いた。

「はい。面会はこれで終わり！」

担当官の甲高い声がその後に続いた。私たちはセキュリティー・チェックを再び通り抜け、駐車場へ出た。

刑務所を取り囲むフェンスが、雲の合間から見えかくれする太陽に照らされ、銀色にキラキラと光っていた。その奥には、沈んだ灰色のコンクリートの建物がデンとかまえていた。私はなんともいえない重苦しさとやるせなさを感じていた。

その時、小さな黄色い花が目に入った。芝生のなかで風に揺れていた。いや、揺れているというよりも、風にあおられ、それに必死で耐えている。そんな感じだった。

希望と絶望のあいだで

あの初めての出会いから一年が過ぎ、私はバーバラとともに再びスミルナ刑務所を訪れていた。もう会えないかもしれない、と思ったロバートを目の前に。

バーバラは私に気をつかってか、なかなか話し出さなかったのだが、しばらくするといとこのことや、テキサス州に暮らすロバートの息子たちから電話がかかってきたことなどを話し出した。ロバートは身を乗り出すようにして話に聞き入り、バーバラはごく「ふつう」を装って話した。「諦めている」はずなのに、それをロバートには悟られないように明るくふるまっているようだった。

次第にロバートの表情もやわらぎ、自分の身のまわりのことを話し始めた。ロバートが中心となって何人かの受刑者たちで不定期に新聞を発行していたが、今号ではかなり過激な刑務所内の処遇に対する改革案を書こうとしたために、刑務所の所長から許可がおりず、書き直しを命じられていること。刑務所内には図書室があるのだが、毎日開館の一五分前の七時四五分頃からその前に列ができ、ロバートはいつも一番乗りで先頭に並び、閉館の五時まで図書館で過ごすこと。そこで地元紙二紙と全国紙の『USAトゥデイ紙』を、毎日すみからすみまで目を通すという。そして、十分な調査をする暇がない弁護士に代わって、ロバートみずからが図書室にある法律関係の本を読み、弁護の議論を練っているらしかった。手紙を書く際は、印刷室担当の職員とは親しいので、コンピュータを特別に使わせてもらえること。受刑者どうしで自由に話し合えるスペースもあるという。ロバートは新入りの受刑者や、精神的に不安定な受刑者たちから毎日のように相談を受けていた。「ロバートは受刑者たちのカウンセラーよ」。バーバラはそう言い、ロバートは少しはにかんだ。刑務所とはいえ、日本では考えられないような「人間的」な環境で、そこには日常的なドラマが展開されていることに、私はいちいち驚いた。

　目の前には死刑の執行を目前にしているロバートが、私の横には、それをどうすることもできない母親がいた。お互いに気を配り合って、笑顔をたやさないように明るくふるまっている。そんな二人を見るのはつらかった。

　ふと部屋に目をやると、三〇席のうち、三分の二ぐらいが埋まっていた。ずっと手を握りしめ合い見つめ合っているカップルもいれば、ケンカをしているような険悪なムードを漂わせている人々も、楽しそうな笑い声をあげている人々もいた。

　私たちの隣の席には、二〇代の若い白人の夫婦と四、五歳ぐらいの男の子が座っていた。その男の子は、座るというよりも、とにかく動きまわっていた。いかつい風貌の父親らしき受刑者は、息子に向かって命令調で「じっと座ってろ」と叱りつつも、目尻が下がりっぱなしだった。男の子が入れ墨だらけの父親の腕にからまってキスをねだったり、ごそごそと机の下をはいまわって父親と母親の足下を行き来したり、「ねぇねぇ、ダディー」と父親の関心をひこうとしてみたりと、どこの家庭でも見られるような光景に、ロバートやバーバラもしばしば気を取られ、微笑んだ。

　ここにいる受刑者たちは、殺人、レイプ、強盗など、犯罪のなかでも重い罪を犯した人ばかりだ。「血も涙もない凶悪犯」として過剰に報道され、新聞の一面を飾った人物も少なくない。彼らを美化するつもりはまったくないが、こういう場面に立ちあうと、彼らもひとりの人間にすぎないと実感する。

九時になると他の面会者たちは別れを惜しみながら外へ出ていったが、女性の看守はバーバラを呼び出し、三〇分の延長を認めると言った。私が日本という遠方から来ていることを知り、特別に取りはからってくれたのだ。ロバートの息子たちが面会に来た時もやはり延長を認めてくれたと言っていた。

「会いに来てくれてありがとう」

一時間半のあいだ、ロバートはこの言葉を何度も口にした。そして別れ際、ロバートはこの言葉をくり返し、「本当に会えてうれしかった」とつけ加えた。「また会いましょう」。私が返した言葉をロバートはゆっくり飲み込むように聞き、最後にぼそっと言った。「そう願うよ」。

その後、ロバートの八回目の処刑日が設定された。九八年二月一八日。しかし、その二週間前になって、再び、執行は延期されることになった。

（1）　日本の元死刑囚で二〇一七年に東京拘置所で病死。大道寺将司著（一九九七）『死刑確定中』太田出版、三三二ページ。

(2) Mello, Michael A. (1997) *Dead Wrong: A Death Row Lawyer Speaks Out Against Capital Punishment*, Madison, The University of Wisconsin Press, p. 7.
(3) Cunningham, Mark D. & Vigen, Mark P. (2002) Death Row Inmate Characteristics, Adjustment, and Confinement: A Critical Review of the Literature, *Behavioral Sciences and the Law*, 20: 191–210.

V

死刑囚の子ども時代

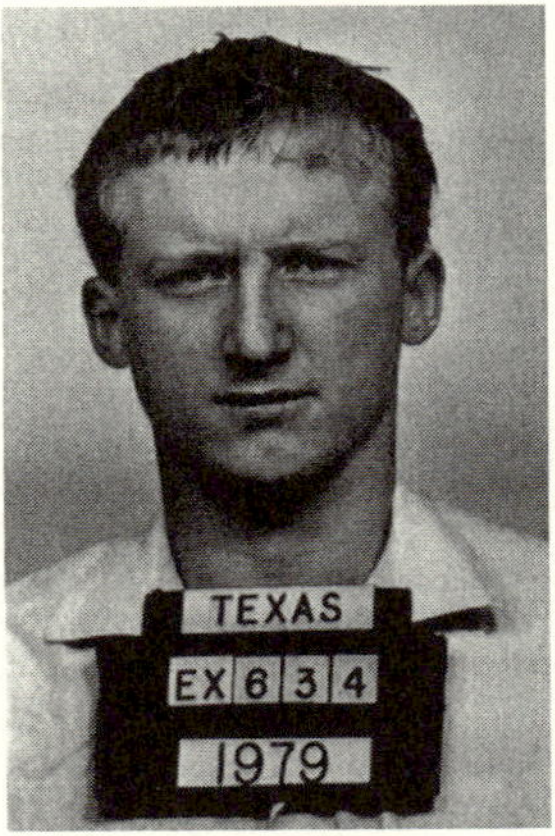

ジョセフ・キャノンのマグショット（逮捕時の写真）．
一七歳で死刑を科された．（本人提供）

私たちは皆、あらかじめ限られた能力や技術、そして可能性を持ち合わせた社会に生まれてくる。なかには、成長の過程で選ぶすべての選択が、生まれついた家族や環境によって決められてしまう人もいる。

M・コスタンソ&J・ピーターソン(1)

最近、日本社会とアメリカ社会の傾向の類似性に驚かされることが多い。死刑、少年犯罪、厳罰傾向。とくに両国とも、少年犯罪報道の過熱ぶりはすさまじく、「犯罪を犯す少年」を「社会への脅威」とみなしているかのようだ。「大人と同様に子どもたちも刑務所にぶちこめ」だとか「年齢に関係なく死刑にしろ」といった暴論が飛び交うのも共通している。

近頃日本では、テレビや新聞で少年が起こした事件を目にしない日はない。雑誌やインターネットでも「人を殺す子ども」をテーマに座談会や特集が多く組まれている。そこでは犯罪の残虐化が強調され、処罰の厳罰化によって対応すべきと結論づけられがちだ。「日本は平和な国、アメリカは犯罪の国」というイメージで語られていたかつてが、嘘のようである。

一方アメリカでは、九〇年代に入ってから、少年を成人と同じ刑事裁判で裁く傾向が強まった。そして少年の銃による殺人事件が相次ぐなか、クリントン大統領や司法長官が連日テレビに出演しては「少年にも容赦しない」をくり返し、犯罪へのさらなる厳罰化が進められている。そしてそのような潮流を象徴するかのような出来事が起こった。一九九八年四月二二日、テキサス州で、犯行時一八歳未満の少年ジョセフ・キャノンが処刑された。

復讐の目

「ジャーニー」の取材を通して、いくどとなく、その数年前にある取材で出会ったボストンに住む子どもたちのことを思い出した。

一九九三年秋。前年の一一月に日本人留学生服部剛丈君が銃殺されてから、ちょうど一年後のことだった。いかに銃がアメリカの子どもたちに影響を与えているか、そしてそれが少年犯罪にどうつながっているかを取材するために、私はボストンの主に「ゲットー」と呼ばれる低所得者用の住宅地区をまわった。

昼間は学校や児童館の放課後のプログラムを中心に、ゲットーに暮らす子どもたちに会って話を聞き、夕方から朝方にかけては、ボストン市警が少年だけをターゲットに特別に設置した「ティーン・ギャング撲滅部隊」に同行した。

「ティーン・ギャング撲滅部隊」では、防弾チョッキを着て覆面パトカーに乗り込み、もっとも危険だとされているロックスベリー、マッタパン、そしてドーチェスターという三つの「ゲットー」を巡回した。私は合わせて三週間ほどこの部隊に同行したが、最初からずっと違和感を感じていた。その一番の原因は警察官の態度だった。少年たちが二人以上でいっしょにいるのを見かけるだけで、警察官たちはアクション映画さながらキーッと鋭い音をたてて車を停め、ドアを勢いよく開け、ダッと外へ走り出した。そして腰の銃に手をやり「オイ、お前！　止まれ！　両手をあげろ！」などと叫ぶ。急に止められたほうはたいてい呆然とし、暗闇のなかに立ちつくしていた。なかには驚いて逃げ出そうとするものもいた。止められた側の大半は、黒人かヒスパニック系のマイノリティだったが、チャイナタウンが近いこともあって、中国系やベトナム系も目についた。

少年たちはかならずといっていいほど身体検査をされ、ねちっこい尋問をされた。一〇人中、七、八人はナイフを所持していた。時には四〇センチ以上もある先がギザギザのナイフや肉切り包丁並みの大きなナイフが車のトランクや後部座席から出てきて驚かされたが、たいていは小さな折りたたみナイフ程度だった。しかし警察官のほうはそれでは気が収まらず、「それだけじゃないだろう」とトランクをかきまわし、車のなかにドカドカ入り込んで荒らしまくった。そして嫌味たっぷりに少年たちをなじった。少しでも口ごたえしようものなら大変だった。

「マザー・ファッカー！」

警察官は口汚い言葉で罵り、続けざまに、「どうせお前なんかろくでもない人生を歩むんだろうよ」などと少年たちに向かって吐き捨てるように言った。

巡回する覆面パトカーのなかから、顔見知りになった子どもたちの姿を見るのはつらかった。そのたびに私は身体を縮め、隠れようとした。窓ガラスは色つきで、外からは見えないようになっていたので、わざわざ隠れる必要などなかったのだが、顔見知りの子が尋問されたり身体検査をされたりするのを見たくなかったのだ。ましてやその子たちが私の目の前で捕まる可能性もあった。

知り合った子どもたちのなかには、この部隊を憎んでいる者が少なくなかった。ほとんどの子たちが、ただ友だちとしゃべっていただけのところを尋問され、身体検査までされたあげくに、やってもいないことを疑われ、尊厳を踏みにじられて悔しい思いをした、と憤慨していた。それも一度や二度なんかではなく、日常的にだった。

「いつか復讐してやる」

まだ中学校に上がったばかりの少年がそう言って見せた恐ろしい目つき。こうやって犯罪が生まれていくのではないか。そう実感する体験だった。

誕生日とギャング抗争

ある日、巡回中の覆面パトカーに無線が入った。ギャングどうしの撃ち合いがあったという。車は道の真ん中で急旋回し、警報を鳴り響かせながら現場に駆けつけた。

目の前にはギャング抗争で銃に撃たれたヒスパニック系の一七歳の少年が、身体をエビのように丸め、転がっていた。救急車が駆けつけるまでの数分間、撃たれたその少年は数名の警察官に囲まれ、誰にやられたのかと聞かれていた。少年は痛みに顔をゆがめながら、ある黒人系のギャングにやられたと、何度もうめいた。

周囲には、立ち入り禁止と書かれたテープがすでに張られ、大きな人だかりができていた。そのなかに一〇歳前後の男の子が二人立っているのが目に入った。

「明日は僕の誕生日だっていうのに……」

背の低いほうの男の子がつぶやいた。どうやら近所の友だちと連れだって来ていたらしく、顔をしかめながら、もう一人の子とひそひそ小声で話し始めた。

事件現場を今までに見たことがあるか、という私の質問に二人はうんうんとうなずいた。

「銃声なんてしょっちゅう聞くよ。近所の子だってこないだ殺された。ガソリンスタンドを通りがかっただけなのに、強盗に巻き込まれちゃったんだ」

彼の横で友だちは、「仕方ないさ」とでも言いたげに、肩をすくめた。

実際、都市部の「ゲットー」では毎日のように銃声を聞き、事件を目の当たりにする子どもたちが大勢いる。その頃たまたま目にしたある雑誌では、そんなアメリカのゲットーに暮らす子どもたちを「戦争下で生きる子どもたち」と称していた。

「ゲットー」のなかでもっとも危険とされ、警察が「犯罪の巣窟」と呼ぶドーチェスター地区にある児童館を訪ねた時のこと。このあたりは食料品店よりも酒屋やバーの数が多いといわれ、平日の昼間から、若い男性がストリートでブラブラしている姿が目立った。アパートの前では麻薬の売人らしき男性が独特の視線を私たちに投げかけ、警戒しているのがわかる。子どもたちの姿はまばらで、どの子も急ぎ足だった。

しかし、児童館に一歩入ると、まったくの別世界が広がっていた。明るい歓声が響きわたり、子どもたちでいっぱいの小さなホール。ものすごい熱気に包まれていた。ちょうどその日はハロウィーンのパーティーがおこなわれ、小学校高学年から中学生ぐらいの上級生たちが、三―八歳ぐらいの子どもたちの顔をペイントしているところだった。隣の部屋では、バケツに水を張り、そこに浮かべたりんごを口でつかみとるゲームをやっていた。身体じゅうびしょ濡れになりながら、必死でりんごを追う子どもたちを、ゲラゲラ笑いながら応援する他の子たち。そんな彼らの姿にあたたかい視線を投げかけながら、児童館の職員は次のように言った。

「ここだけが子どもたちにとって安全な場所なんです。哀しいことに、この子らの多くは、この児童館から自分の家まで無事にたどりつける保証なんてないんです。先週も流れ弾《だま》に当たって、四歳の女の子が死にました。それに家に無事に戻っても、親兄弟はたいてい麻薬や酒におぼれているから、蹴られたり殴られたりなんて日常茶飯事。子どもにとっては、家庭そのものが危ないんですよ」

「自衛」する子どもたち

このような都市部の犯罪多発地域では、高校生の五人に一人が銃を所有しており、二人に一人は学校の行き帰りに何らかのかたちで銃による被害を受けている、というアメリカの司法省による調査結果が、当時の新聞やテレビをにぎわせていた(2)。それが事実であるのかどうかを、私は自分で確かめたかった。

児童館に来ていた一二歳から一七歳までの一〇人前後を別室に集め、話を聞くことにした。男女の比率は半々。ヒスパニック系と黒人が半々ぐらいで、白人は一人だけだった。ギャングに加わり、麻薬の売買や犯罪行為に手を染めてゆくティーンが多いなか、児童館に通うぐらいだから、この子どもたちはかなりまじめなほうだと感じた。

銃声を聞いたことがあるかという質問には、全員が手をあげた。そして、何を今さらばかばかしい、といったふうに皆あきれながら笑った。家族または友人が銃で撃たれたことのある人は、という質問にも、ほぼ全員が手をあげた。では、銃の発砲を目撃したことは、という質問には三分の二以上が手をあげた。さすがに銃を所有したことがあるという子になると三分の一ぐらいに減少したが、それでもほとんどの子が何らかのかたちで自分を護衛するための工夫をしていることがわかった。

たとえば、一度はギャングに入ることを考えたという一五歳の女の子は、鉄製の肉たたきを、ジャンパーのポケットに忍ばせていた。それを見てまわりは大笑いしたが、両側にギザギザの凹凸があるハンマーで、思いっきり頭を殴られればたまったものではない。簡単に頭蓋骨がたたき割られ、打ちどころが悪ければ死んでしまうだろう。

男の子たちはナイフを、やはりポケットに忍ばせていた。自己紹介の時、大学に進みたいと目を輝かせて言った一七歳の少年は、つい最近まで何も持たないと決めていたのに、まわりの友人が全員ナイフや銃を所持しているので、とうとう自分も持つようになってしまったと言った。「だって、皆持ってるし、何かあっても誰も自分を守ってくれない」が彼らに共通した言い分だった。

ティーン・ギャングと呼ばれる少年たちにも会った。当時、ＡＰＰゴヤというヒスパニック系のギャングでは、四五人のメンバーのうち、五人が刑務所に暮らしていた。そのひとり、チエチエという一五歳の男の子は、他のギャングを銃で撃ち殺し、終身刑を言い渡されていた。少年たちは、仲間が一五歳という若さで一生刑務所に収容されることに、怒りを隠せなかった。リーダー格のアレックは、吐き捨てるようにこう言った。

「大統領が平気で銃や爆弾を売る国で、子どもたちに銃を持つなって言ったって無理さ！」

私には返す言葉がなかった。アレックの瞳には、怒りとも、憎しみとも、あきらめとも言いがたいネガティブな感情がこめられていた。私はその瞳にさらされながら、そうかもしれない、とただうなずくだけだった。どうかこの子どもたちが生き延びられますように。そう祈る思いだった。

子どもたちみずからが「身を守らねばならない」と感じる社会。アレックも言ったように、こんな環境で育つ子どもたちに、「まともな大人になれ」と言うほうが無理だと思った。犯罪を正当化するつもりはないが、何しろ彼らをとりまく大人たちが欲にまみれた暴力的な人間ばかりなのだから、この子どもたちが犯罪を犯したところで、彼らを責められない気がした。

私はこの取材を通じて、凶悪な犯罪を犯した少年たちの背景と、彼らへの処遇について知りたいと思うようになった。まともに生きるチャンスを与えられてこなかった子どもたちは、どのようにしたら生き直すことができるのか。それを追究したいと思い、調査を進めてゆくうちに行き着いたテーマが、それとはまったく逆の、生き直すチャンスを完全になくしてしまう、「少年に対する死刑」というテーマだった。

少年死刑囚ジョセフ・キャノン

この章を書いている最中に、私は見覚えのある名前を、最近アメリカで処刑された死刑囚のリストに見つけた。

ジョセフ・キャノン、三八歳の白人男性。私は以前、彼と手紙のやりとりをしたことがあった。犯行時一七歳だったジョセフは、まさしく、少年死刑囚のひとりだった。

少年死刑囚とは、犯行時一八歳未満の少年で、死刑を宣告された者のことを指す。一九九八年現在アメリカには七〇名の少年死刑囚が存在する。一九七六年にアメリカで死刑執行が再開されて以来、少年(犯行時)に対する処刑はジョセフで一〇人目。うち六人がテキサス州で死刑を執行されている。

死刑制度を持つ三八州のうち、二四州が少年に対して死刑を適用しているが、その条件はさまざまだ。適用年齢が最低一八歳と定められているのが一五州、一七歳は四州、残りの州は一六歳、または最低適用年齢をまったく定めていない(ただし、一九八八年の連邦最高裁判所の判決により、犯行時一六歳未満の少年死刑囚に対する死刑の執行は違憲と解されている)(3)。

ジョセフの場合、犯行時から数えると二一年が経過している。彼の執行の前に少年死刑囚が処刑されたのは一九九三年だったから、五年ぶりの執行になる。今回の執行は、少年による銃撃殺傷事件が相次ぐなかでおこなわれたが、前回の九三年も、少年事件の報道が激化している頃だった。これは、「少年犯罪に対するみせしめ」と「政治家たちの票集め」としかいいようがない。

私がジョセフ・キャノンの存在を知ったのは、一九九三年の一一月だった。ちょうどその頃、アメリカの少年死刑囚をテーマに、私はあるテレビ番組の取材を進めていた。九三年当時アメリカには、犯行時一八歳未満で死刑を宣告された「少年死刑囚」と呼ばれる人々が三四人いた。ジョセフはそのひとりで、テキサス州のハンツビル刑務所内にあるエリス・ワン・ユニットと呼ばれる死刑囚監房に収容されていた。当時からここには三〇〇人を超える死刑囚が収容されており、ジョセフの執行日は翌年一九九四年一月二七日に予定されていた(九三年暮れに延期された)。

アメリカではこの年だけで四人もの少年死刑囚が処刑され、世界中で物議をかもしていた。私はちょうどボストンでの取材を終えたばかりだったこともあり、少年たちが人を殺してしまう背景をもっと深く知りたいと思うようになっていた。日本では、三年四カ月ぶりに死刑の執行が再開された直後で、社会の死刑への関心が高まり、また八〇年代末に起こった「女子高生コンクリート詰め殺人事件」の報道をきっかけに、一部では「少年でも死刑にしろ」という声があがり始めていた。それに、確かに日本では法的には一八歳未満の死刑は許されないが、国内の少年法の適応内である一九歳という年齢で犯行を犯し、死刑を求刑されている「少年」が存在し、確定死刑囚も一人いた。後者は九七年八月に処刑された、永山則夫だ。

今から二一年前の一九七七年、ジョセフは白人女性で四五歳の弁護士、アン・ウォルシュを殺害した。彼女には八人の子どもがいた。アン・ウォルシュは当時ジョセフが起こした家宅侵入罪の件で、弁護を引き受けていた。ジョセフの境遇に同情した彼女は、懲役刑の代わりに保護処分を求め、その条件として彼女みずからが彼の身柄を預ると申し出たのだった。そして彼女の家で暮らし始めて一週間後、ジョセフは昼食を食べに戻ったアン・ウォルシュを銃で何度も撃って殺した。彼は酒とドラッグで完全にハイになっていた。そして殺害後に彼女をレイプしようとしたがうまくいかず、車を奪って逃亡した。

初めて犯罪の内容を知った時、私は絶句した。積極的な弁護をおこない、おまけに身柄まで引き取ってくれるという天使のような弁護士を殺したあげく、レイプまでしようとしたなんて……。なんと残酷きわまりない。

しかし、同時に彼をここまで追いやったものは何なんだろう。私はジョセフが育った環境をぜひ知りたいと思った。

ジョセフ・キャノンはいくつもの検査をへたうえで、さまざまな精神的および知的障害を抱えていることが確認されていた。アムネスティの資料によると、彼のIQ(知能指数)は七九で、知的障害のボーダーラインといえる。(4)心理学者のウィンデル・ディッカーソンは一九八九年七月、ジョセフを診断し、学習障害や注意欠陥症をともなう「器質性脳症候群」であることや、子どもの頃から受け続けたという幼児虐待を指摘し、殺人を犯した当時ジョセフは正常な判断が下せる状態になかったと、結論づけた。[5] しかし、精神鑑定がおこなわれたのは死刑判決が出たあと何年もたってからのことだった。

幼児虐待の被害者

死刑囚の大半が幼児虐待の被害者であることが、さまざまな調査によって明らかになってきている。ジョセフも、悲惨な子ども時代をおくった、典型的な死刑囚のひとりだといえる。

結局、少年死刑囚に関する番組化の話は、テレビ局の明解な説明もないままロケハン直前にキャンセルされ、私が実際にジョセフやそのまわりの人々に会うチャンスはなくなってしまった。しかし、ジョセフが面会を通して知り合い、結婚した妻デビーとは、それからも何度か手紙でやりとりをした。

以下は、一九九四年三月一〇日付けの妻デビーからの手紙の抜粋である（手紙を公開することは、デビーおよび生前のジョセフ本人から許可をもらっている）。デビーはジョセフとの一〇年近いつきあいのなかから聞き出した証言に、専門家による精神鑑定報告をつけ足し、これを書きおこした。それは、「ジョセフ・ジョン・キャノンの人生」と題された、ジョセフ・キャノンの子ども時代である。

一九六四年、まだ幼いジョセフはトラックにひかれた。急いで病院にかつぎこまれ、それからの一一カ月は病院が家となる。ジョセフはその間、危篤状態にあった。脳に損傷を負い、あごや脚を骨折し、肺には穴があいたままだった。退院すると、孤児院に預けられた。というのも、母親がジョセフの面倒をみきれないとみなしたからだった。脳の傷は彼に多動性障害をもたらし、会話にも支障をもたらし、学習能力にも障害を与えた。ジョセフは六歳になるまではっきりと言葉を発音することができなかったのだ。しかし、このようなことは悪夢のようなジョセフの人生にとっては、まだまだ序の口だった。

小学校に入ると、授業をまともに受けられるような精神状態ではなかった。一年生で退学を命じられ、それ以降、学校に通ったことがない。社会は彼のような問題を持った子どもをかまっている暇などなかったらしい。彼は相変わらず多動症の治療のために投薬を続けた(中略)。

一九六六年、ジョセフは母親と養父(母親にとって四人目の夫)のもとで暮らしていた。ジョセフに背を向けたのは社会だけではなかった。母親は彼を放ったらかしにした。母親はアルコール依存症で、ギャンブル依存症でもあった。酒を飲んだり、またはビンゴをやったりしていないと、決まって「気分が悪く」なった。また、強迫神経症でもあった。ジョセフの母親は自分だけをかまい、自分だけの世界に閉じこもっていた。それでジョセフはほとんど養父のもとに置き去りにされ、放ったらかしにされていた。

ある夜、ジョセフはお風呂に入ってひとり遊んでいた。養父が風呂に放尿しに来た(養父もまたアルコール依存症だった)。彼はジョセフに視線を投げかけ、ベッドルームへ行けと命令した。ジョセフは養父の言いつけは何でも守ったので、その時も言うことに従った。養父はベッドルームに入るなり、「ペニスはどのように使うものなのかを教えてやる」とジョセフに言った。そして養父はジョセフを性的に弄び、レイプした。養父はジョセフの純粋さと子ども時代をむちゃくちゃにレイプした。しかしこれは、ジョセフが子ども時代に苦しめられることになった虐待のほんの一部にすぎない。心理学者のホセ・ロドリゲス氏はジョセフの裁判で、こう証言した。「ジョセフのケースは幼児虐待のなかでも最悪のケースに分類されます。ジョセフほどひどいトラウマを負わされるような目にあう子どもというのは、虐待例のなかでも稀です」。

一九六八年。二年にわたる性的、肉体的、精神的虐待が続き、ジョセフは八歳になった。彼は養父によって痛みや苦しみを味わわされるだけでなく、その苦しみをやわらげるために酒を飲むことまで教え込まれていた。養父は性的に虐待する前に、ジョセフに酒を飲む習慣をつけさせた。そのほうがジョセフがリラックスし、養父の思いのままに虐待できるからだった。その頃になるとジョセフの知能も発達し、母親が飲んでいる薬でハイになることを覚えるまでになった。その結果、酒と薬づけの生活になった。ジョセフは自分の痛みをやわらげるためなら何でもやった。シンナーやガソリンを吸い、その他自分の苦しみをほんの一瞬でも「忘れる」ことができるものであれば何でもトライした。一〇歳になると、ブロンドの髪にブルーの瞳のこのかわいらしい男の子は、過度の薬物摂取が原因で、さらなる脳障害を引き起こすことになった。また、精神分裂病と診断され、この年齢で早くも精神病院に入れられた。ジョセフは自分のまわりに壁を築くようになった。虐待され、苦しめられていることを、誰にも話さなくてすむように。養父は完全にジョセフを操っていた。養父はジョセフにおこなった虐待について誰にも話すな、と脅した。ジョセフは自分自身をまったく閉ざすようになっていった。彼は愛されるということがどういうことなのか、まったくわからなかった。母親に愛してもらえないのは、自分が悪い子だからだ、自分のせいだ、と信じていた。彼は自分が子どもであるということを忘れ、他の子どもたちと遊ぶこともできなかった。たまに仲間に入れてもらおうと努力すると、皆から笑われ、バカにされてしまうのだった。そして子どもたちはジョセフのことを「馬鹿《フリーク》」と呼ぶようになった。ジョセフのことを虐待する人だけが唯一の友だちだと思い始めていた。なぜなら、少なくとも虐待する人はジョセフに関心を注いだから。それでもこのままずっと同じ生活が続くのはごめんだとジョセフは思っていた。哀しみしか知らなかった。ジョセフは普通になりたかった。自分のことをわかってもらいたかった。

一二歳になる前、ジョセフは養父による虐待をやめさせることができるかもしれない、とかすかな希望を持った。もし真実を告白したところで、母親は何も信じてくれるはずがないことぐらい、ジョセフにはわかっていた。しかし、祖父が助けてくれるかもしれないと思ったのだ。それでジョセフは祖父のもとに行き、言ってはいけないと養父から言われた掟を破った。祖父に養父から受けた虐待のことを打ち明けたのだ。ジョセフは恐ろしかった。養父がこのことを知って、自分のことを痛めつけるのではないか。いや、もし知ったら殺されるかもしれない、と思った。

そして事態は、虐待を終わらせるためには、ジョセフ自身が死ぬしかないと思わせるような方向へと進んでいった。というのも、恐ろしい出来事がこの後に待っていたからだ。祖父はジョセフの話を聞き終わると、孫を助けるどころか、ジョセフを性的に虐待し始めたのだった。

ジョセフは絶望した。手に入れられるだけの薬を手に入れた。すべてを終わりにしたかった。養父から解放されたと思ったら、祖父からの性的虐待が始まったのだから……彼はそれからも養父と祖父のあいだで虐待され続けた(後略)。

この後も、デビーの手紙のなかでは、ジョセフの壮絶で絶望的な子ども時代が延々と描写されていく。たとえば一五歳で殺虫剤を飲み自殺をはかろうとしたこと。ジョセフが母親に助けを求めに行ったこと。その時、虐待されている証拠として、養父から虐待されている模様をカセットテープに吹き込んで、母親に聞かせたのに、母親は背を向け、無視したという。ジョセフは尊厳も、自尊心も、生きる希望さえも持てずに、一七歳まで、生きる屍のようにしてなんとか生き延びたのだった。

夏のある日、ジョセフは家を追い出されるのを覚悟で、性的な関係を求める養父を拒んだ。案の定、彼は追い出される。行き場を失い、字の読み書きもできず、職業訓練もまったく受けていなかったジョセフは、ストリートで生きるしかなく、食料を盗むために他人のアパートに侵入する。そして、それが彼を死へと追いやる、最初の小さな事件となった。

ジョセフはアン・ウォルシュの殺害を認めたが、その動機についてはまったく説明できなかったという。犯行直前、マリファナを吸い、手当たりしだいの薬を飲み、ウイスキーを大量に飲んでいた。(6)

「僕は時々気がおかしくなっちゃうんだ……僕にはアンを殺す理由も恨みもなかった。むしろ、彼女は僕のためにいろいろ尽くしてくれたのに……」(7)

虐待され続けた少年は三八歳になり、一九九八年四月二三日、午前七時二八分、致死薬注射によって処刑された。『ワシントン・タイムズ紙』は、二日後の四月二四日付けで、「テキサス州での死刑執行」というジョセフに関する記事を掲載した。そこには、注射の針がうまく刺さらず、死刑執行用のベッドに横たわったジョセフ自身が、「失敗したみたいだよ」と洩らしたことが記されている。そして、それから二回目の執行がなされるまでの一五分間、立ちあい人は全員外へ出され、パニック状態に陥ったのだった。そのなかには、被害者遺族も、ジョセフの妻デビーもふくまれていた。

同じ記事は、ジョセフが息を引き取る前に、被害者遺族にあてた言葉で終わっている。「最後の言葉「僕が君たちのお母さんにしたこと、すまないと思っている」。ジョセフはウォルシュ夫人の五人の子どもたちに向かって言った。「死ぬから言ってるんじゃないんだ。生きているあいだじゅう、僕は刑務所に閉じこめられていた。自分がしたことは決して忘れられない。本当にごめんなさい。皆、愛しているよ」」(8)

＊二〇〇五年三月一日、連邦最高裁判所は、犯行時一八歳未満の少年が死刑に科されることは、憲法修正第八条および第一四条に反するとの判決を下した。以降、少年への死刑は廃止。全米に存在した七二名の少年死刑囚は、全員減刑された。

（1）　Costanzo, M. and Peterson, J.(1994) Attorney persuasion in the capital penalty phase: A content analysis of closing arguments, *Journal of Social Issues,* Vol. 50, p. 125.

（2）　Mercury News Wire Services(1993) Poll of inner-city teens finds 1 in 5 owns a gun, *San Jose Mercury News,* Dec. 13.

（3）　Juveniles and the death penalty: Brief facts and figures(1998) https://deathpenaltyinfo.org/policy-issues/juveniles

（4）　Amnesty International(1993) United States of America — Texas: executing juvenile offenders, AI Index, AMR 51/74/93, p. 8.

（5）　Dicks, Shirley(1995) *Young Blood: Juvenile Justice and the Death Penalty*, Prometheus Books, New York, p. 131.

（6）　（5）と同じ。

（7）　（5）と同じ。 p. 130.

（8）　Executed in Texas(1998) *The Washington Times*, April 24, A 08.

Ⅵ　アバ

連邦最高裁判所前でスピーチをするアバ・ゲイル
（提供：Rachel King）

忘れることはないだろうが、許すことはできるだろう。

イスハク・ツルノゴルチェヴィッチ(1)

アバを訪ねて

被害者遺族や死刑囚の家族の多様な声を、なるべくあるがままに受けとめたい。そういう思いで、私は取材を始めた。しかし、正直言うと、なかにはまったく私の理解を超えていて、どう受けとめていいのかわからないケースもあった。

自分の愛する娘が殺されたにもかかわらず、その犯人を「赦《ゆる》した」と言うアバ・ゲイルはそのひとりだった。初めて私がかけた電話で、アバは「赦すことが救いだ」と言い切った。

愛している人を殺した犯人を「完全に赦す」とはどういうことなんだろう。しかも、アバは娘を殺した犯人と直接に交流しているという。

私にはアバの言動がなんとも現実を超越しすぎている気がして、リアリティーが感じられなかった。同時に、圧倒されてもいた。共感とか感動といった感情ではなく、まさしく圧倒という言葉があてはまる。

アバ・ゲイルの娘キャスリンは、一九八〇年に殺された。まだ一九歳という若さだった。当時キャスリンは、古い大きな牧場をボーイフレンドと借りきって住んでいた。自然や動物を何よりも愛した二人は、山羊や馬などを飼い、野菜畑を耕しながら、自然と密着した生活を送っていたという。

　犯人は二人の知人だった。その日二人のもとを訪ねた犯人はキャスリンのボーイフレンドと口論になり、まず彼をナイフで刺し殺した。そしてキャスリンも巻き添えにし、二人の死体を放置したまま、逃亡した。犯人は麻薬依存症で、事件を起こす直前も麻薬をやってすっかりハイになっていたため、事件の状況をほとんど覚えていないらしかった。公判でも、「ハイになっていたので覚えていません」をくり返し、結局何が原因で口論に至ったのかもわからないままだった。

　犯人はアバの娘、そして彼女が同居していたボーイフレンドの二人を殺した罪に問われ、一九八二年に死刑を宣告された。以来、カリフォルニア州のサン・クエンティン刑務所内の死刑囚監房にいる。この刑務所もテキサス州のハンツビル刑務所と同様、死刑囚の多いところで、九八年一〇月一日現在五一三人の死刑囚が収容されている。[2] アバはその死刑囚と面会や手紙を通して交流していた。

「ジャーニー」が始まる一〇日ほど前の九六年九月九日、私は、アバの暮らすカリフォルニア州のサンタ・ロザに向かっていた。サンフランシスコの空港から車でおよそ二時間。緑となだらかな丘に囲まれた、美しい町に到着した。それまでの数日間、アリゾナという乾いた土地で取材をしていたこともあって、久しぶりの緑と心地よい風に、心がなごんだ。

アバの家は町の中心から一五分ほど離れた、小高い丘の中腹にあった。

「お待ちしてたわ！」

玄関先に姿を見せたアバに笑顔で歓迎された。私が日本人だということを意識してか、急に神妙な表情になっておじぎをしたかと思うと、アハハと笑い出し、「日本ではこうやって挨拶するんでしょう？」と聞く。ブロンドのおかっぱ頭に大きな赤っぽいふちのメガネで、五六歳という年齢よりもずいぶん若く見える。私が遅いので心配した、宿泊先のモーテルまで電話を入れて確認したなど、早口でまくしたてるように話し、道に迷わなかったか、アリゾナからの旅はどうだったかと、こちらの答えがついてゆけないほど矢継ぎ早に質問を投げかけてきた。

アバは、今まで私が会った被害者遺族の誰よりも明るかった。被害者遺族だということをおくびにも出さないような、突き抜けた明るさ。娘が死んで一六年以上はたつのだから、被害者をなくして間もない遺族とは違い、精神的にも落ちついているであろうことは予想しえた。しかし、アバに会った瞬間、私自身がどこかで思い描いていた「遺族」像が崩れていく気がした。

アバは、取材を始める前に、やりたいことがあると言った。居間の隅にあるグランドピアノの前に来てくれという。ピアノの上には大きなお皿が見えた。そのなかには、乾燥したような葉が、こぼれんばかりに詰められていた。

「瞑想よ」

アバは言った。

私は戸惑った。何のために？

アバはそんな不安そうな私を見て、「心配しないで、呪いをかけるわけじゃないんだから」と笑った。そしてマッチを手にして言った。

「『ジャーニー』がうまくいくように、そしてあなたの取材がうまくいくように、瞑想するだけだから」

皿の中に入っているのは、ネイティブ・アメリカンが儀式などに使うセイジの葉だった。アバがセイジに火をつけると、一瞬、ボッと音をたてて、大きな炎が上がった。そして炎は煙となり、ゆっくりと天井に上がっていった。

またたく間に、居間全体が煙で包まれ、真っ白になった。しばらくのあいだ、アバは目をつぶり、沈黙したまま顔を上げ、煙のなかに立ちすくんでいた。何やらぶつぶつと祈りのような言葉を唱えているが、私には聞き取れない。香ばしい臭いが部屋中にたちこめ、煙に包まれたアバの祈る姿を見ていると、私まで不思議とおだやかな気持ちになっていった。

どのぐらいたっただろう。気がつくと、部屋は息をするのも苦しいほど、煙でもうもうの状態になっていた。

「セイジの葉を入れすぎちゃったみたい」

アバは笑い出した。それまで漂っていた神妙な雰囲気が急に崩れた。

死刑囚との面会

その日、アバはじつによくしゃべった。事件のこと、娘のこと、さらには娘を殺した死刑囚のことまでを、絶え間なく話した。

「これが死刑囚にあてた手紙よ」

アバは、一通の手紙を引き出しから取り出し、読みあげた。そして、続けざまに死刑囚との出会いを語った。

「死刑に答えを求めないと決断したのは、サン・クエンティン刑務所にダグラスを訪問した最初の日よ」

アバは娘を殺した死刑囚を、「ダグラス」とファーストネームで呼んでいた。相手をファーストネームで呼ぶのは、親しみを感じているからだろう。いくら犯人を赦したといっても、親しみまで感じるのはどういうことかと、私は困惑していた。「私には理解できない」という壁を、私自身がすでにはりめぐらせていたのかもしれない。

アバは言った。

「彼に会うために面会室へ行くまでの長い道のりのなかで、私は本当におびえていたわ。だってテレビや映画に登場する死刑囚って皆モンスターみたいじゃない？　でも、面会室に入ったとたん、目に飛び込んできたのはふつうの人間だった。想像していたようなおっかないモンスターみたいな人は一人も見あたらなかった。目の前にあったのは神がおつくりになった、私たちと何ら変わらない人間の顔だったのよ」

さらにアバは続けた。

「面会室を出る時に自分に誓ったの。一生かけてでも、死刑はまちがっていると世間に伝えてゆこうと。だって何も解決しないじゃない。生き残った家族に何も与えてくれないし、殺されたキャスリンだって戻ってこない。そして何よりも子どもたちにまちがったメッセージを伝えてしまうことになるでしょう。暴力に対応するためには、さらなる暴力を使うことがこの社会では認められている、とね」

私は、娘の写真を見せてほしいと頼んだ。すると、アバは写真や切り抜きの新聞記事がいっぱいに詰まった箱を持ち出してきた。そして、その中から鮮やかなブルーのブラウスを着た若い女性の写真を手に取った。

「この写真はキャスリンが死ぬすぐ前に撮ったの。娘も私も日本食が大好きで、この写真も、久しぶりに二人で寿司を食べにレストランへ行った時に写したものなのよ。一八歳か一九歳。七月が誕生日で、死んだのが九月。一九歳と二カ月で死んだの」

娘が殺されたことはもう完全に乗り越えた、といわんばかりのしっかりとした口調である。そして、まるで今生きている子どもの将来を語るかのように、娘のことを語った。

「娘はね、冒険家だった。いつも新しい考え方を求めて生きる勇敢な子だったわ。まだ生きていたら小説家になっていたと、私は確信しているのよ。賢くて、元気で、スポーツにたけていて、歌やピアノも上手で……限りない才能を持っていたわ」

その才能を十分に発揮することができなかったのに、アバの語り口調は、惜しがったり哀しがったり、というのではなく、「楽しそう」と言ったほうがいいぐらいだった。しかし、たまには娘のことを思って哀しくなるのではないか。私はそんな質問を投げかけてみたが、冷静で客観的な答えが戻ってくるだけだった。

「殺害されたかどうかに限らず、死んだ人のことを回想する時は誰でも哀しくなるわよね。過去はもう戻ってこないし、今、この瞬間を生きるしかないでしょう」

そしてきっぱりと言った。

「娘の良い思い出を覚えておこうと、私は決めたの。哀しみにおぼれて生きることはやめようって思ったの。彼女の人生はとても明るかったし、美しい人生だった。それ以上のことは私にはわからないから、前向きに考えることにしたのよ」

驚いたことに、キャスリンの写真が入った箱には、彼女を殺したダグラスの写真が折り重なるようにして入っていた。その中の一枚を手に取り、アバは言った。

「これはサン・クエンティン刑務所で撮ったもの。ダグラスに初めて面会しに行った時のものよ」

写真のなかでは、長髪をポニーテールにし、オレンジ色のジャンプスーツに身を包んだ細面のダグラスとアバが並んで写っていた。アバは笑みをたたえている。

「微笑んでるの？」

私は驚きを隠せずに聞いた。

「ええ、でも二人でいっしょに泣いたのよ。これはその後に撮影したもので、彼に会えてホッとしたのよ。だってやっと心の平静が取り戻せたんですもの。ダグラスとの出会いはすばらしかったの。死刑囚が残酷で醜い悪魔のような生き物でないと知って、心からうれしかったのよ」

私は口をあんぐり開けたまま、「そんなことありえない！」と言い出しそうな表情を浮かべていたに違いない。アバは私を見て次のように言った。

「信じてないんでしょう？」

私は大きく首を横にふった。「信じられない」という意思表示である。

「でも、本当なんだから！」

アバは憤慨したが、私のなかではそのことを受けとめきれずにいた。

ダグラスという人物を少しずつ知ってゆくなかで、少しずつ赦していった、というならまだ理解できる。しかし、娘を殺した張本人であるダグラスと「会った瞬間にホッとした」というアバの言葉は、再び私の思考をストップさせた。

かけがえのない人

「私は癒されたの」

アバは何のためらいもなく、そう言い切った。

「娘を殺したダグラスに手紙を送った瞬間、私は癒されたの」

確信しているような強い口調だった。人間はある瞬間、突然癒されるものなのだろうか。いや、そんなはずがない。私のなかで、そんな問答がくり返されていた。

「ダグラスにあてた手紙を書いたのは、キャスリンの誕生日だった。その手紙のなかで、キャスリンは生きていれば今日で三五歳になっていた、と書いたの。そして彼は返事を書いてきたわ。その手紙を見せてあげる」

そう言うと、机の引き出しから、一枚の紙を取り出し、その文面を読みあげた。

「こんにちはゲイルさん。七月三〇日付けの手紙を受け取りました。キャスリンさんが三五歳になって結婚生活を送り、子どもたちに囲まれて楽しい生活を送っている姿を思い浮かべるだけで、私は身体を丸く縮め、この世から消え失せてしまいたいと思うのです。彼女はこの世にもういないから……」

アバは満面の笑みを浮かべ、こう続けた。

「ダグラスを赦すという決断をして、犯人に手紙を書き、その手紙をポストに投函した時に聞こえた音……。それで、怒りや苦しみや憎しみのような暗い気持ちが一瞬にして消え去ったのよ。何ともいいがたい喜びと愛情に満ちあふれた感情がその瞬間生まれたの」

アバはさらにこの時の気持ちを「夢のパラダイスに到着したような興奮」と形容した。宙に浮いたような感じで、とてもドラマチックだったと言った。

この間、アバが「赦す」と「癒す」という言葉を同義的に使っていることに気がついた。

アバは人が癒されるためには相手を赦す必要がある、と何度もくり返した。しかし、MVFRのメンバーの圧倒的多数は、犯人を赦してはいない。アバはそのことに少なからず不満を感じているようで、次のように言った。

「私が「ジャーニー」に参加するのは、「赦すこと」が「癒されるため」の答えだということを皆に知らせるためなの。「赦し」は他人を赦すことではなく、自分へのなぐさめなのよ」

私は正直に、彼女の言っていることがどうもよく飲み込めない、「赦す」ということ

はどういうことなのか、と投げかけた。アバは少し考えてから、

「怒りや憎しみは非生産的だと思わない？　犯罪者にとってはそんなもの痛くもかゆくもないのよ。それよりも、そういう感情を抱く本人を破滅に追いやってしまうことになる。精神的にも肉体的にもよ。病気や自殺にまで追い込んでしまうんですもの。だから、「赦す」ということは、そういった怒りや憎しみという感情から解放されること」

と言い、私の顔をのぞき込んだ。私は間髪を入れずに、アバ自身が癒された、または赦したと感じるまでに、どのぐらいかかったかと聞いた。

「一二年」

アバはすかさず答えた。

一二年という、とてつもなく長いはずの歳月が、私には重みを持って迫ってこなかった。そこで、何かきっかけになるような大きな出来事がなかったかと聞いてみた。

「とくになかったわ。小さなことの積み重ねよ」

アバはそう言ったうえで、瞑想のクラスに通い始めたことが大きかったかもしれない、とつけ加えた。怒りを取り除き、平静を取り戻すために、二年間通い続けたという。そして、次のようなエピソードを話してくれた。

「ある日そのクラスで「赦し」についてディスカッションをしていた時、参加者のひとりの女性が「赦すためには相手に赦したことを知らせなきゃ」って言ったの。なんて

こと言うのかしら、と思ったわ。私自身、ダグラスを赦そうと努力していた時期だったけど、彼と直接話すなんて不可能だと思ったわ。それで彼女と言い争いになって……。それから四年かかったわ。

ある日、車を運転している時に理解したのよ。ちょうどその日は友人から新聞記事が送られてきて、ダグラスの死刑執行日が設定されたことを知った日だった。突然、「ダグラスを赦しなさい」っていうお告げのような声が聞こえたのよ」

アバは見せたいものがあるからと、私をベッドルームへと案内した。

部屋の中央にはベッドがあり、その両脇の壁には絵が貼ってあった。近づいてよく見ると、布製のキャンバスに描かれた、エスニック色の強い、エジプト風の油絵だった。アバが絵に近づいてうれしそうに、そして誇らしげに言った。

「これは、ダグラスが私のために描いてくれた作品よ。私の誕生日にプレゼントしてくれたの。サンタ・バーバラに住んでいた頃だから、三年前かしらね」

私の口は再びぽっかり開いた。娘を殺した犯人が描いた絵を、どう見ていいのか。しかも、その絵に囲まれて眠る、というのはどういうことだろう。理解をまったく超えていた。そして次の言葉に、私の驚きは極致に達した。

「ダグラスは私にとってかけがえのない人よ。さまざまなことを教えてくれたし、彼を知ることが癒しのプロセスのひとつでもあったから」

私は耳を疑った。アバは娘を殺した犯人を赦しただけでなく、「かけがえのない人」と呼んだのだ。

娘からのバレンタインカード

「これはキャスリンがくれたバレンタインカード。大切な宝物よ」

アバは書棚の引き出しから、大きなハートが描かれた真っ赤なカードを取り出した。そして、カードを開き、娘からの言葉を読みあげた。

「ママへ　ママのように才能に満ちあふれ、美しい母親を持って私はとても幸せよ。ママ、大好きよ。一八年半、私が生きてきた人生のなかで、喜びや楽しみをママとわかち合ってきたわ。ママのようにガマン強くていつも私の味方になってくれる人が母親でよかった。つらいことや苦しいことに直面してもママは母親としてベストを尽くしてくれた。どんな困難に対しても、ママは私を応援してきてくれた。恋愛関係も、どんなにくだらないことでもママはいつも見守ってくれた。私を産み、育て、愛情であたたかく包んできてくれたママ……」

それまで笑顔を絶やさなかったアバが急に声を震わせ、涙声になった。目にはみるみるうちに涙がたまり、読むのを中断せざるをえなくなった。私は慌てた。アバが泣くなんて、予想もしていなかった。しかし同時に、「完全に癒された」と笑顔で言い切るアバの奥深いところにある本当の姿を、垣間見た気がした。

アバはそばにあったティッシュに手を伸ばし、涙をぬぐい息を吸って、続きをとぎれとぎれに読み進めた。

「私は今、人生への希望に満ちあふれています。まだ見ぬ未来に期待がいっぱいです。私の旅路は今、始まろうとしています……。ママも、幸せであってほしい……。夜にきらめく星のように。愛するキャスリンより」

読み終わってからもアバはしばらく涙をぬぐい続けていた。そして声を震わせながら、言った。「時には哀しくなることもあるのよ。カードからもわかるように、娘はよくできた子だったわ。死んでから気がついたわ……」

カードをじっと見つめ、しばらくはボーッとしていたが、またすぐに笑顔を取り戻し、カードを箱の中にしまい込んだ。

哀しみの段階

翌日、一時間半ほどかけて、かつてアバが家族といっしょによく訪れたという海岸へ行った。この日私は、アバが乗り越えてきた心の過程を、じっくりと聞くつもりでいた。

アバは車を降りると目を細め、しばらくのあいだ、なつかしそうに海を見つめていた。

そして浜辺をゆっくりと歩き始めた。

「この海岸に最後に家族で来たのは、一九七八年だったと思う。キャスリンが高校を卒業した年よ」

遠くのほうに、浜辺で犬を散歩させているカップルがいた。アバはそのカップルのほうに目をやり、立ち止まった。

「ここにはね、思い出がいっぱい詰まってるのよ。いつも楽しいことばかりだったから……。キャスリンが子どもの頃はね、よく家族でテントを張ってね、寝袋を持参して、キャンプをしたものよ」

アバはそう言うと、再び歩き始めた。

大きな波が打ち寄せては引き、ザザーッと大きな音をたてた。空はどんよりと曇り、風はとても冷たかった。嵐にでもなりそうな気配がただよっていた。

私たちは、腰掛けるのにちょうどいい流木を見つけ、その上に座った。そして私は、彼女自身がどうやって哀しみを乗り越えてきたか、その過程を話してほしい、とアバに語りかけた。アバは何度も大きくうなずいた。

「哀しみにはね、段階があるのよ。まず最初は、現実を否定することから始まったわ。こんなこと絶対に起こりえないってね。キャスリンが殺されたなんて夢か何かのまちがいだって。とにかく、娘が死んだという事実でさえ受け入れられないの。感情を飛び越えて、何も感じなくなっていたわ。感じてしまうと泣き崩れてしまいそうだったから、無意識のうちに感じることを拒否していたんでしょうね」

そしてアバは自分の世界が隔絶され、まわりの世界とまったく違うペースで動いているような感じにとらわれたという。どうすることもできず、考えたくないこと、信じたくないことをシャットアウトしてしまうことで、毎日をなんとか過ごした。

「その次は、哀しみと絶望の段階。哀しくて毎日泣いてばかり」

事件後半年近くは、一人で運転することもままならなかったという。

「一人で車に乗ると泣き出してしまうの。泣き出すと止まらなくなって、涙で前が見えなくなってしまったり……」

これが原因で軽い接触事故を起こしたこともあったという。幸い大事に至らずにすんだが、しばらくは車の運転をしないようにしていた。

「ふつうの生活が送れなくなっちゃったのよ。仕事をして気分をまぎらわして、家に戻ると壁を一晩中にらみ続けて暮らしたわ。来る日も、来る日もね。ベッドで寝るなんていうあたりまえのこともなかなかできなくて、ソファーにうずくまって、壁をにらみつけたまま気がつくと朝になっていたり……。次の日が来て、起き上がれることが、嘘のようだったわ」

この時期、アバは明け方まだ誰もいない頃に職場に出向き、気がつくと真夜中になっていたり、休日だということに気づかずに自分一人だけが働いていたりしたという。それは、彼女自身「ワーカホリックになった」と言うほど、病的な働き方だった。

そしてアバはあっけらかんと言った。

「とにかく食べてばかりいたわ。おかげで体重が急激に増えたの。四〇キロもよ!」

アバにとって、事件から数年のあいだ、家族が集まったり祝ったりする祝祭日が、何よりも嫌だったという。

「感謝祭とかクリスマスとか親族の集まる場には三年ほど、顔も出せなかった。それでもテレビなんかでイースターや誕生日を祝ったりしているシーンが出てきてしまうでしょう。そんな時は発作的にテレビを切ったものよ。でも、切った後も嫌な思いをひきずって、落ち込んでしまう。それでまた、泣き出すの。後から後から、沸々と哀しみがわきあがる感じ。キャスリンが死んだのに、なぜ皆は楽しそうにしていられるの? キャスリンが死んだ時に世界が終わってしまえばよかったのに、って」

アバはとめどなく話し続けた。今まで心の内にしまっておいた過去が、この時とばかりにあふれ出るかのように——。

怒りと憎悪の段階

「泣いてばかりで落ち込む段階を過ぎると、今度はものすごい怒りと憎悪を感じるようになったわ。多くの人がその段階をへて次の段階へと進むらしいんだけど、私の場合、死刑を執行しないと報われない、とまわりから吹き込まれていたから、ずっと何年間もその怒りの段階にとどまっていたのよ」

娘を殺した犯人が逮捕されると、検察官は悲嘆にくれるアバに向かって「絶対に奴を死刑にしてみせるから、私を信じて」と言い、警察は「死刑が執行されれば楽になるよ」と言った。

「私は検察や警察に、彼らの勝手な思い込みをすり込まれたのよ。犯人が死刑にされれば楽になるっていうことは、言いかえると、死刑にされない限り私は救われないってことでしょう。

でも、当時はその言葉の意味を考える余裕もなくて、ただただ検察や警察の言うことを私はうのみにしていた。他に頼るものがなかったから……」

アバは、当時の心情を私に説明するうちに、どんどん気持ちを高ぶらせていくようだった。

「その頃は彼に対して憎しみに煮えたぎっていたから、もし、同じ部屋に彼がいたら私自身が殺していたかもしれないわ。冗談で言ってるんじゃないわよ」

そう言って私の目を見すえた。そして、

「今にしてみれば、そんなふうに感じたのも無理ないと思うのよ」

とつぶやいた。

「怒りを人から奪うことなんて不可能よ。むしろ怒りを持って当然。怒りを抱くプロセスというのは私も経験してきたからよくわかるの。子どもを病気で失った人はその怒りをどこへ向けたらいいのかわからないだろうけど、子どもが殺された場合、その怒りを直接向けられる相手がいるのよ」

アバは怒りのたけを加害者であるダグラスに向けた。一時期バイオレンス映画のとりこになったのも、主人公と自分を重ね合わせていたからだという。

「とくにクリント・イーストウッドが主演する『ダーティハリー』のビデオは、何度もくり返して見たわ。主人公が映画のラストにいつも復讐するんだけど、そのシーンを何度も巻き戻しては、「そうだ、そうだ、もっと苦しめろ！　そんな奴、殺してしまえ！」って叫びながら見るの。まるで娘を殺した犯人に仕返ししているようなつもりだったんだと思う。今から考えるとゾッとするけど」

身ぶり手ぶりで、興奮気味に当時の様子を描写した。

孤独、そして離婚

こんな追いつめられた状況のなかでも、アバは人前では平静を装っていたという。

「友人や同僚は何も気がついてなかったと思う。人前で泣いたことは一度もなかったから……。泣き出すと止まらないかもしれないと思って、人前では泣いちゃだめだと自分に言いきかせているようなところがあった。それに、自分の苦しみを他人に押しつけるのが何よりも嫌だったから」

哀しみや怒りを自分のなかだけで処理しようとすればするほど、アバは孤独になっていった。

「誰も娘の死について話をしたがらないということがわかったのよ。何年も私や娘のことを知っている友人たちが誰も声をかけてくれなかった。当時はなぜなのか理由がわからなかったけど、娘が殺されたことについて話しかけてこなかったのは、友人には現実が重すぎて、どう対処していいかわからなかったからだと思う。話をすることによって、もし、自分の身に同じことが起こったら、と想定するのが恐ろしかったんでしょうね。自分の子どもたちにも同じことが起こりうる、という可能性を考えるのが恐かったのよ。だから知らんぷりしてたのよ。でも、私は孤独だったわ」

身体の不調を訴えて医者にもかかったが、その冷たい反応にアバはショックを受ける。

「その頃は被害者遺族への対応がほとんどなされていなくて、かかりつけの医者もどう対応していいのかわからなかったみたいだった。私が話せば話すほど、医者はうつむき、困っているようだったわ。ある日彼は、「こういう本が出たから読んでみなさい」って子どもを失った親についての本を私に手渡すと、くるっと後ろを向いてしまった。それで何とか自分で対処してくださいっていうことらしかったんだけど、私はしばらくボーッと医者の背中をながめていたわ。以来、医者に行くのはやめたの」

娘の死から八年後、アバは離婚に至った。

「夫は私を助けようとしてくれなかった。たぶん彼自身、どうしていいのかわからなかったんだと思う……。夫も夫なりに娘の死を哀しんだけれど、とても短い期間だった。そして、もうこれ以上哀しみたくないと思ったんでしょうね。話をすることを拒否したわ。ある日、夫は娘の話はもうしたくないって宣言したの。私は完全にひとりぼっちになってしまった。信仰を持っていなかったから、私には牧師やラビといった、相談できる人物がいなかった。宗教的な支えも、信頼できる人も、話をできる人が誰もいなかったのよ。せめて夫が支えになってくれてもいいのに、ってそりゃあケンカが絶えなかったわ。でも、お互いに一方通行。「娘のことは忘れろ」、「嫌よ、忘れられるはずないじゃない」って」

離婚の理由については、「最初から誤った結婚だった」と言い、娘の死が直接の原因ではなかったというが、事件もその大きな一因となったことは間違いないだろう。

ジャーナリストのエリック・シュロッサーはアメリカの犯罪被害者遺族を取材し、「比べものにならないぐらいの哀しみ」という記事を『アトランティック・マンスリー』という雑誌に寄稿し、子どもを殺された夫婦に離婚が多く見られると述べている。残された家族は感じかたも、哀しみの表現の仕方もそれぞれ異なり、そのことが家族間にさらなる問題を生じさせているという。そして、離婚の原因を次のように分析する。

「お互いもっとも支えを必要としている時に、助け合えない夫婦が多い。片方が楽しんでいる時にもう一方が落ち込んでいて、それがもとでいがみ合いになることもある。女性のほうが一般に泣いたり言葉にしたりという方法で、比較的哀しみを表現しやすい。一方、父親が素直に哀しみを表現しない原因は、男性に対する古い考え方が根強いからだ。家父長的な考え方にしばられ、父親は家族を守ってやらねばならない立場にありながら、守ってやれなかったという無念さを抱き、責任を抱えこんでしまいがちである。感情表現をしない男たちは冷淡、無感情だと非難されるが、公の場で泣く男も弱虫だと非難される。よって、子どもを失うというストレスが、離婚を招くケースは多いとみられる」(3)

死刑が執行されていたなら……

最近になって、「もし、ダグラスが処刑されていたら」と考えることがあるとアバは言った。

「死刑は絶対なくすべきだと思うけど」

そう言うと、一息おいて続けた。

「せめて死刑が執行されるまでに、長い時間があるっていうことは大切なことだと思うの。もし、ダグラスが死刑判決直後に処刑されていたら、私は癒しのプロセスを踏むことができなかったと思うから」

そして私を見すえるようにしてきっぱりと言った。

「執行がすんでいたら、今の私も存在していなかったと思うわ」

私は息をのんだ。死刑が執行されていたら、今の自分はなかったというアバの言葉に、初めてリアリティーのようなものを感じたのだ。遺族が癒されていくためのプロセスや時間や方法は、人によって異なるだろう。アバのように死刑を望んでいた遺族の気持ちが、癒されていく過程で大きく変わった場合、「加害者の死」という取り返しのつかない刑罰が、せっかく癒されかかった遺族を再び苦しめることになるかもしれない。この時私は、初めてアバの気持ちに一歩近づいた気がした。アバが経てきた一連の心のプロセスを聞いていくなかで、ようやく彼女の置かれていた状況を、私自身が把握することができたからだと思う。

海岸でのインタビューの最後に、アバは最近知り合ったばかりの被害者遺族について語った。

「息子さんを殺した犯人の死刑に立ちあったという被害者遺族に会ったんだけれど、彼女はとてもがっかりしていたわ。執行が終わって帰ってきても、何も変わっていなかったというの。死刑囚が苦しんで死んだようにも見えなかったし、執行されれば気持ちが楽になるとか、家族の関係がうまくいくようになるとか、今まで彼女が期待していたことがひとつも起こらなかったっていうの。

それで彼女に私の体験を話したの。ダグラスとの交流をね。彼女はじっと黙って聞いていたわ。そして、「息子を殺した犯人と一度も話す機会がなかったことを残念に思う」って言った。ひょっとしたら彼女に何らかの希望を与えてくれたかもしれないって。

そして私たちは外が暗くなるまで話し込み、彼女は帰り際に言ったの。「もっと早くあなたに出会っていたかった」って」

何もしない命日

アバと再会したのは、それから二週間後、「ジャーニー」が拠点にするキャンプ場でのこと。大きなボストンバッグを抱え、カラフルな洋服を身につけたアバが、笑顔とともに姿を見せた。ロサンジェルスから飛行機に乗り、ニューヨークを経由して、一日がかりでバージニアまでやって来たのだった。

「ジャーニー」でのアバは、毎日平均三、四カ所の会場をまわり、それでもほとんど疲れた様子を見せなかった。キャンプ場に戻ってからも、他の参加者たちと、その日あったことの報告を、興奮しながら競い合ってする、という感じだった。

「ジャーニー」も半ばの九月三〇日。今日は、アバの娘の命日にあたる。キャンプ場から車でゆうに一時間半はかかる、ルアノークという町で、朝早くからラジオ番組のインタビューや、カフェでの講演が予定されていたこともあって、アバは前夜からルアノークのある家にホームステイしていた。

私は朝八時少し前、そのホームステイ先の家を訪れた。アバはしっかり身支度を整え、すっきりとした顔をしていた。よく眠れたか、という質問にも明るい顔で、

「ええ、ぐっすりよ。あなたはずいぶん疲れた顔をしているわね。そっちこそちゃんと寝たの？」

と反対に聞き返されてしまった。

ホストのフェッター夫妻はとても心あたたかい人たちで、飛び入りの私にも、朝食を用意していてくれた。できたての温かいオートミールが並んだテーブルにつき、全員が手をつないで黙禱した。しばらくして、アバが次のように言い、祈った。

「今日は娘の命日です。今年は特別なことをせずに、ふつうに過ごせそうです。神に感謝いたします」

特別なこととは何かが気になり、祈りの後に、聞いてみた。

「それは、儀式みたいなこと。たとえば死んでからの一五年間、毎年かかさずに娘の誕生日と命日には花を買って海に放り投げたり、娘が好きだったカーペンターズのカセットを一日中流したり、ダグラスに手紙を書いたりといった、儀式めいたことをしてい

たの。でも、何もしなくてもだいじょうぶになったのよ。今日は娘の命日だけど、以前のように、何か特別なことをしなくちゃいけない、とは感じないわ」

アバは感慨深げに言った。

「それはきっと「赦し」について人に語ることが、キャスリンのためになっている、それで十分、と私自身が思えるようになったからだと思うの」

(1) サラエヴォの難民の言葉。ファン・ゴイディソーロ著、山道佳子訳(一九九四)『サラエヴォ・ノート』みすず書房、四三ページ。

(2) Death Penalty Information Center (1998) https://deathpenaltyinfo.org

(3) Schlosser, Eric (1997) A grief like no other, *The Atlantic Monthly*, Sept., p. 53.

Ⅶ　ノーガード一家

ノーガード夫妻．左からキャシーとドン（提供：Rachel King）

私も

巨きなドラマを観た
私はたしかに悲しんだ
私はたしかに怒りを感じた
もしかすると私は心のどこかで
楽しみさえしていたのかもしれない
だが今はもうテレビの前を離れよう
観客であることをやめよう
グラビヤ頁のメロドラマで
あらゆるむなしい美辞麗句で
死を考えてしまうことはやめよう

私もたしかに歴史に参加している
それは錯覚のようでいて錯覚ではない

谷川俊太郎[1]

メディアからの攻撃

ノーガード夫妻は死刑囚の家族として、中西部のアリゾナ州から、「ジャーニー」に参加していた。私がこの夫妻に会いたいと思ったのには、いくつか理由があった。まず、実子ではなく、養子が死刑囚だということ。くわえて、その死刑囚が脳に障害がみられる「障害者」らしいということ。そして今回の「ジャーニー」には夫婦で参加するという点からだった。

妻のキャシーは社会心理学者で、夫のドンは退役軍人。二人とも落ちついた感じの夫妻である。「ジャーニー」の期間中は、私が一人で座っていたりすると、何気なくやってきて声をかけ、取材はうまくいってるかと聞いてくれるあたたかい人たちだったが、彼らとそこまでの関係を築くには、それなりの苦労があった。

「ジャーニー」が始まる三カ月前の六月、ちょうどバーバラや四章に登場するジョージに電話をかけたのと同じ頃、私は初めてキャシーの自宅に電話をかけた。取材の依頼をすると、きっぱりとした答えが戻ってきた。

「個人的な取材は遠慮したい」

これがキャシーの最初の言葉だった。

私はセンセーショナルに取り扱うつもりはまったくないことを、必死に説明しようとした。私自身、死刑囚の家族や被害者遺族が置かれている状況に心を寄せていること。

そして、日本では一般に、死刑囚の家族を取材することはとてもむずかしく、ましてや被害者遺族と死刑囚の家族がともに旅する「ジャーニー」のような試みはまったく存在しないことなどを、早口にまくしたてた。その間、キャシーはずっと黙ったままだった。私が話し終わってしばらくしてから、キャシーが口を開いた。それなら、翌日の朝九時に電話をかけ直してくれと。

翌日、私は指定された時間ちょうどにかけ直した。キャシーはそれまでに自分の気持ちや話す内容を整理するつもりだったのだろうが、私の耳には「取材は遠慮したい」という言葉だけが残り、ノーガード夫妻のケースを取材することは、あきらめかけていた。電話の前で待ちかまえていたのだろうか、キャシーは最初のベルが鳴り終わるか鳴り終わらないかのうちに電話を取った。そして社交辞令的な挨拶を口にすると、「さあ、本題に入りましょう」と切り出した。あまりにも唐突な出だしに、私は慌てた。

その日のキャシーはメディアの人間である私に対してかなりかまえ、挑戦的でさえあった。私が何か質問するたびに、一言二言の短い答えが返ってくるだけで、「あなたはどう思うの?」という質問がかならず戻ってきた。私がキャシーについての情報を得るというよりも、彼女から反対に私が質問責めにあったといったほうがいい。

日本人は一般に死刑をどのように受けとめているのか。犯罪や死刑をめぐって日本ではどのような報道や議論がなされているのか。そのことを私自身はどう思っているのか。

私自身は死刑をどうとらえているのか。日本でアメリカの死刑や被害者について伝えることにどういう意味があるのか等、まるで口頭試問を受けているかのようだった。結局、一時間半ほど、私は自分がかかわってきた仕事の内容、そして死刑や被害者をめぐる自国の状況等について語り、キャシーが聞き役にまわるという状態が続いた。最後に、私はキャシーにぜひ直接会いたい、と言った。その後、少しのあいだ沈黙が流れ、キャシーはこう言った。

「取材は受けてもいいわ。私もあなたには会ってみたいから」

一九九六年八月二一日、最初の電話から二カ月後、私はキャシーと夫ドンの暮らすアリゾナ州のツーソンを訪れた。まず二人に会う前に、アリゾナ州立大学の図書館へ向かい、事件がどのように報道されたのかを自分なりに調査することにした。図書館が所有するデータベースを利用して、地元の新聞を検索し、いくつかの関連記事を入手した。

息子のジョンは、八九年九月一日、アリゾナ州ツーソンに住む老夫妻を殺した。その二年前から窃盗・詐欺罪でウィルモット刑務所に服役していたジョンは、事件の二日前に脱獄をはかり、この殺人事件を起こした。殺害後、彼は被害者の車を盗んで隣のテキサス州へ逃亡し、一一日後に逮捕された。脱獄から一三日後のことだった。

この事件は、ジョンが殺した被害者がともに八二歳と八五歳という高齢者だったことや、脱獄中に起こした殺人事件だったこともあって、地元アリゾナ州だけでなく、全米のメディアに取り上げられ、センセーショナルに報道されたようだった。「America's Most Wanted（アメリカのもっとも危険な指名手配者）」という全国ネットのテレビ番組に特集されたことが象徴的だ。アメリカ滞在中に私もこの番組を何度か目にしたが、再現ドラマや警察官、被害者遺族らのインタビューから成る番組で、アメリカ版ワイドショーといったところ。番組で取り上げられた犯罪者は、「アメリカでもっとも危険な人物」というレッテルを貼られるに等しく、ジョンもこの番組を通じて「凶悪さ」を視聴者に植えつけたに違いない。

また新聞記事では、キャシーに対しても、息子を死刑囚に仕立て上げたのは母親である彼女自身だ、とでもいわんばかりに冷たく取り扱っていた。私はいくつかの新聞記事に目を通した後、キャシーがメディアに対して強い懐疑心を抱いていた理由が、なんとなくわかった気がした。

自宅を訪ねて

キャシーと夫のドンは、アリゾナ州立大学のキャンパスから車で五分ほどの閑静な住宅街に暮らしていた。そのあたりでは典型的な、くすんだクリームっぽい色の四角い平屋。家の前の歩道には、人の背丈より高い大きなサボテンが植わっていて、ウェスタンっぽい雰囲気が漂っている。家の脇には夫妻の車らしき白い四輪駆動車と赤い日本車が停まり、暮らし向きは悪くなさそうだ。

呼び鈴のようなものが見あたらなかったので、私は「こんにちは！」と何度か大声で叫んでみた。しばらくしてキャシーが出てきた。身長がゆうに一八〇センチはある、背の高い白人女性で、ショート・ボブの金髪がサラサラと揺れ、快活そうな人だった。

満面に笑みを浮かべ、

「あなたがカオリね。ようこそツーソンへ！」

と私を家のなかへ迎え入れてくれた。そしてキャシーは力強く私の手を握りながら、

「やっとお会いできたわね」

と言った。まずまずのスタートに、私はホッと胸をなでおろした。

ドアを入るとすぐ左手がキッチンで、私の目の前にはゆったりとした居間が広がっていた。壁際にはエレクトーンが置かれ、ケース入りのバイオリンやギターなどもあった。さらに、つきあたりのガラス戸の向こうには庭があり、プールも見えた。派手な暮らしぶりでは決してないが、私がそれまでに出会ったバーバラやサリーといった死刑囚の家族とは違い、経済的な余裕を感じた。もともとキャシーは大学教授だと聞いていたので貧困層でないことは想像できたが、死刑囚は貧困家庭出身だ、という定説をうのみにしていた私には、ちょっとした驚きだった。明らかにノーガード一家のケースは例外だったからだ。

仕事から帰宅したばかりのキャシーは、私を居間に案内すると「ちょっと着替えるから」と奥の部屋へ姿を消した。私は部屋を見まわした。書棚の上の四つ切りサイズの白黒写真に私は吸い寄せられた。その写真は、かなり昔にとられたものらしかった。そこに写っていたのは、カーリーヘアの黒人っぽい五、六歳の男の子。笑顔が愛くるしい、かわいい子だ。そして、その隣にはやはり四つ切りサイズのカラー写真が置かれ、少し年上っぽい白人の女の子がその男の子と並んで写っていた。二人ともカメラに向かってニコッと顔いっぱいの笑みをつくっている。それは二人の仲のよさを感じさせる、好感の持てる写真だった。

ふと思った。この男の子がひょっとして死刑囚である息子なのでは、と。

しばらくすると、夫のドンが奥の廊下から出てきた。キャシーよりさらに背丈のある大柄な人で、あごに伸びているひげは真っ白だった。五〇代半ばのキャシーよりも、ひとまわりほど年上に見えた。ドンがコーヒーを淹れるからと、私をキッチンのほうに呼び寄せてくれた。そして驚いたことに、突然日本語を話し始めた。

「コンニチハ。ワタシハ、クマガヤニ、スンデイマス」

そして、彼は恥ずかしそうに笑みを浮かべ、日本に住んだことがあると英語で言い直した。

コーヒーをすすりながら、私はドンに話を聞いた。六五歳になるドンは、かつて軍人だった。二七年間、アメリカの陸軍に所属し、一九七五年に退役。その間、第二次世界大戦、朝鮮戦争、そしてベトナム戦争と、三つの戦争を軍人として体験してきていた。

「国のために人を殺すのはいいことだ、と心の奥底から信じていたんだ。戦争中は殺すことが仕事だったし、多く殺せば勲章がもらえた。だから、私は殺すことに何の疑問や抵抗感も抱いていなかった。実際に多くの人々を殺した。数え切れないほどだ……」

ドンは静かに語った。第二次世界大戦では、パイロットとして戦闘機を操縦した。

「『ジャップは人間じゃない、獣以下だ』と軍隊では叩き込まれていたから、日本人を殺すことなんて、何とも思いやしなかった。上空から爆弾を落としている最中に、『虫けらに殺虫剤をまいているようなもんだ』、『そうだ、そうだ。命中させて、一匹残らず殺っちまえ』と、同乗していたもうひとりのパイロットと冗談を言い合ったこともある。本当に恐ろしいことだ」

ドンが日本に駐留したのは、一九五六年の三月からおよそ一年半で、埼玉県熊谷市にあるウィチントン基地だった。ドンは一九六三年から六六年までの四年間、ベトナム戦争にも行った。ヘリコプターで人を輸送することが主な役割だったため、実際にドン自身が戦場に立って戦うことはなかったが、殺し合いを見るのは日常茶飯事だった。しかしその時点ではまだ、人が人を殺すことに対して、疑問を抱いていなかったという。

「その頃は、共産主義が世界を脅威におとしいれるというアメリカ政府のプロパガンダに、まんまとはまっていた。一国が共産主義になれば、どんどん共産主義が広まり、世界はバタバタと倒れていくというドミノ・セオリーを、そのまま信じていたんだな。今から思えば愚かな話だけど」

ドンはフッと力なく笑った。

「戦争では敵を人間だと思うと殺せない。だから私も相手を虫けらのように扱った。そしてここ数年私たちは、メディアによって虫けらのように扱われてきた。死刑囚は尋常な人間ではない、というふうにね。死刑にするために、相手を人間以下におとしいれるという方法なんだ」

そう言うと、ドンは目をそらし、首を小さく横にふった。

「まさか自分の息子が死刑というかたちで、国によって殺されることになるかもしれないなんて、思いもよらなかったよ」

死刑囚ジョンの生い立ち

私がドンに話を聞いている最中に、キャシーはコットンのシャツとジーンズというラフな服装に着替えて出てきた。ソファーに座り、ドンと私の会話を静かに聞いていた。一言もしゃべらず、宙の一点をじっと見つめている姿が、同じような境遇にあるバーバラ・ルイスの姿と重なった。私が話をキャシーに移そうと声をかけると、キャシーはハッとわれにかえったように視線を私に移し、呟いた。

「ごめんなさい。ついドンの話に夢中になっちゃって……。夫婦といえども、お互いがどんなふうに感じているかは話し合わないようにしてきたから」

私は気になっていた写真のことから話を切り出した。キャシーは書棚の上の写真に目をやった。

「息子のジョンよ。五歳の頃にとったもの。その隣の女の子は、娘のソンダ。確か八歳だったと思うわ」

そう言うと、キャシーはまたしばらく宙を見つめた。そして短い沈黙が流れた後、再びわれにかえったかのように背をしゃんと伸ばすと、一気に話し始めた。

「息子のやったことは本当にひどいこと。私には説明ができない……。八〇歳を超す老夫婦を若い息子が殺したんだから。でも私はジョンの母親。たとえ息子がどんなことをしたとしても、愛情は変わらない」

キャシーの表情は一気に険しくなっていた。冷静さを保ってはいたが、何かをこらえているような、緊張感がみなぎっていた。

「私は裁判長に、『あなたの息子は死刑に処されます』と宣言された。息子は生きる価値がまったくないと言われたようなもの」

一瞬、声が震えた。キャシーは小さく息を吸い込み、気持ちを切り替えるようにして、冷静さを保ち続けた。

私はまず、息子ジョンの生い立ちを聞くことにした。ジョンは養子だった。生後一六カ月の時に、アリゾナ州のツーソンに暮らすノーガード家にやって来た。病気をして、子どもを産めない身体になったキャシーが、どうしても二人目がほしいと、切に願った末に迎えられた、待望の養子だった。

そのことを語り始めると、表情がいくらか明るくなった。

「まだ養子制度が始まったばかりの一九六〇年代で、養子には愛情を注げば問題はないとされていた頃のこと。養子縁組を斡旋する機関から紹介されたのが、ジョンだった。会う前は、そりゃあドキドキしたわ。でも、「これがジョンですよ」と私たちに手渡されて、一目で夢中になったの。黒人と白人のハーフで、ぱっちりした目に、クルクルしたカーリーの髪の毛。とってもかわいい赤ちゃんだった。私たちは、何のためらいもなく、ジョンを養子にもらうことを決めたの」

しかし、その当時から気になる素ぶりがいくつも見られたという。たとえば、暗闇のなかでニヤッと笑みを浮かべることが多かった。また、バツの悪いことがあるとジョンはとにかく意味不明の笑みを浮かべた。泣いたり怒ったりということはせず、いつもニヤッとだらしのない笑みを浮かべる。それがジョンの乳児期だった。幼児期にはすでに嘘をついたり、物を盗むようになった。そして一〇代の半ばからは店やショッピングセンターで万引きをしたり、他人のクレジットカードを使い込んだりしては補導され、行動に問題のある子どもたちを収容する施設や少年院を行ったり来たり、という少年時代を送る。補導されるたびに「またお前か」と言われるほど、ジョンは警察のやっかいになっていた。しかし、暴力を振るったことは一度もなかったという。

法的には成人として扱われる一八歳を過ぎてからも、悪い癖はとどまるところを知らなかった。ジョンは二三歳の時、他人のクレジットカードを盗んで使い込み、詐欺・窃盗罪で刑務所に送られた。ある時、刑務所内で問題を起こし、六〇日間せまい独房に入れられた。ジョンがおかしくなったのはその頃だった。

キャシーは淡々と冷静に、これまでのことを語り続けた。しかし、その冷静さが一瞬崩れそうになった。

「ジョンのなかで、何かが壊れてしまったような感じだった……」

キャシーは、目の前にあるテーブルの一点を見つめ、声を震わせながら言った。

「それ以来、精神に異常をきたしたかのように、意味不明の奇妙なことばかり口走るようになったの。海軍やＣＩＡがどうのこうのとか、自分はＦＢＩに雇われているスパイだとか、耳元で指令官からの命令が聞こえてくるだとか。そしてジョンがもうひとりの囚人と脱獄をはかったのは、独房からふつうの監房に戻ってまもなくのことだった」

ジョンは脱獄をはかった後、老夫婦の家に電話を使わせてくれと入れてもらった。電話をかけているその時、どうやらテレビでジョンの逃亡のニュースが流れ、その老夫婦はパニック状態に陥り、そばにあった鉄の棒でジョンに殴りかかったらしかった。ジョンは逆にその棒で二人を滅多打ちにして殺してしまう。そしてその夫婦の車を奪って、テキサス州へとさらに逃亡を続けた。

キャシーは事件のいきさつをひととおり話し終えると、首を小さく横にふった。

「今でもね、どうしてあんなことになったんだか、説明がつかないの……」

その姿は、まるで今まで自分が話したことを信じていないかのようだった。

ソシオドラマ

キャシーとドンは、地元のツーソンで、死刑をテーマにしたワークショップを定期的におこなっている。それはソシオドラマ(社会劇)と呼ばれるもので、サイコドラマ(心理劇)の一種。たとえば人種的偏見のような社会的問題をテーマに取り組む際、みずから参加する劇を通して解決しようとする集団心理療法のことだ。

テーマを死刑に絞り、ある人物が犯罪を犯し、死刑が執行されるまでを、想像力にまかせて一般の人が演じてゆく。簡単な状況設定と役割をキャシーが参加者に与え、後はそれぞれが感じたことをそのまま表現する。ドンは参加者のひとりとして加わるだけだ。台本はない。

社会心理学者であるキャシーは、この活動を一九九四年に始めた。息子が死刑を宣告されてから三年という月日が流れていた。死刑という制度に対してあまりに多くの人々が無関心で、「制度は制度」という態度をとっていることに、キャシーやドンはなんともいえない不満を感じていた。なんとか死刑をもっと身近な問題として考えてもらえないだろうか。そんな思いで始めたのがこのソシオドラマだった。

初めて会ってから三週間後の九月七日、私は再びツーソンを訪れた。死刑をテーマにしたソシオドラマがおこなわれることになっていたからだ。

アリゾナ州立大学のキャンパスにある教会に、二〇名ほどが集まった。キャシーが教えている大学のクラスでチラシを配ったり、大学のキャンパスや教会の掲示板などに張り紙をしたりして集めた人々だった。キャシーが言ったように、そのほとんどが、まったくソシオドラマを体験したことがない人で、皆これからどんなことを体験するのか、楽しみにしているようだった。

まず、ショッピングモールの駐車場で殺人事件が発生。状況についての簡単な説明をキャシーがおこない、イスや机などの小道具を使って、簡単なセットを作った。そして全員に役割が与えられ、前半の一五分ほどで裁判へと展開していった。裁判所のシーン。二つのイスが、向かい合うようにして置かれた。一方が裁判長、もう一方が被告の席、という設定がキャシーによって説明された。このシーンでは、参加者全員が裁判長役と被告の役を順番にこなすことになる。一組に費やされる時間はせいぜい十数秒と、短い。

「判決を下します。死刑」

裁判長がきっぱりとした口調で被告に告げる。

「……」

無言の被告。

静まりかえった部屋に「死刑」という言葉が響き、その後の長い沈黙がとてつもなく重たく感じられた。死刑を宣告された側は、ボーッと宙を見つめていたり、口をぽかんと開けたり、「そんなはずない」と憤っているような表情を浮かべたり、うつむいて赤くなったりと、さまざまな反応を見せた。あくまでもこれは劇なんだと自分に言い聞かせねばならないほど、参加者たちは皆役そのものになりきっていた。

次は、死刑囚の娘を母親が訪ねるというシーンが設定された。

アリゾナ州では死刑囚との面会は、ガラスに区切られた部屋で、インターホンを通して会話がなされる。キャシーは面会室の様子を簡単に説明すると、それぞれの役割を振りあてていった。母親役、死刑囚役、看守役、そして面会室のガラスといった役だ。

ガラス役が手で四角を描くようにして部屋の中央に立つ。その両脇で死刑囚役と母親役がイスに座っている。母親役が、ガラスごしに死刑囚役の女性に話しかける。

「いつもどうしてるの？」

死刑囚役は、ぼそぼそと答える。

「一時間ぐらい外に出て、陽を浴びるぐらい……。今は暑いから夏なんでしょう」

しばらくのあいだ沈黙が流れ、部屋にはなんともいえない緊張感が漂っている。

「さみしいわ」と母親役が言った。消え入るような弱々しい声だ。その声にかぶさるようにして死刑囚役が「私も……」と言って、涙を流し始めた。

「ストップ」とキャシーが言う。そして死刑囚役の女性にどういう気持ちかを聞いた。

「……」

その女性は涙をぬぐうだけで、言葉が出ない様子だった。

「いいのよ」とキャシーは優しく声をかけ、「強くあろうとしているのね？」と聞いた。

死刑囚役は無言でうんうんとうなずいた。

役割を与えられていない人々も、吸い込まれるようにして見入っていた。

「面会室のガラス役のあなたはどう感じた？　二人のあいだに立って見えるようにする役目でしょ？」とキャシーが聞くと、「うーん……」とガラス役の女性は困ったように少しのあいだうつむいて考え込んだ。そして、次のように続けた。

「見えるようにするっていうよりも、二人のあいだを邪魔する役目なんじゃないかしら。視界をさえぎったり、二人が触れあったりするのを妨げる。それがガラスである私の役目だと思う」

「オーケー、次は死刑執行のシーンに入ります」

パンパンと手を叩き、キャシーが指示した。それまで死刑囚監房だった部屋が刑場にとって変わった。そして、刑場は処刑室、立ちあい室、廊下、死刑囚監房の四つに区切られる。続いて、執行方法、立ちあい人、執行の手順についての説明がなされた。たとえば現在アリゾナ州では致死薬注射が使用されていること、執行の立ちあいは被害者遺族、加害者の家族、ジャーナリストに限られること、執行の合図をおこなうのは刑務所長の役割で、致死薬注射を打つのは看守である死刑執行人であることなどだ。

「処刑台が必要ね」

キャシーはそう言うと、あたりを見まわし、体格のいい男性に役を振りあてた。その男性は、部屋の中央部の床の上に、うつぶせになって横たわった。その他、処刑台に死刑囚をくくりつけるための革ひもをはじめとし、注射を打つ死刑執行人や号令をかける刑務所長、執行に関わる看守たち、立ちあい人になる被害者の母親、加害者の母親、新聞記者、そして処刑室の壁などの役の希望者を募り、キャシーはてきぱきと決めていった。

看守の役はドンがかって出た。続いて彼の横にいた若い女性も看守役を振りあてられた。そして、死刑囚役がまた新たに指名された。今度は中年の男性だ。ドンともうひとりの看守役が、その男性を両脇から抱え込むようにして歩き始めた。

「デッドマン・ウォーキング（死刑囚が通る）！　デッドマン・ウォーキング！」

ドンの声が部屋中に響いた。

処刑室に入ると、看守役の女性が死刑囚の手錠や足かせをはずすふりをした。もう一方の看守役であるドンは、死刑囚に次のように命令した。

「処刑台に横たわれ」

死刑囚役は処刑台役の男性の上にそのまま横たわろうとした。キャシーはすかさず「靴も脱がせなさい」と看守に言った。

その時、映画『デッドマン・ウォーキング』のあるシーンを思い出した。それは、せめてお気に入りのブーツをはいて処刑に臨もうとしていた死刑囚が、看守に取り押さえられて、無理矢理ブーツを脱がされる場面だ。最後の最後まで人間の尊厳を踏みにじるのか、と映画のなかの光景にひどく憤りを感じたことを覚えていた。それと同じことが今目の前で再現され、鳥肌が立つほど私には生々しく感じられた。

「死刑執行！」

刑務官役の女性が命令した。執行人役が注射を打つふりをした。死刑囚役は身体から力が抜けていくように、しだいにだらんとなっていった。その前で被害者遺族役の女性が、憎しみを全身にみなぎらせ、低くうめきながらその様子に見入っている。

「そうよ、そうよ、その調子！」

手を握りしめ上下にふりながら、まるでスポーツ観戦をしているかのような興奮ぶりである。その背後では、死刑囚の母親役が頭を手で覆い、うなだれていた。新聞記者役はメモをとる手が途中で止まった。

「ストップ！」

キャシーが再び声をかけた。まず、死刑囚役にどう感じているか聞いた。

「神よ、お赦しを」

死刑囚役の男性は言った。キャシーは引き続き、死刑囚の下にうつぶせになっている、処刑台役の男性に感想を求めた。しばらくのあいだ沈黙が続き、「信じられない」という一言が返ってきた。その声の調子から、ひどく動揺しているのがわかった。彼はその後もショックをひきずっているように見えた。

これは後から聞いた話だが、処刑台役をした男性はキャシーの同僚だった。キャシーが勤める同じ大学の同じ心理学科に最近移ってきたばかりの心理学者で、死刑囚の息子が家族にいることは知らないはずだという。死刑をテーマにしたソシオドラマに参加してみないかと声をかけた時、彼は鼻でせせら笑うようにして「死刑は必要悪だ。何があっても僕の意見は変わらない」と言い切っていた。

キャシーはこの日、そんな彼がソシオドラマに参加したことだけでも驚いていた。学者としての興味から、のぞいてみようという気になったらしかったのだが、正直言って、かたくなな彼に、このソシオドラマの効果はあまり期待できなかったという。参加者のなかには、はじめから「死刑は正しい」と意見を決めていて、その立場を揺るがすようなことには目をそらし、自分の気持ちをシャットアウトしてしまう人もいるからだ。予想もしなかった同僚の動揺ぶりに、キャシーはかなり驚いていた。

そして次に革ひも役の二人の女性が「無性に哀しい……」、「彼は苦しんで死んだわ」と、たて続けに言った。二人ともショックを隠せず、ひとりはボーッと死刑囚役の男性を見つめ続け、もうひとりはキャシーを見上げながら、とまどった表情を浮かべていた。

次にキャシーが感想を求めた死刑執行人役の男性は、「やっと仕事が終わった」と大きく息を吸い込んだ。キャシーは間髪をおかずに壁役の四人に続けざまに感想を求めたが、そのうちのひとりは無言で立ちつくしていた。どうやらショックで言葉が出てこない様子だった。まるで本当に死刑執行を体験したかのように、参加者たちは感情を高ぶらせ、震えたり、涙を浮かべたりしていた。

「もう二度とできない……」

死刑執行を命じた刑務官役の女性は、肩をだらんと落とし、力なく答えた。

最後にキャシーが被害者の母親役の女性に感想を求めた。その女性は目をギラギラさせ、興奮で顔を紅潮させながら言った。

「これでやっと娘は永遠の眠りにつけるはず」

一時間半にわたるソシオドラマが終了した。キャシーは参加者たちを全員集めて、イスで円を描くようにして座るようにすすめた。

「批判したり、口論したりするのでなく、それぞれが演じた役割について、どんなふうに感じたかを語り合いましょう」

まず、母親といっしょに参加していた最年少の少女が手をあげた。一六歳の高校生だ。

「私の場合、実際に兄が刑務所に服役中で……似たようなことを体験しているから……どの役を演じても自分に近すぎて……とてもつらかった」

彼女は一言一言かみしめるようにして言った。目が涙でうるみ、声もわずかに震えていた。

次に、後半部分で被害者の母親役を演じた三〇代の女性が手をあげた。

「被害者の母親役を演じた時には、怒りでメチャクチャになったわ。どうしようもないぐらい、怒りで煮えくりかえる感じ。だって、犯人は娘を殺し、私から娘を永久に奪い取ったのよ。感情が高ぶっちゃって……被害者遺族の気持ちがなんとなくわかったような気がしたわ」

まだ興奮からさめない様子で、身ぶり手ぶりを交えて熱っぽく語った。

続いて、死刑執行のシーンで、処刑台の革ひも役をやった女性が答えた。

「革ひも役になって、死刑囚を押さえつけた時、初めて私は気がついたんです。市民のひとりとして私自身が、死刑執行という「殺し」に加わっているんだということに……。執行というプロセスに直接携わっていなくとも、声をあげない限り、処刑に同意していることを表明しているようなもの。それに私たちが払う税金で死刑の執行がされているわけでしょう？」

その中年の女性は、興奮に声をうわずらせながら言った。そして自分が革ひもとして死刑囚役の人の皮膚に直接ふれ、彼が小刻みに震えているのを感じとり、恐ろしくなったと言った。それまで死刑という問題が、なんだか他人事のようにしか思えずにいた彼女は、死刑囚の震えをじかに感じた瞬間、死刑が生きている人間を殺す行為に他ならないことや、それを支えているのは市民である自分たちなんだということが、現実の問題として迫ってきたと言った。

私自身、この女性の言葉を聞いてドキッとした。私たちの多くは、加害者でも、被害者でも、両者の家族でも、執行人でもない。しかし、執行には当然だが、私たちの税金が使われているはずである。だとすれば、日本のように執行の予定日時も名前も公開されず、私たちの知らないうちに執行されること自体がおかしい。国はそのことを私たちに気がつかせないように、情報を伏せているとしか思えない。日本と比べるとあれだけ情報が公開されているように見えるアメリカでも、社会と死刑の関係性が見えないというのだから、死刑に関する情報をほとんど公開しない日本では、なおさら見えないはずだ。そのことを改めてつきつけられる言葉だった。

参加者が感想を述べ終わった後、キャシーが次のように述べた。

「一般市民にとって死刑はとても遠い存在です。一見すると、死刑と一般市民とはまるで関係がないかのように見えます。ソシオドラマのなかで皆さんにさまざまな役割を演じてもらったのは、それぞれ違った立場を理解してもらうためでした。裁判官や陪審員や執行人たちと私たちは、実は皆どこかでつながっているんです。さまざまな役割を演じるなかで、そのしくみが多少なりとも実感できたはずです。そして皆さんの多くが感じているのではないでしょうか。私も人殺しに加担していると――」

たった一時間半で何ができるんだろう。ソシオドラマが始まる前、私は半信半疑だった。しかし、実際にその場に立ちあってみることで、その迫力に圧倒されていた。死刑執行寸前の死刑囚役がハァーハァーと言う息づかいや、執行後の皆の動揺ぶりなど、本当に細部に渡ってリアルだった。オレゴンでの死刑執行に関する取材をした直後だったということもあり、死刑執行のシーンは、とくに生々しく感じられた。死刑制度と社会の一人ひとりが乖離している状況を変えるためのショック療法。そんなふうに思えた。

希望の証

「ジャーニー」も半ばを過ぎたある日、キャシーは被害者遺族のアバといっしょにバージニア州の北部にあるノーザーン・バージニア大学で講演することになっていた。犯罪学を専攻している学生たちの一時間半にわたるゼミだ。犯罪学専攻といえば、学生のほとんどが将来は警察や刑務所等、犯罪者と直接かかわる現場に就職することになるから、被害者や死刑というテーマは、他人事ではない。当局側に立つことになる彼らには、当然、死刑制度支持派も多いはずだ。質疑応答も活発になるだろう。私は学生の反応を期待して、彼女たちに同行させてもらうことにした。

まず、かつて検察官だったという受け持ちの教師が、アバとキャシーを紹介した。生徒の視線が二人に注がれるなか、こう言った。

「死刑制度の存廃をめぐってさまざまな議論があるが、今日は、死刑に反対する遺族と死刑囚の家族から、彼らなりの見解を聞いてみたい。廃止論には彼らのような考え方もあるということを君たちも認識しておいたほうがいいので、お越しいただいた」

最初から、距離を持った紹介の仕方だった。二人に注がれる視線も全体的に冷ややかな感じで、これまでの講演会とずいぶん雰囲気が違うように感じた。

まず、アバがいつもの通り、被害者としての体験談、「赦す」ことの重要性などを二〇分ほど語った。真剣に聞き入り、ノートをとる学生の姿から、関心の高さがうかがえ、少しホッとする。そして、次にキャシーが教壇に立った。

「愛する息子は死刑囚です。そんな私にとって、死刑はとても身近な問題です。私も処刑台に立っているような心境です」

最初から単刀直入に切り出した。教室はシンと静まりかえっていて、緊張感がみなぎっていた。

キャシーは、ジョンの事件について、そして、なぜ息子が人を殺したのか理解できず、悩み続けてきたということを、三〇分ほどかけて淡々と語り、話を次のようにしめくくった。

「私は自分の体験にもとづいたストーリーを話したけれど、答えがあるわけではないの。息子にどのような処罰が必要なのかもわからない。無実だから助けて、とも言えない。明らかに人を殺し、取り返しのつかない過ちを犯したわけだから」

そして、キャシーはカバンからある物を取り出した。紐でできた十字架のネックレス。キャシーが「希望の証」と呼び、どの講演会にも持ち歩いていたものだった。そのネックレスが何十本も詰め込まれた透明のビニール袋をキャシーは取り出し、何本かを学生たちにまわした。

「ネックレスをよく触って、皮膚で感じてみて」

キャシーはそれだけしか言わず、学生たちの反応を待っているようだった。

「何これ?」といったとまどいの表情や、あちこちで首をかしげる姿が見受けられた。

「それは死刑囚監房からのメッセージ。ジョンの隣の房にいる死刑囚が、自分のジーンズと靴下の糸をほどいて編んだネックレスなの。マイクというその死刑囚は面会に来てくれる人もいなくて、差し入れなどまったくありません。それで刑務所のなかで切手やシャンプーを買うために、マイクが作ったものをこうして私が売り歩いて、わずかばかりの収入にしてあげているの」

キャシーがそう言うと、学生たちの反応が微妙に変化した。「へぇー」と驚いたように小さくうなずく者、手にしたネックレスを複雑な面持ちで見つめる者、隣の学生と見比べる者。しかし、それでも無表情な学生も何人か見受けられた。手にしたネックレスをさっさと次にまわし、感じることをかたくなに拒否しているかのようである。

「これは死刑囚の命を表しているように思えるの。死刑を待ち受ける身の人間が、いつの日か処刑を免れるかもしれない、というかすかな希望を抱いているシンボルよ」

フリーディスカッションにうつると、アバには「同情する」、「被害者なのに加害者を赦したなんて立派だ」といった簡潔なコメントがされる程度で、キャシーに対して挑戦的な質問や意見が集中した。

「終身刑にしたところでまた脱獄するかもしれない」、「更生施設に投資しても改心できない人もいるのだから無駄だ」、「死刑は厳密な司法手続きを経て科されるのだから正当だ」など、キャシーに視線を送るのがつらくなるほど辛辣な意見が大半だった。

教室の中央あたりで足を組み、冷たい視線を投げかけていた黒人の女性が口を開いた。

「ジョンは一六歳から少年院にいたっていうけど、なぜ精神的な治療を受けさせなかったの？　あなた自身、心理学者でしょ？」

キャシーは実際カウンセリングやセラピーを家族ぐるみで受けてきたが、しかし、ほとんど効果がみられなかったと説明した。けれども、その女子学生は納得がいかないという不満な表情をしていた。アバは、明らかにキャシーを責めている女子学生に憤慨し、何度も口をパクパクさせ、何か言いたくてたまらなさそうな顔をしていた。しかし、責められている当人のキャシーは冷静に対応していた。

「最近まで知らなかったことだけれど、ジョンの産みの母親はアルコール依存症で、妊娠中もウォッカやウイスキーを大量に飲んでいたのよ。最初の裁判では調査もされなくて、何の考慮もされなかったんだけど、私は養子縁組センターを通して実母の居所を探し当て、直接に会って証拠を得たの。その後、何人もの医者による検査をおこなって、先天的な脳の障害が確認されたわ。ジョンの知的レベルが低い理由もそれでようやく明らかになったのよ」

その女子学生は軽くうなずくと、続けて聞いた。

「養子縁組センターは産みの親がアルコール依存症だったことを、事前には教えてくれなかったの？」

「ええ、その通り。ジョンだけでなく、多くの子どもたちが生まれる以前に、アルコールや麻薬からダメージを受けているのよ」

女子学生は、「アルコールや麻薬が脳に欠陥を与えるのは事実だものね」と言って軽く相槌《あいづち》をうった。

アバはその学生が次に何を言い出すのか、ハラハラしながら行方を見守っているようだった。しかし、キャシーは相変わらず冷静に語り続けた。

「私自身のなかで、ある疑問がいつも浮かんでくるのよ。「いったい誰の犯罪なの？」って」

学生はすかさず「それは産みの親の犯罪よ」と発言したうえで、次のようなことを口にした。

「でも、私があなたなら、養子にする前に産みの親の背景を徹底的に調査するわ」

その時突然、アバが勢いよく立ち上がった。もう我慢ならない、という感じで、その学生を問いつめた。

「ジョンはいったいどうなるのよ！　生きる資格がなかったとでも言いたいの？　じゃあ、障害を持って生まれ、捨てられた赤ちゃんたちはどこへ行けばいいっていうの？」

その学生はアバの迫力に押され、慌てて、「キャシーを責めているわけではない」と口ごもった。アバは息を荒げながら、次のように言った。

「私たちの社会は、障害を持つ子どもを引き取って一生懸命育ててきた家族を責め、死刑という方法で結局は社会から抹殺してしまおうとしているんじゃないの？　そんな社会に、私は加担したくないのよ！　だから私は死刑に反対してるの」

キャシーは立ったまま、うつむいてアバの話を聞いていた。そしてこう続けた。

「息子は自分が何をしたのか理解しようと、ずっと悩み続けていて、罪悪感を感じているわ。被害者遺族に直接会って謝りたいと思っているの。でも、家族の私だって会わせてもらえないのに、直接の加害者であるジョンが会わせてもらえるはずもなくて……こうして「ジャーニー」に参加することで、アバのような被害者遺族に会って交流し、なんとか解決法を探ろうとしているところなの」

「生かしておいて、それしか言えない」

「ジャーニー」が始まってから八日目、大きなリュックを背負い、寝袋を片手に、小柄な女性がキャンプ地にやって来た。ノーガード家の娘ソンダだ。今回初めて「ジャーニー」に参加することになる。

キャシーはしばらくのあいだ、娘のソンダと強く抱きしめ合った。そして二、三言交わすと、早速私に紹介してくれた。はきはきしていて、歯切れのいいしゃべり方はキャシーにそっくりで、とても感じのいい女性だった。どこかしらシャイな感じもした。間もなくして、彼女と同じように大きなリュックを背負った男性が入ってくると、うれしそうに腕を伸ばし、自分のほうへと引き寄せ、結婚したばかりの夫だと紹介してくれた。とても幸せそうなカップルに見えた。

スピーチの予定を聞くと、ソンダは笑みを浮かべながら大きく首を横にふり、両親のスピーチに同行するだけで、自分はするつもりはまったくない、と言った。横ではキャシーがいたずらっぽく笑みを浮かべてこう言った。

「さぁ、どうなるかしら。断言はできないんじゃない？」

キャシーも最初に参加した第一回目の「ジャーニー」では、スピーチはしないつもりだったのだ。毎朝、話を聞いてみたいと思うスピーカーに同行して、ひたすら話を聞くだけの日々が続いた。帰る間際、ほんの四、五人の小さな教会の集まりに参加して、初めてキャシーは意見を求められた。そこで結局、息子の話に触れざるをえなくなり、三〇分以上も話をすることになったという。キャシーはソンダにも、そんなハプニングが起こるかもしれない、とどこかで期待しているように見えた。

しかし実際は、ソンダが言った通り、両親のスピーチに同行するだけの日が続いた。ソンダは講演会に行くたびに、夫のかたわらで食い入るように話を聞き、動揺を隠せず、震えながら大粒の涙をこぼし、夫に抱きしめられる、ということをくり返した。

ソンダが今回スピーチをすることはありえない。私もそう感じていた。

そんなある日、アバとキャシーの一家は、ジョージ・ワシントン大学の法学部のゼミに招かれることになっていた。前日の夜、いつものようにキャンプ場の掲示板へ行ってみると、驚いたことに、スピーカーの欄にソンダの名前があった。

「人前で話してみようと思えるようになったの。ここ数日間、自分の両親が話す姿を見たり、自分の愛する人を殺された被害者遺族が「犯人を赦した」という証言を耳にするなかで、自分も語りたいと思うようになったの。

参加者の人たちから勇気をもらった感じ。実を言うと、まだ人前で堂々と話す自信はないんだけどね……。とにかく、初めてのことだから、どうなるかわからないわ」

ソンダは自分を鼓舞するように言った。

翌日、ソンダは緊張を身体じゅうにみなぎらせ、初めてのスピーチにのぞんだ。大学の図書館の奥にあるこぢんまりとしたセミナールームで、法学部の一五人の学生と教授が相手だ。キャシーもドンも心配そうに彼女を見つめるなか、ソンダが話し始めた。

「皆さんには、兄弟がいますか?」

そう質問を投げかけると、教室をぐるっと見渡した。一五人の手がほとんどあがった。

「仲がいいかどうかは別にして、とても大切な兄弟がいるわけね。それじゃあ、兄弟が犯罪を犯す可能性があると思う人は?」

今度は、二人しか手があがらなかった。黒人の一人はすぐさま手をあげ、もう一人の白人は考えながらそろりそろりとあげた。残りの手は結局あがらなかったが、その反応はさまざまだった。ありえない、とうすら笑いを浮かべる者、そんなこと考えたこともない、と驚きの表情を浮かべる者、視線を宙に飛ばして考え込む者。そんな様子を見渡しながら、ソンダはふんふんとうなずいた。

「二人以外は思いあたらないってわけね」

小さく深呼吸をすると、ソンダは堰《せき》を切ったように話し始めた。

一九八九年九月、その年の春に大学を卒業したばかりのソンダは、コロラド州の生物研究所で働き始めたところだった。自然を愛する彼女は、静かな森のなかにある研究所がことのほか気に入っており、新しい仕事に意欲をわかせていた。研究所近くの小さなコテージに暮らし、すべてが順調にいっていた。

そんなある日、突然、何人もの警察官がやって来てこう言った。

「緊急事態が発生した。実家に電話しなさい」

何がなんだかわからないまま、電話に飛びついて母親に電話をかけた。電話の向こうでは、母親がヒステリックに叫んでいた。

「あなたの弟が人を二人も殺したの！」

ソンダは、ただ呆然とその言葉を聞いていた。信じられなかった。

「弟が殺人を犯したですって？　なぜ？　何のために？」

こんな疑問が、ソンダの頭のなかを何度も何度もこだました。

教室にはソンダの声だけが響き、シーンと静まりかえっている。

ソンダは再び息を吸い込むと、弟のジョンとの関係を話し始めた。

ソンダが三歳の時、ジョンは家族の一員として迎えられた。兄弟がほしくてたまらなかったソンダにとって、弟ができたことは夢のようであり、ジョンをとてもかわいがった。二人はどこにでもいるようなふつうの姉弟だった。いっしょに遊んだり、ささいなことでケンカをしたり。血はつながっていないのに、肌の色も違うのに、どこか風貌が似ているとまわりから言われるのが、ソンダにはうれしかった。

「でも……ジョンは昔から決して「よい子」とは言えなかったわ。万引きをしたり、私の貯金箱から小銭をあさったり、友だちの家からおもちゃなんかを持ち帰ってしまったり。そんなことが発覚するたびに、私は彼にお説教をしたけど……子どもの頃は私も自分のことで精いっぱいだったから、彼の盗み癖なんてそんなに気にならなかった。また悪い癖が出た、ぐらいにしか思っていなかったの。

ただし、両親はずいぶん苦労をしたと思う。ジョンの悪い癖をなんとかするために、さまざまな施設を訪れ、あらゆるプログラムに通わせていたわ。親子で受けるカウンセリングなんかにも通っていたし。まだほんの子どもだった私の目からも、何だか気の毒なぐらいだった。

そしてジョンが年をとるにつれ、単なる子どもの出来心、なんて言っていられなくなって、非行少年のための学校に入れたりもした。でも、よくなるどころか、刑務所を出たり入ったりする生活になってしまって……」

ジョンが殺人事件を起こす以前にも、彼の盗み癖がどんどんエスカレートすることに、姉であるソンダが心を痛めていたことを語った。幼い頃から両親がジョンのために、さまざまなプログラムに参加するなど、必死になっている姿を見てきただけに、ジョンの行動をまったく理解できずにいたのだ。

そしてソンダはアバの座っているほうに顔を向けた。

「アバの話を聞いてて思ったのは、殺人の被害者と加害者の家族が体験する苦悩というものが、似ているということ。事件のショック、哀しみ、怒り、痛み……。本当に言葉では言い尽くせないほどさまざまな感情を私も経験してきたから」

アバもソンダの言葉に深くうなずいていた。そしてソンダはまっすぐに顔をあげるとこう言った。

「正直言って、「ジョンはかならず更生できる」と断言する自信が、私にはありません。ひょっとしたら彼はいつまでたっても、変わらないかもしれない。そんな思いに悩まされ、どうしていいかわからなくなることもある。でも、このまま生き続けたとしても、獄中に一生いれば、もしくは、精神的な治療を受けられるような施設にいれば、他人に迷惑をかけるようなことはしないはずでしょう」

声をふりしぼるように話し続けた。

「ジョンを生かしておいてください。人を二人も殺してしまっても、ジョンが私にとってかけがえのない家族であることは変わらないから……。私にはそれ以上、何も言えません……。私の話を聞いてくださってありがとう」

ソンダはスピーチを終えた。教室はシンと静まりかえっている。部屋の隅では、父親のドンが目を真っ赤にはらしながら、涙をぬぐっていた。その隣では、キャシーも閉じた目から、次々と大粒の涙がこぼれ落ちていた。それは、取材のあいだに二人が見せた、初めての涙だった。

サポーターの過去

しばらく沈黙が続いた後、ソンダやアバに対する質問や意見がいくつか出た。キャシーが数日前にスピーチをおこなった犯罪学のクラスとは違い、質問や意見も、死刑に関する問題をある程度認識したうえでのものが多く、スピーカーと聴衆のあいだに緊張感のようなものは感じられなかった。

「それぞれの意見がどうであれ、私の話を積極的に聞こう、という雰囲気がクラスには流れていたから話しやすかった」と後日ソンダが言ったように、この日の特別に話しやすい雰囲気というのは、私も感じていた。この日は、ソンダの他にも、自然に語り出すというシーンが見られた。

それはフリーディスカッションのなかで起こった。ある学生が「ジャーニー」におけるサポーターのシステムについて質問した。その日サポーターとして同行していたルシア・ペンランドという女性に、被害者遺族でも、死刑囚の家族でもない彼女が「ジャーニー」に参加するようになったのには、何か個人的な理由があるのかと聞いた。

ルシアは深くうなずきながら立ち上がり、簡単な自己紹介を始めた。三〇代半ばのルシアは、アラバマ州から参加していた。ミティゲーション・スペシャリストと呼ばれる、死刑事件専門の調査官で、事件当時の状況や加害者の心理状態から子ども時代に至るまで、減刑のための証拠や状況を徹底的に調査し、裁判所に提出する役割を担ってきていた。

アメリカでは、死刑事件は人の命がかかっているだけに、一般的な刑事司法手続きよりも厳格で手厚い手続きが求められる「スーパー・デュープロセス」が適用される。死刑相当事件とみなされると、州政府が資金を提供してミティゲーション・スペシャリストを雇い、減刑を考慮するための調査をおこなうことが義務づけられている。ルシアはその仕事に一〇年近く従事するなかで、さまざまな問題を目のあたりにしてきたことを語った。

そしてルシアは被害者遺族でもなく、死刑囚の家族でもないのでMVFRの正式なメンバーではないが、と前置きをすると、大きく息を吸い込んだ。

「私はレイプの被害者です。それも輪姦です」

しっかりとした口調で言った。

私はショックを受けた。体中から血の気が引く感覚がした。「ジャーニー」を支える立場の彼女が、犯罪被害者、それもレイプの被害者だったことなどまったく思いもよらないことだった。しかも、そのことを他人の前で堂々と述べる姿に、私自身、ひどく動揺した。

しかし、私の動揺ぶりとは裏腹に、ルシアは冷静に話を続けた。

「まだ一四歳の時でした。私をレイプした三人の犯人たちは見知らぬ人なんかではなく、全員顔見知りの人ばかりで……。兄の友人たちでした。当時の私はひどいショックを受け、死ぬことばかり考えていました。来る日も来る日も、寝ても覚めても私をレイプした三人の顔がちらつく、という状態が続きました。その顔を脳裏から消し去ろうとしても、あがけばあがくほど、苦しみが募るようでした。

そして事件から数週間後、実際に睡眠薬を大量に飲んで自殺をはかりました。でも、間もなく母親に発見され、病院にかつぎこまれて命をとりとめたのです。それからもずっと自殺することばかり考えて暮らしていました。せめて犯人が見知らぬ人であってくれればよかったのに、と自分の状況をどれほど恨んだことか……」

言葉はとぎれとぎれだったが、取り乱すことなく、しっかりとした口調で語り続けるルシア。レイプの被害者から成る自助グループで、みずからの体験や感情を吐露することによって、救われてきたと説明した。しかし、鋭い視線で教室の一点を見つめ続け、手をぎゅっと握りしめる彼女の姿から、レイプを受けた事実を語ることが、いまだに容易でないことは、十分に伝わってきた。

「憎しみ続けたり、恨み続けたりするのは大変なことだと思うんです。私は本当に憎しみでいっぱいのすさまじい青春時代を過ごしました。これは事件から何年も過ぎてからのことですが、私も「ジャーニー」のスピーカーたちの多くがそうであるように、そんな憎しみでいっぱいの人生に耐えられなくなったのです。犯罪者の置かれた状況を知り、死刑でなく、更生するチャンスを与えるという今の仕事に興味を持ったこと自体、たぶん、私自身が自分の身に起こったことと向かい合って生きるために、どうしても必要なプロセスだったんだと思います」

シンと静まりかえった教室に、ルシアの冷静な声だけが響いていた。

私は、ルシアの身に起こったことに圧倒され、言い知れぬ怒りを覚えながらも、同時に胸に何かあたたかいものがこみあげてくるような不思議な感じがした。復讐したい気持ちに駆られ、相手を殺してもおかしくないようなすさまじい体験をしているのに、そうではない生き方を選び、その体験を人と共有する、というルシアの姿勢に心を打たれていたのだと思う。

この日、講義のしめくくりに、担当教授が一言つけ加えた。

「ルシア、あなたは勇気のある人だ。私たちにあなたのパーソナルな体験を共有してくれてありがとう」

講義の終了後も、教授をはじめ学生たちはそれぞれソンダやアバに礼を言うとともに、ルシアのところに行き、かわるがわるに握手を求めたり、抱き合ったりしていた。それはとてもあたたかく、優しい光景だった。私はその光景に、強い希望を感じ、目頭が熱くなった。

「ジャーニー」に参加しているMVFRのメンバーやルシアのような人々は、自分たちの過去にふたをしていない。反対に過去を見つめようとしている。どんなにつらい体験であっても、なかったふりをするのでなく、事実を事実としてとらえ、そのことを聴衆とわかち合おうとしていた。そしてわかち合われた聴衆のほうも、その事実をしっかりと受けとめようとしているように見えた。こういうことが、実は何よりも被害者遺族を精神的に支えることにつながるのではないだろうか。

私は、帰り支度をしているルシアのもとに歩み寄り、彼女のスピーチにとても感動したと短い感想を述べた。ルシアはうれしそうに微笑み、次のように静かに答えた。

「そこにいてくれてありがとう。それから、あなたの気持ちを知らせてくれてありがとう」

もちろん他人である私や聴衆には、レイプを受けたルシアや、娘を殺されたアバや、これから弟を処刑されるかもしれないソンダを、救うことなんてできない。しかし、彼女が言ったように「そこにいて」話を聞くことや、気持ちを「知らせる」ことぐらいは本来誰にだってできるはずである。日本の社会は、果たして犯罪の被害者や遺族みずからが語り出したくなるような、そんな開かれた場を持っているだろうか。そしてしっかりとその語りを受けとめようとする姿勢を持っているだろうか。ひょっとすると、犯罪の被害者や遺族、そして死刑囚の家族を黙らせてしまっているのは、ほかならぬ私たちではないだろうか。

（1）谷川俊太郎著（一九六九）現代詩文庫27『谷川俊太郎詩集』思潮社、五二ページ。

Ⅷ　ジョージ

デモの準備をするジョージ・ホワイト（提供：Rachel King）

我々がどうしたら復讐をしないで済むようになるか。しかも復讐せざるを得ないような状況に置かれたときに復讐しないで済むか。永山則夫だって、ある程度復讐せざるを得ないような状況に置かれて復讐したわけだろうし、彼に殺された人たちだって復讐せざるを得ないような状態に置かれているわけで、そういう状況の中で、どこでそういう復讐の連鎖を断ち切れるのか。

田崎英明[1]

解決していない事件

ジョージ・ホワイトの体験は筆舌に尽くしがたい。ＭＶＦＲの事務局長、パット・ベインから彼の背景を説明された時、あまりの不幸の連鎖に私は絶句してしまった。

ジョージは、殺人事件によって愛する妻を失った。彼はその現場に居合わせ、みずからも銃弾を浴び、一カ月近い入院生活を送ることになる。その後、妻殺しの容疑をかけられ、死刑を求刑されるに至ったのだ。結果的に死刑は免れたものの、終身刑の判決を受け、アラバマ州の刑務所において服役することになる。しかし、二年半の服役後、彼は無罪で釈放された。

ジョージの場合、被害者遺族側と死刑囚側両方の立場を経験してきたことになる。事件からすでに一一年がたった今も、妻を殺し、彼を撃った犯人は見つかっておらず、事件に終止符を打つどころか、何も解決していないという。

そんなジョージには「ジャーニー」が心のよりどころなんだと、パットは言った。

「「ジャーニー」に参加する人の多くは、事件から数年という時間を経て、精神的にある程度回復してきた人です。復讐という方法ではなく、真に癒されたい、と思うようになれたり、人前で自分の家族が殺されたことを話せるようになるまでには、それなりのプロセスが必要ですから。でも、「ジャーニー」は、決して、哀しみや苦しみや怒りを乗り越えた人々の旅ではありません」

パットから受けた説明を、私自身がひしひしと感じたのは、初めてジョージに電話をかけた時だった。電話の向こうから聞こえてくるのは、深い溜息と長い沈黙ばかり。一言一言、かみしめながら話しているといったふうだった。妻を殺されたことも、自分にその嫌疑がかけられたことも、長い拘禁生活を送り子どもたちといっしょに生活できなくなってしまったことも、まだジョージのなかでは決着がついていないように感じられた。むしろ、電話を通じて伝わってくる雰囲気は、苦しみの真っ只中にいる人物を思わせる。語ることがいかにもつらそうなのに、あえて「ジャーニー」のような語りの場に参加するのはなぜなのか。

「あの事件がなかったかのようにふるまおうとしても、事件は頭から離れないし、毎日毎日私についてまわってる……。うまく言えないけど、その体験を他人に語ることで、少しずつだけど、癒されていくんじゃないかと思う……。

四年前までは、事件のことを人に話すことなんて考えられなかった。これでも自分にとっては大きな進歩だ。今では、「ジャーニー」を通して話を聞いてもらうのが、心の支えになっているんだ」

それから約二カ月後の一九九六年八月二〇日、私はカンザス州のウィチタという小さな空港に降り立った。ジョージに会うためだった。ジョージは、この空港から車で一時間半ほど走ったアーカンソー・シティーというさらに小さな町に住んでいるらしかった。しかし、タクシーの運転手にはいくら地名を言ったところで、さっぱり見当がつかない。カンザス州とアラバマ州の境あたりだと言うと、「そんな地名は聞いたことがない。カンザス州にはそんな町はない」と言われる始末。空港のニューススタンドで買った地図にも、行く先の地名が載っていない。前日に電話でジョージから聞き書きしたメモだけが頼りだった。

目の前に広がる長いハイウェイと、空港を出てからもう何十キロも変わらない田園風景。羊や馬が気持ちよさそうに走りまわる緑と白い花でいっぱいのフィールドと、巨大なドラム缶のような干し草の束がいくつも置かれている赤茶けた畑が、交互に目に入ってくる。そんな気が遠くなりそうなほどののどかな景色が一時間以上続き、ようやくアーカンソー・シティーのサインが見えた。私はホッと胸をなでおろす。

やがて、私を乗せたタクシーは、小さな町の静かな住宅街に入っていった。しばらくすると、メモに書かれたとおり小学校が目に入り、その手前に白っぽい大きな木造の家が見えた。ジョージらしき男性がポーチに座っていた。タクシーに気がついて立ち上がると、こちらに向かって歩いてきた。ジョージは身長がゆうに一九〇センチはある大きな白人男性だった。Tシャツにショーツというラフな服装で、ニコニコとあたたかい笑みを顔いっぱいに浮かべながら迎えてくれた。電話で話した時の印象よりも、明るく落ちついた感じで、若々しい人だった。家のなかは、パステルカラーで統一され、あたたかい家庭的な雰囲気が漂っていた。壁にはピンクとブルーの壁紙が張られ、そのまわりにはカントリー風のステンシルがほどこされている。ジョージは一年ほど前からベッキーという女性と三人の連れ子たちと暮らし始めていると聞いていたので、その彼女の趣味であることはまちがいなかった。「すてきね」と私がほめるとジョージはうれしそうに「ベッキーの趣味でね。私も気に入ってる」と答えた。そして小学校で教師をしているベッキーとの関係について、次のように言った。

「教会で一年半ほど前に出会ったんだ。ベッキーは本当にすてきな女性だ。私が定職につかず、MVFRの活動や「ジャーニー」に参加したりすることにも文句を言わず、むしろ積極的に支援してくれている。実は、ベッキーも五年ほど前に夫をガンで失ってるんだ。パートナーを失う哀しみや苦しさを彼女もわかっているんだ」

玄関近くのキャビネットの上や壁には、どこのアメリカの家庭でも見られるように、家族の写真が所狭しと飾られていた。そのなかで、ロングヘアーで美しい笑みを浮かべた若い女性の写真が、私の目に飛び込んできた。

「それは、娘のクリスティー。フロリダの妹の家に住んでいて、高校二年生だ。バレー部とバスケットボール部の選手で、バレー部ではキャプテンをつとめてるんだ。自慢の娘なんだ」

ジョージは、なんともとろけそうな笑みを浮かべながら、私が見ていた写真を手にとった。そしてその横に立てかけてある写真立てを指さした。

「それは息子のトム。バージニア州に暮らしていて、大学院で教育学を専攻しているんだ。妹思いの、とても優しい子だ」

そしてジョージはうれしそうに、今年の「ジャーニー」には二人の子どもも参加する予定だと言った。息子は昨年もいっしょに参加したが、娘にとってはこれが初めてになるので不安がっていること、しかし、どうしても兄やジョージといっしょに「ジャーニー」を体験してみたがっていることなどを語った。その間もジョージの優しい眼差しは、二つの写真に注がれていた。

妻を目の前で殺されて――

あたたかな光が差し込む居間で、私はジョージの話を聞くことにした。

「いまだにあの頃のことは忘れられない」

ジョージは深く息をついた。どこか遠くを見つめているような眼差しだった。

一九八五年二月二七日、ジョージは強盗事件に巻き込まれた。当時、ジョージの一家は、南部アラバマ州の人口二万人弱という小さな町、エンタープライズに暮らしていた。金物屋チェーンの支店長だったジョージの暮らし向きはよく、家も新しく建てたばかりだった。広々とした芝生の庭があり、子どものためにとジョージはプールやブランコを作ってやったりもした。週末には家族や友人たちとピクニックに出かけ、日曜は家族そろって教会に行く、という典型的な白人の中流家庭だった。

ジョージはその日、妻のシャーリーンと夕食に出かける予定だった。あらかじめ二人の子どもは近所に住む祖母の家に預けていた。当時息子のトムは一二歳、娘のクリスティーは五歳だった。

夕方五時過ぎ。職場から戻ったばかりのジョージのもとに、電話が鳴った。客と名乗る男からだった。自宅のブレーカーが完全に落ちて、電気がつかないという。修理しなければ電気なしで家族が夜を過ごさなくてはならない。そのために、いくつかのネジや道具が必要なので、店を開けてくれないかとジョージは頼まれた。どうせ夕食に出かけるつもりだし、電気なしで一晩過ごすのは不憫だからと、ジョージは六時頃に再び店を開けることを快諾した。

事件は店で起こった。覆面をした強盗が、突然銃をつきつけてきた。ジョージと妻は、店の奥にある金庫まで、そのままの状態で連れていかれた。ジョージは金庫を開けさせられ、犯人は保管されていた一七〇〇ドル余りの現金をつかんだ。それから犯人は、二人をレジのある店のショールームへと誘導しようとした。

その時、妻のシャーリーンが急に倒れた。何かのきっかけに足をからませてしまったようだった。慌てた犯人は、シャーリーンを撃った。

ジョージは犯人につかみかかったが、三発撃たれ、床に倒れ込んだ。それから少しのあいだ、彼は気を失っていた。

気がつくと、あたりは血の海だった。妻はその海にうつぶせになって、倒れていた。

「あの夜以来、爆弾を抱えながら生きてきたようなもの……。いつ爆発するかわからない爆弾。今でも夜になると急におさえようのない恐怖心に駆られることがあって、寝汗でぐっしょり身体が濡れ、不眠状態に陥り……くり返し、くり返し、あの夜の恐怖を追体験している」

記憶から消そうとしても消えず、うとうとし始めると必ずあらわれる妻の死体。事件後のジョージは、血まみれになった妻の姿に苦しめられてきた。

「銃弾が発射された。六発だった。気がついた時には私は床に倒れていて。まず妻の姿が目に飛び込んできた。「死んでいる」と直感的に思い、愕然《がくぜん》とした。しばらくはショックで動けなかった……。そのうちに自分自身も三発撃たれていることに気がついた」

ジョージは立ち上がり、自分の身体にまだ残る傷跡を見せてくれた。脇腹と腕と足の付け根の三カ所に手術の跡が今でもうっすらと残っている。

「とにかく必死で助けを求めようと、電話のある机まではいつくばっていった。そして電話をかけようとしたその時、シャーリーンが咳をした。「まだ生きてる」。私は興奮して彼女のもとにはっていった。そばに寄ると後頭部から大量に出血していて……すぐそばにジュースの自動販売機があったんだが、その上にプラスチックの袋がのっていたことを思い出し、急いで取りにいった。そしてシャーリーンの傷口にあてがおうとした。彼女の頭を床から持ち上げた瞬間、顔が見えて……今でも、その表情が……その瞬間が……脳裏に焼き付いて……離れない」

ジョージは妻を抱きしめ、息を引き取るまでのわずかな時間、ずっと彼女の顔を見つめ続けたという。

「生き残った遺族が、死刑を望む感情はよくわかる。私も事件直後は、犯人の死刑は当然だと思っていたから。私の場合、妻が殺害され、自分自身も銃に撃たれて、生まれて初めて言い表しようのない「憎悪」を感じた。「隣人を愛しなさい、人の過ちは赦しなさい」という教えをキリスト教の信仰のなかから学んでいたけれど、実際のところ、事件直後は復讐心で煮えたぎっていたんだ。自分のなかに渦巻いていた暗い感情を正当化したくて、聖書を読みあさったこともある。しかし、正当化できる根拠が見つけられなかった。それで仕方なく、「復讐してやりたい」という自分の感情そのものだけに頼ることにしたんだ。自分の手で殺してやりたいと真剣に思った。チャンスがあればあの夜自分の手で殺していたかもしれない……。でも、私自身撃たれて気を失ってしまっていたし……罪悪感を感じている……。ずっと何もできなかった自分を責め続けている。夫として妻を守れず犯人を逃してしまったこと、そして私だけが生き残ってしまったことに」

窓からあたたかい陽射しが降り注ぎ、優しい光がジョージの顔を包んでいる。その光のなかで、苦痛にゆがむ彼の表情と、小刻みに震える唇がくっきりと浮かび上がっていた。

事件から数カ月後に容疑をかけられ、二年半ものあいだ刑務所で暮らすことになったジョージは、「妻の死を哀しむ」という悲嘆の作業を十分におこなえないまま、今日に至っていると感じられた。

「事件直後は、妻を失ったショックから立ち直れないまま、子どもたちのために強くなろうとし、その日その日をひたすら生き残るために必死だった。そんなある日、突然、犯人として起訴されたんだ。言葉にならないぐらい、ショックを受けたよ。自分が妻殺しの容疑をかけられるなんて……事件を受けとめきれないうちに、再び銃で撃たれたような心境だった」

とぎれとぎれの言葉。ジョージはかみしめるように話し続ける。

「当時、警察にはまったく手がかりがなかった。妻が殺された現場に私が居合わせたということ以外は。それで警察は私のことを疑い、犯人に仕立てようとしたんだ。でも、まさか被害者である自分が犯人として扱われるなんて思いもよらなかった。精神的にも混乱した状態で、とてもじゃないがふつうの生活なんて送れなくなっていて……。ただ子どもたちのために、なんとか平静を保つようにこころがけてはいたが」

子どもたちに支えられた日々

ジョージは退院してから逮捕されるまでのあいだ、元の職場に復帰したが、長くは続かなかった。事件のショックで精神的に働ける状況ではなかったという。子どもたちと三人の生活もぎこちなく、経済的にも、精神的にも、ひとりで子どもたちの面倒を見ることがむずかしくなっていった。実際は、近所に住んでいた祖母や叔母に面倒を見てもらっていたようなものだった。

ジョージが逮捕された時も、子どもたちは祖母と映画を見に出かけていて留守だった。

「子どもたちにとっては、なおさら大変な状況だったと思う。トムやクリスティーが当時抱えていた苦しみや怒り、そして喪失感は、計り知ることなどできない。母親の命を奪われ、そして父親が犯人だと言われ、親戚のもとを転々とせざるをえなくなったんだからね。いちばん親を必要としている時に、私はそばにいてやることができなかった……」

ジョージの視線は私が手にしていたカメラバッグのある一点に集中していた。

「私は怒りっぽく、皮肉屋で、憎しみ深い人間にすっかり変わってしまった。誰も、何も信じられなくなっていた。それなのに、トムやクリスティーは私を憎みはしなかった。憎むどころか、愛し続けてくれた。私はそんな子どもたちを裏切ったりできないと、自分に言い聞かせた。どんなにひどい状況が待ちかまえていようと、子どもたちの苦しみに比べたら、たいしたことないように思えたから。トムとクリスティーが、「憎しみで満ちた人間にならないで」って、私に訴えかけているような気がした」

私は話を聞きながら、あることに気がついた。カチ、カチ、カチと、目の前で鳴っている音――。それは、ジョージが私のカメラバッグの止め金をはめたりはずしたりする音だった。

しかし、ジョージの視線は止め金ではなく、別の点に注がれていた。どうもまったく無意識のうちに、この動作を続けているらしかった。この止め金はとても堅く、私には両手で思いっきり力を入れてつかまなければはずせないほど頑丈だった。その止め金を、無意識のうちに、それも片手のたった二本の指で、難なくはめたりはずしたりする姿は、彼が抱えている問題の深さを物語っているように思えた。

ジョージが刑務所に拘禁されると、二人の子どもたちはフロリダ州に住むジョージの妹のもとに預けられた。遠方のため、面会に来れるのは一年に数えるほどだった。ジョージは子どもたちに会えるのを心待ちにしていたが、同時に、この刑務所の面会室では、オレンジ色の囚人服を着用し、手には手錠をはめたままで子どもたちに会わなければならないことを思うと、複雑な気持ちになったという。

そんなジョージにとって、初めて子どもたちが面会に訪れた日のことは、忘れられない。

「娘に何が起こっているかわかるかって聞いたんだ。すると娘は身体をモジモジさせて困惑している様子だった。それで聞いてみたんだ、皆に何と言われたのかを。すると「パパがママを殺したんでしょ」って答えた。

私の肩に頭をのせていた息子のトムがクリスティーを抱き寄せて言ったんだ。「オイ、チビ！　やってもいないことを先生に疑われたことないか」ってね。娘は息子をみつめて「あるわ」と答えた。「後ろの席の子に肩を叩かれて振り向いただけなのに怒られちゃった。それで先生にお仕置きされたの」と。息子はうなずきながら「父さんにも同じことが起こってるんだ。してもいないのにお仕置きされてるんだよ」と言った。

私は言葉を失った。子どもたちはわかっていたんだ。私は涙をこらえるのに必死だった。

そして面会の終わりがやってきた。二人は私を抱きしめキスをすると帰ろうとした。娘はその時くるっと振り向き、私のほうへ駆け寄ってきた。私の前に立って目元に手を伸ばしたんだ。そして娘が言った。「パパ、この意味わかるでしょ？　泣いてもいいのよ」私は涙したよ……」

ジョージはうつむき、言葉をつまらせ、眼鏡の奥からポロポロと涙をこぼし続けた。そのあいだもカチカチ、カチと、止め金の鳴る音が響いていた。

しばらくして、顔をあげながらジョージは言った。

「人を憎むことは簡単だ。愛することこそがむずかしいんだ。私は子どもたちの愛情によって支えられてきた。私も子どもへの愛情は惜しまなかったが、それ以外の人を好きになることがいかに苦痛だったことか。憎悪や怒りに満ちあふれていた頃もあった……」

こみあげてくる苦しみをおさえつけるように、肩を震わせ、再びうつむいた。

「今でも憎しみに自分がつぶされてしまわないように努力しているんだ。それでも、どうしても自分の感情がコントロールできなくなる日はあるよ」

ジョージは「ジャーニー」の期間中、中学校や高校で講演することを楽しみにしていた。子どもたちは考えが大人のように凝り固まっていないし、一生懸命に話を聞いてくれるからだ。

高校の授業にて

九月二四日、「ジャーニー」が始まって三日目、バージニア州のある高校で話をするジョージに私は同行した。一四歳ぐらいから一七歳ぐらいの生徒を対象に、みずからの体験を語ることになっている。自分の娘と同じ年代の子どもたちに、ジョージはどのように対応するのだろう。死刑という感情的になりやすいテーマを、どう語るのだろう。

ジョージが話をすることになっていたのは、「社会学・心理学(Sociology/Psychology)」という、何やら大学のセミナーのようなクラスだった。「社会生活」と「心」は切り離せない、という考えにもとづいて数年前に新設されたクラスで、主に社会問題を扱う授業だった。教師はとても穏やかで優しそうな感じの人だった。彼のクラスでは、なるべく多様な考え方を紹介するために、ゲストを招いて講義をしてもらうようにしているという。今までに扱ったテーマはキューバに対するアメリカの経済制裁、エイズとセーフ・セックス、麻薬、児童虐待、デート・レイプと幅広く、私も高校時代にこんな授業を受けたかったと思わせる魅力的な内容だった。そして何よりも、生徒が質問をしたり自分の意見を述べたりすることが大事だから、なるべくそういうチャンスを生徒たちに与えてほしいと、教師はジョージに伝えた。ジョージはうれしそうにうなずいた。

教師から紹介を受けたジョージは、黒板の前に立ち、静かに生徒たちに語り始めた。

「私は死刑に反対だ。でも、事件が自分の身にふりかかるまでは、私も君たちの多くと同じように、死刑にはまったく無関心だった。強盗に銃で撃たれ、目の前で妻を殺害されるまでは……。あの頃は自分の手で殺してやりたいぐらい犯人を憎んだよ。まちがいなく死刑を望んだ」

生徒たちは食い入るようにジョージを見つめていた。彼の口から次にどんな言葉が飛び出すのかを、皆息をのんで待っているようだった。

「だけど皮肉なことに、自分に容疑がかけられ、死刑に直面するというつらい運命をたどることになって、初めて死刑制度を考え直すことになったんだ」

ジョージは生徒一人ひとりの顔をのぞき込むようにして、語り続けた。

「アラバマ州が子どもたちに向かって「お前らの父さんが母さんを殺した。だから死んで当然だ」と宣言したんだ。それなのに、子どもたちは、私を愛することをやめなかった。やめるどころか、事件の前と変わらず、愛し続けてくれた。今日まで私が生きてこれたのも、子どもたちの愛情があったからだ」

そう言うと、ジョージは大きく息を吸った。

「仮に私が犯人だったとしよう。私が処刑されたところで妻は戻ってくるかい?」

ジョージは教室をぐるっと見渡した。

「答えはノーだ。妻の命は一万人の命を奪っても償いきれないぐらい、かけがえのないものだった。私が妻を殺した殺人犯だったとしても、子どもたちにとって父親であることには違いない。ということは、子どもたちは母親を失っただけでなく、死刑によって父親も失うことになるんだ。何の罪もない子どもたちは、父親の死刑ということによって、また新しい心の傷を背負って生きていかなくちゃならない。死刑は何も解決しないだけじゃなくて、問題を増やすんだってことに気づいたんだよ」

ここで、教師が生徒たちに死刑に賛成かどうかを問いかけた。三分の二近くが賛成に手をあげた。まわりに目をやり、めんどくさそうに手をあげる者、戸惑いながら手をあげたりさげたりする者、自信満々に堂々と手をあげる者と、ひとくちに賛成とはいっても、反応はさまざまだった。

次に、教師はジョージに質問を投げかけた。

「今ここに犯人が現れ、あなたの目の前に銃があったらどうしますか?」

ジョージは、小さく息を吸い込み、少し間をおいてから答えた。

「撃ち殺してしまうかもしれない……妻を殺した人物だと確信し、銃が手元にあれば、突発的に撃ってしまうだろう」

とまどった表情を浮かべる者、うんうんとうなずく者、生徒たちのさまざまな反応を見ながらジョージは問いかけた。

「私のそんな気持ちは皆理解してくれるよね。でも、本当にそんなことを実行したらどうなる?」

「犯人がしたことと同じことをくり返すことになる」

ある男子生徒が答えた。そしてその声をさえぎるようにして脇から興奮した声が聞こえた。

「でも、でも、あなたの身に起こった悲劇に対して、仕返ししたいと思わないの?あなたはその犯人のために大変な人生を送ったんでしょ」

それは、黄色いシャツを着た女子生徒で、なんとなく私も気になっていた子だった。ジョージの話に真剣に聞き入りながらも、彼の話に納得がいかず苛立っている感じで、始終爪をかんでいる姿が印象的だったのだ。

「あなたの妻の命を奪ったヤツよ。だったらそんなヤツの命なんて奪って当然じゃない?」

「でも、殺人犯と同類にはなりたくない。もし、感情的になってそいつを殺したら、自分の大切な部分を捨てることになる。犯人と同じレベルまで下がってしまう。私にとって、殺人というのは「もし事件が起こったならどうする？」という架空の物語ではないんだよ。現実に起こった出来事なんだ。目を閉じると殺人の現場がありありと浮かび上がるんだ。ほとんど毎晩のように犯人の声が聞こえるし、覆面をした男の目がちらつく。その目を見たくなくて、逃げ出したくなる」

力を込めてジョージは語る。怒りと憎しみの混じった、複雑な表情だ。

「もちろん犯人に公正な裁判や処遇を受けさせたいよ。でもそれは死刑とは違うんだ。私の体験からいっても、「殺す」ことは最悪の行為だ」

ジョージは丁寧に答えた。しかし興奮気味の生徒は続ける。

「でも、妻を殺した犯人と知りながら、何もしないなんて……」

生徒は言葉を詰まらせた。ジョージは彼女のほうにゆっくりと近づきながら、優しく問いかけた。

「事件から一一年たった今、もし私が銃を取って犯人を撃ち殺したら、どうなると思う？　正当防衛になるかい？　一一年前の復讐なんだよ」

「殺人犯ね……」

生徒はそう口にした言葉を打ち消すように、激しくジョージに食い下がった。

「もし、犯人があなたにしたことを悔いていないなら、なぜ、なぜ、犯人のことまであなたが気にかける必要があるのよ。人の命を奪ったヤツよ。生きる権利なんてないわ。

再び犯罪を犯すかもしれないじゃない。刑務所で暮らすことを苦にもしないヤツかもしれない。なぜそんなヤツらにチャンスを与える必要があるのよ！」

ジョージはうんうんと彼女の言葉に大きくうなずいた。そして視線をクラス全体に移しながら、声を振り絞り、訴えかけるような表情で語った。

「もし、犯人が今目の前に現れたら、私がそいつを殺さないように、私を抱きしめてほしいんだ。私を「殺人」という行為から、救ってくれよ」

しばらくのあいだ、沈黙が続いた。彼の言葉の重さを、一人ひとりが受けとめようとしているように見える。

ジョージは続けた。

「なぜ、殺す必要があるんだろう？」

「目には目を、歯には歯を」

教室の後方から他の男子生徒がつぶやいた。そして、その言葉にかぶさるように、黄色いシャツを着た女子生徒が再び口を開いた。

「苦しませたいからよ。意地悪な子が私に優しくすると、いじめ返したくなる」

顔をゆがめながら、憎々しそうに続けた。

「もっと苦しませてやりたくなる。私がつらい思いをした以上に、もっと、もっと、つらい思いをさせてやろうと思うわ」

「でも、殺す必要なんてないだろう？」

間髪を入れずにジョージが問いかけ、続けた。

「殺人を犯した人間に対しては、終身刑という手だってある」

「そんなヤツ、生きる資格なんてないわ」

「でも、一生刑務所から出てくることができないとしたら？　殺さなくとも私たちの安全は守れるだろう？」

「……」

「世の中複雑な問題だらけなのに、「死刑」なんて安易すぎやしないかい？　「殺しておしまい」なんてね」

「……あなたは、犯人の目を見つめて、彼のしたことがあなたたち家族をどんなに苦しめたか話せる？」

「わからない……。できないかもしれない」

「あなたがどんな思いで生きてきたかを話せば、少しは犯人を苦しめられると思わない？　どうすればあなたの気持ちは晴れるの？　もし生かしておくとしても、何かうんと重い罰を与えるべきよ。終身刑といったって、刑務所でのうのうと食事して暮らすだけじゃない……。命を奪う以外に、どんな方法があるっていうの？」

ジョージは再びうなずきながら、深く息を吸い込んだ。そして、生徒たちのほうに歩み寄りながら、一人ひとりに語りかけるように説明した。

「加害者は働いて、その収入を生活費にあてたり、被害者遺族が回復するための費用にあてたりしてほしい。政治家はリップサービスだけで、実際は何もしてくれない。妻シャーリーンの死に対して、見舞金すら支給されなかった。カウンセリングや心理療法を遺族は必要としているんだ。被害者の補償と教育プログラムに力を入れることによって、犯罪者を生み出しにくい社会を形成することにつながると思うんだ。もし犯罪者を殺してしまうだけなら、私たち被害者は何を得ることができるだろう？　犯罪者を生かすことによって社会に貢献させることだってできるはず。ドブに金を捨てることはやめて、遺族である私たちを救済してほしい」

手があちこちであがった。ジョージは目の前に座っている黒人の男の子を指した。

「メディアは犯罪者を悪魔のように報道している。もっと人間的な報道をすれば、アメリカの死刑に対する態度も変わるんじゃないかな」

その男の子の言葉に、ジョージは「そうだよね」と相槌をうち、次のように続けた。

「ところで、皮膚の色で、死刑になる確率が左右されることを知っているかな？　君は黒人だから危ないよ」

生徒は目をぱちくりさせ、両手で顔を覆い、身をすくめるおおげさなジェスチャーをした。それまで張りつめていた糸が切れたかのように、教室はドッと笑いでわいた。

「私は白人だから死刑判決を免れたと言ってもいい。実際、ほとんどの裁判では、陪審員の九〇％以上が白人なんだよ。「死刑にしろ」と同じ人種に対しては言いにくいものだ」

それまでなげやりに頭を伏せていた別の黒人の生徒も、ゆっくりと顔をあげ、ジョージの言葉に耳を傾けていた。

「死刑は人種差別の構造をそっくりそのまま反映しているんだ。死刑が一九七六年に再開されてから、この国で死刑になったケースを調べてみるとよくわかる。たとえば死刑になったケースの八〇％以上が、白人を殺している。被害者が黒人やヒスパニックといったマイノリティーの場合、死刑にならない確率が高い」

ジョージは急に関心を示し始めた黒人の生徒のほうに身体を向け、語りかけた。

「同じ状況で君が殺されても、犯人は死刑にならないのに、白人が殺されると死刑になるなんて、変だと思わないかい？」

その生徒はジョージの言葉に何度もうなずいた。

「これ以上苦しめないで！」

その後も生徒たちからはさまざまな意見や質問が飛び交った。「殺人に対しては死刑以外の償いは考えられない」、「妻を殺された夫が死刑に反対だなんて薄情だ」と彼にくってかかる生徒もいた。そんな一人ひとりに耳を傾け、問いかけ、熱を込め、しかし威圧的にならないように気をつけながら、対話しようとするジョージの姿は、心に迫るものがあった。

九〇分の授業が終わりに近づいた時、ふりしぼるようなジョージの声が、教室に響きわたった。

「私の体験を、どうか見過ごさないでくれ。犯人に対する怒りや憎悪は、いまだに身体のなかに根深く残っている。そういうネガティブな感情は、拭いたくてもそう簡単に拭いきれるものじゃないんだ。同情してくれるなら、理解を示してくれるなら、今、目の前に犯人が現れたら、銃でなく、君の腕をまわして、私を抱きしめてほしい。新たなる犯罪から、私を守ってほしい。私をもうこれ以上苦しめないでほしいんだ！」

苦渋に満ちた表情、そして懇願するような視線。それまでむきになってジョージに抵抗していた女子生徒も、一心に語るジョージの姿に、放心したように見入っている。誰も何も言わず、教室は静まりかえっていた。

突然、授業の終わりを知らせるベルが、けたたましく鳴り響いた。生徒たちはその音で、ようやく現実の世界に引き戻されたような表情になった。そして、それぞれがバックパックを背負い、教室を出ていき始めた。ジョージは教室のドアに立ち、その一人ひとりに手を差し出し、握手を求めた。興奮しながら感想を言う生徒、サンキューと短く礼だけ言う生徒、とまどった表情のまま立ち去る生徒と、反応はさまざまだった。生徒たちが帰った後、ガランとした教室では、ジョージとサポーターの若い男性がしっかりと抱き合っていた。このような光景は、ジョージが訪ね歩く先々で見られた。教会、学校、地域の集まり等で、つらい過去をくり返しさらけ出す姿は、勇敢でもあり、痛々しくもあった。語るたびに消耗しきり、誰かと抱きしめ合うことでエネルギーを供給し、再び講演に臨む。そんなふうに見えた。

刑務所で負った傷

九月二六日、「ジャーニー」の参加者たちは、グリーンビル刑務所を訪れた。ここには死刑執行をおこなう刑場があり、バージニア州の死刑はすべてここでおこなわれる。この刑務所前で、死刑執行に反対するデモが予定されていた。

参加者たちは、二〇メートルほどの細長い横断幕を広げ、芝生の上に置いた。黒い布には「合衆国における死刑執行を停止して！」と白い文字が書かれてあり、アメリカの国旗があしらわれていた。近くに寄ってみると、その白い文字のところに、名前が書き込まれていた。それは、すでに処刑されてしまった死刑囚達の名前だった。そして、私の目は、後尾から二番目に書かれた名前に釘付けになった。

Douglas F. Wright（ダグラス・F・ライト）

オレゴン州で死刑が執行された死刑囚の名前。それは、布にマジックで書かれた単なる名前にすぎない。しかし、執行日に刑務所近辺で取材をした私にとっては、妙にリアルで胸にこたえる、重たい文字だった。

刑務所前に到着してから、ジョージの様子が急におかしくなった。まず、表情がいつになく堅く、眉間にしわを寄せ、怒っているように見えた。間もなくして、二メートルぐらいの間隔を直線的に行ったり来たりしていることに気がついた。なんだか容易に話しかけられない、緊迫した雰囲気を漂わせていた。ジョージは刑務所にいた時のことを思い出している。

そんなことに気がついたのはしばらくたってからだった。医者でも学者でもない私の目に明らかなほど、ジョージの動揺ぶりは露呈していた。

かつてジョージは無実の罪に問われ、縦二・七メートル、横一・八メートルの小さな房のなかに閉じこめられていた。その頃、小さな房のなかを行ったり来たりするのがジョージの日課だったと聞いていた。

ジョージも、テレビドラマや映画のモデルとなったサム・シェパードと同じように、PTSDと診断されていて、事件当時のトラウマと、刑務所に無実で入れられた時のトラウマが混じり合った症状が出ると聞いていた。二、三カ月前にも、スーパーで風船の割れる音がしたとたんに床にひれ伏して、しばらく動けなくなってしまったと言っていた。それは事件の時聞いた銃の音が身体にしみついている証で、バーンと風船が割れた音で身体が事件を再体験し、無意識のうちに反応してしまったからだと、後日訪れた病院で、精神科医に指摘されたという。

「ジャーニー」の発案者であるビル・ペルケや父親が死刑判決を受けたことのあるサム・シェパードはそんなジョージの状態をよく把握していた。そしてジョージを気づかい、肩に優しく腕をかけたり、抱きしめたりしていた。そんな時、ジョージは彼らに身をまかせ、ボーッと遠くを見つめるような遠い目をしていた。

これは後にサムから聞いてわかったのだが、「ジャーニー」では毎年死刑執行場の前でデモをおこなっており、そのたびにジョージはかならず落ちつきをなくし、目に見えない直線の上を行ったり来たりという状態に陥っていた。そしてサム自身もそんなジョージの気持ちがわかると言った。

「僕の場合、なんともいえない怒りがこみあげてくる。父さんがやってもいない母親殺しの件で死刑を宣告され、刑務所に服役していた頃の感情なんだ。刑務所に父親を取られてしまったと感じていたから。ジョージもきっと子どもに会えない苦しみとか、無実の罪がはらせない苛立ちとか、いろんな感情が蘇るんだと思う」

その日、感極まって皆の前で嗚咽し始めたジョージを、サムはぎゅっと抱きしめ、ポンポンと背中を軽く叩き、「苦しいよな、大変だよな、泣いていいんだ」と優しく声をかけていた。

刑務所前のデモが終わると、ジョージは逃げるようにしてその場を立ち去った。一方、サムはその場を去ろうとしなかった。誰もいなくなった刑務所のゲート前に、いつまでもたたずむサム。その姿は痛々しく、彼の負っている傷の深さを思わせた。

刑務所前でのジョージやサムの姿は、愛する人を殺された、という事件そのものだけでなく、事件後に受けるさまざまな二次被害の重さと根深さを物語っていた。

息子トム

ジョージの息子トムは、「ジャーニー」の三番目の拠点になる、バージニア州リンチバーグに暮らしていた。トムはリンチバーグ大学の大学院で教育学を学んでいて、数日間だけ「ジャーニー」に加わることになっていた。トムは、父親よりも背が高く、笑顔を絶やさず知的で誠実そうな、非のうちどころがない二三歳の青年だった。事情を知らないで彼と出会ったなら「さぞかし幸せな家庭で育ったのだろう」と思ったに違いない、彼にインタビューをさせてもらった。

「父さんが初めて「ジャーニー」に参加するって聞いた時、僕はそんな奇妙なイベントはゴメンだと思ったんです。どうせヒッピーみたいな連中が「死刑反対！」ってヒステリックに叫んで歩くんだろうとバカにしてましたから。でもちょっと様子を見てみようと思って父さんについていったんです。

初日に参加者たちと話してみて、自分がまちがっていたことにすぐ気がつきました。僕や父さんと似たような境遇の人ばかりで、彼らの気持ちが手にとるようにわかり僕も自然に自分のことを語り出していました。こんな体験は初めてでした。今までこんなに自分を理解してくれる人に出会ったことがなく、驚いたし興奮しました」

その年はさすがにおじけづき、大勢の前でスピーチをすることはできなかったが、父親が語る姿を見て励まされたという。そして気がつくと、結局二週間全部を通して参加していたのだった。

ジョージと子どもたち．左がトム，右がクリスティー(提供：George White)

トムにとっても父親のジョージと同様、事件の日の記憶は鮮明だ。

ドンドンドンドンドン。トムの記憶は、警察官が祖母の家のドアを叩くけたたましい音から始まっている。彼は警察官と祖母が玄関口で話す姿を見て、両親の身に何かあったことを察した。そして、間もなく祖母から両親が撃たれたことを聞かされる。トムは言い表しようのない不安と恐怖に包まれた。

トムが祖母の家から自宅に戻ってみると、両親の知り合いが大勢集まっていた。彼は一目散に自分の部屋へ駆け込んだ。しばらくして伯母が部屋に入ってきて、母親が殺され、父親が病院にいることを知らされた。

「僕はどうしていいかわからなくなった。まだほんの子どもだったし、両親が世界で一番好きだったから……それに、妹のクリスティーはまだ五歳だったから、「彼女が傷つくことから守ってやらなきゃ」という思いに駆られた」

この時から、妹思いのトムはクリスティーのことを真っ先に考えるようになり、自分の感情はシャットアウトするようになる。

「事件から五年間ぐらいは、自分の気持ちを他人に話すなんてできなかった。カウンセリングを受けさせられたりもしたけど、自分が事件についてどんなふうに感じているかなんて、まったくしゃべらなかった。話すべきじゃないと、どこかで思い込んでいたんだ。

事件が起こった時、大人たちは僕やクリスティーが新聞を見ないようにとすべて隠していたようだった。でも僕はできる限りのものを探しあてて読みあさったよ。毎日図書館に行ってすべての新聞をチェックしたし。だから事件については新聞から知識を得たんだ。まさか父さんが犯人だなんて思ったことはなかった。覆面をかぶった強盗殺人犯を警察はちゃんと探してくれているものだと思っていた」

そして事件から一年半後の夏、父親が逮捕された。

「父さんが逮捕された日、おばあさんに連れられて、僕とクリスティーは映画に行ってたんだ。警察が家にやって来るのを子どもの僕たちが目撃しなくてすむように配慮してくれていたんだと思う。映画から帰ってきて初めて「あなたのお父さんはお母さんを殺した罪に問われて逮捕されたのよ」っておばあさんから聞かされた。僕は落ち込んだよ。父さんが疑われているなんて、これっぽっちも気づいていなかったから。何を信じていいのかわからなくなってパニック状態になった」

そしてトムのもとに母親の兄にあたる伯父がやって来た。父親のジョージが犯人であることはまちがいない、という説明を受ける。

「最初の二、三時間は、父さんを殺したいと思った。ものすごいショックを受けて、しばらくはパニック状態だった。でも、その夜一人になって冷静に考えてみたら、そんなことありえないって思えるようになってきた」

その後妹と別々の親族に引き取られ、別々の生活を送った。

「今はごくふつうの学生生活を送っているよ。もちろん、落ち込むことはあるけどね。特別な日、たとえば母さんの誕生日とかクリスマスのような祝日はね、気分が沈んでしまうんだ。自分の感情をどこかへ置き去りにしてしまったような、もぬけの殻状態になったり、無性に哀しくなったり……。実は、一週間前の八月一四日が母さんの誕生日だったんだけど、その前後はちょっとときつかった」

トムは言葉をつまらせた。ふつうの家族にとって楽しいはずの誕生日や休日は、被害者遺族であるトムにとっては失ったものの大切さを思い起こさせる、残酷な時間にすぎない。

「今になってみると、もっと違ったかたちで自分の気持ちに向かい合えればよかったと後悔してる。もっと自分の感情を表現して、感じていたことに素直になっていれば」

トムは肩を落とし、何度も息を吸ったりはいたりした。事件直後のことを思い起こしているようだった。

「外に誰か立っていて見張られているような、そんな恐怖感にずっとさいなまれてきたんだ。何年ものあいだ、夜は恐くて恐くてなかなか寝つかれなかった。いまだにあれは現実だったのか、それとも僕の妄想だったのかわからない」

トムは事件によって、トラウマを抱えることになってしまった。

「まわりの人たちは事件当初はとても同情してくれて、僕やクリスティーを支えようとしてくれたけど、父さんが逮捕されたとたんに態度を豹変させたんだ。「お前の父さんが犯人なんだろう」って面と向かって言われることもあったけど、たいていの場合、僕に直接言うんでなく、僕と仲のいい友人に陰口をたたくんだ。「お前の友だちのトムは殺人犯の息子だぜ。そんな奴とつきあうのか」って。そんなことを聞くと腹が立ったけど、無視することにしてた」

トムは視線を宙に浮かせた。

「子どもの頃はもし自分が事件現場にいたらって考えた。ひょっとしたら母さんを助けることができたかもしれないってね……。何もできるわけないのに。自分が事件現場にいなかったからあんなことになったなんて思ったりして、罪の意識にさいなまれていたんだ」

ジャーナリストのシュロッサーは、遺族のなかで一番大きな打撃を受けるのは子どもだ、と断言する。悲劇の後、子どもたちがすぐに回復するというのはまったくのデタラメで、子どもたちの哀しみは何度もくり返す傾向にあるという(2)。

「ジャーニー」の参加者のなかに、子ども時代に受けたトラウマの深刻さを垣間見ることがあった。サム・シェパードだ。トムやクリスティーと似た境遇にあり、七歳の時に母親を殺され、父親がその犯人に仕立て上げられて死刑を宣告されるという過酷な子ども時代を送った被害者遺族、かつ死刑囚の家族だったこともある。そのサムが急に叫び出し、子どものように泣き出す、という場面があった。

その日、キャンプ場のキッチンに紙が張られ、そこには次のようなことが書かれてあった。

「男性の皆さんへ——女性はあなたたちの「お母さん」ではありません。食器類を洗ったり、後片づけをすることを、私たち女性に期待するのはまちがいです。自分自身でちゃんとやって下さい」

なんてことない張り紙だ。「お母さん」の文字が大きく誇張して書かれてあり、書いた側がかなり男性に対して腹を立てていることがうかがえるぐらいで、私はサムが叫び始めるまでその存在にすら気づいていなかった。

「何が「お母さんではありません」だ！　僕には食器を洗ってくれるお母さんも、後片づけをしてくれるお母さんもいなかったんだ。そんなお母さんなんて、僕にはいなかったんだ！」

サムはその張り紙に手を伸ばし、同じことを何度もくり返し叫びながら、ビリビリに破いた。破いた紙は床の上に散らばり、彼の叫び声はやがて泣き声に変わっていった。ジョージやビルがサムのところに駆け寄り、彼を抱きかかえるようにして、サムの怒りをなだめようとしていた。まわりの人は驚きの表情を浮かべながら、黙ってその様子を見守っていた。

正直、私も驚いた。最初はなぜサムが興奮しているのかよくわからなかったが、そのうちに、サムが自分自身の子ども時代を思い起こし、その時の感情を再体験していることに気がついた。後日、ビルやジョージとも、そのことが話題にのぼったが、二人とも、「サムがあんなふうに取り乱したのは、初めてのことではない」と言い、「トラウマの表れであるにちがいない」と認めた。

トムの目に映った父親

トムに、現在の父親の状態について聞いてみた。

「かなり回復したよ。いろんな意味でね」

トムは感慨深げに答えた。

「刑務所から出てきた当初なんて、笑顔ひとつ見せず、まるで赤の他人を見ているようだったよ。いつも、何か考え事をしているようだった。どこか遠くを見つめているような感じで、心をどこかに置き去りにしてしまったようだった……。戦争から戻ってきたばかりの帰還兵の写真集を見たことがあるけど、彼らは宙を見つめているような遠い視線なんだ。父さんも帰還兵そのものだったよ」

父親と再び暮らせることを心のよりどころにしていたトムにとって、変わり果てた父親の姿は大きなショックだった。

「釈放されてからの父さんは、いつも哀しそうだった。僕ら家族といっしょにいることはうれしそうだったけど、「生きる屍」って感じなんだ。そのうちに、ものすごく情緒不安定になった。ボーッとしているかと思うと、しくしく泣き出すし、ちょっとしたことで苛立ったり、家のなかをグルグル歩きまわったり。母さんが生きていた頃とはまったく違う人物になっていた」

そして、そんなふうにしたのは刑務所のせいだとトムは言った。

「刑務所での生活が父さんを少しずつ、抹殺していったんだと思うよ。父さんのエネルギーや人生そのものをむちゃくちゃにしてしまったんだ。ここ二、三年、父さんはようやく自分を取り戻し始めたんだと思う。でも、まだまだ回復しきってはいない」

トムの部屋の壁には、古ぼけた白黒のピンナップ写真が飾られている。水着姿の女性がほのかな微笑みを浮かべ、ポーズをとって立っている。まるで昔の映画スターのようだ。

「母さんの写真だよ。僕が昔から気に入っていたもので、父さんがクリスマスプレゼントにって、引き延ばして額に入れて贈ってくれたんだ。僕の宝物だ」

トムはうれしそうに言い、しばらく無言でスナップ写真をながめていた。

「父さんは事件について罪の意識を背負い込んでしまっているんだよ。もっと楽になる必要がある。父さんの責任で母さんが死んだわけではない。起こってしまったことは変えられない。仕方ないと思って前に進むべきなんだ。父さんにはまだまだ人生が続いていく。今はまだ落ち込んでいて仕事らしい仕事もしていないけど、母さんだって父さんが元のように明るく前向きに生きることをのぞんでいるはずだ」

トムはそう言うと、やるせなさそうな表情を浮かべた。

この日、トムは大学のキャンパスを案内してくれた。もうすぐ一〇月だというのに、夏のような強い日差しが照りつけ、せみの声がミンミンと騒がしかった。私たちは比較的人通りの少ない木陰を探し、芝生の上にじかに座った。

「完全に癒されることなんてないと思う」

トムがかみしめるように言った。その奥で、せみが急にけたたましく鳴き始めた。

「事件は僕にとって重すぎる。心の傷は一生なくならないよ。ただし、生きていくことそのものが癒しのプロセスだと思うようになった」

長い沈黙が流れ、トムは続けた。

「僕はまだ事件に終止符が打てない。誰が母さんを殺したのかわかっていないから……」

トムは顔を下に向け、頬をつたう涙をぬぐった。せみは鳴きやみ、遠くのほうから学生たちの声がかすかに響いてくる程度の静けさだった。そのなかでトムは小刻みに身体を震わせ、嗚咽していた。そして突然顔をあげ、こう言った。

「今でも犯人を捕まえたいと思うよ。国を信用していたのに……その国に、僕らの家族はむちゃくちゃに扱われたんだ。そのことに気づくのはつらかったよ」

せみが再び鳴き始めた。その鳴き声は、しだいに激しくなっていくトムの嗚咽をかき消すかのように、けたたましくなっていった。

しばらくして、「裁判のことはもう忘れたい」とトムは言った。

「だって父さんは無実なんだし、法的にも証明されたんだから、いつまでも事件にしがみついていたくない。僕たちに必要なのは癒されること。そして、親戚どうしの関係が元通りになること」

トムに夢は何かと聞くと、少し考えて、次のように答えた。

「バラバラになった親族一同を、ひとつの部屋に呼び寄せたい。「ジャーニー」に参加してそう思うようになったんだ。最近、この思いがどんどん強くなっていく。母方の兄弟とおばあさん、そして父方の家族全員を集めて、裁判のことは忘れて、どんなに苦しかったか、つらかったかというそれぞれの気持ちを語り合いたいんだ。でも、プライドや意地がじゃまして、そんなことは嫌だと皆に反対されてしまうんだろうな。誰でも間違いは犯すのに、それを認めたがらないからね。でも、いつか実現させたい、親戚どうしが和解することを」

娘のクリスティーにとって「ジャーニー」に参加するのは初めてのこと。フロリダの親戚のもとに暮らし、高校三年生でクラブ活動も忙しい彼女は、週末だけの参加を予定している。ジョージとトムがリンチバーグの飛行場に駆けつけた。

九月二七日、午前一〇時三〇分頃、小さなプロペラ機が着陸した。一瞬ジョージとトムの顔に笑顔が浮かび、クリスティーが無事到着したことを確認する。二人とも、九カ月ぶりの再会に胸をときめかせている様子だ。髪の毛をポニーテールにした背が高くてスラッとした少女が現れた。久しぶりの再会に少々照れながら、笑みを浮かべ、ジョージとトムのほうに向かって歩いてきた。そして、二人に抱きしめられながら、額にできた青アザに手をやり、バレーボールの試合でボールが頭に当たったことを笑いながら報告していた。ジョージは心配そうにそのあざに手をやり、トムは「しょうがないな」と笑っていた。

それは、ごくふつうの親子の光景だったが、ジョージと子どもたちの苛酷な過去を知っていただけに、私の目にはとてもあたたかく特別な光景として映った。

ごく親しい人を除いてクリスティーのまわりで事件を知る人はあまりいない。むろんクリスティーはメディアにも登場したことはないし、まったくの他人である私に事件を語ることは並大抵のことではない。無理強いはしないという約束で、話を聞くことを承諾してくれた。

インタビューをおこなう日、長い髪の毛を後ろに束ね、つばのついたキャップを深くかぶって現れたクリスティー。かなり緊張しているようだった。キャンプ地から少し離れた静かな池のほとりで、話を聞くことにした。

母親が生きていたら今頃どうだっただろう。そんな空想に浸ることが多いという。事件に関する記憶は断片的で、空白だらけのジグソーパズルのようだという。

「覚えていることといえば、私がお兄ちゃんの腕に抱きしめられていて、お兄ちゃんも私も二人とも泣いている姿。私は幼かったから事件についてほとんど説明されたこともなくて……五歳だったから……わからないことがたくさんあった。どうしてお父さんが連れていかれたのかとか。わかったのはお母さんが殺されてしまったということだけ。でも、それだってずいぶん後になって知った。皆私には黙ってたから、実際起こったことはわかっていなかった」

一つひとつの言葉を選びながら、なんとか自分の思いを表現しようとしている姿は、父親のジョージや兄のトムに通じるところがあった。

クリスティーにとっては、友だちになぜ両親がいないのかと聞かれるのが一番つらかった。事件について説明せざるをえなくなるからだ。そのたびに、母親が殺されたこと、父親が逮捕されたことなど、消し去ってしまいたい記憶が蘇り、苦しんだ。そのうち「母親は病気で死に、父親は仕事の都合で他の州に暮らしている」と答えるようになっていた。

「自分が感じたことや思ったことは外に出さないように心がけていたの。気持ちは心のなかにしまっておいて人に話すべきじゃないと思ったから。それで話せる相手がいなかった。自分のなかにはいろんな感情が渦巻いていたんだけど……部屋に閉じこもって、ベッドにうずくまって泣いてばかりいた。だから自分の感情というものにちゃんと向かい合ったことがなかったの。成長した今、やっと閉じこめておいた感情が出てき始めた感じ……。今のボーイフレンドとは二年近くつきあっているんだけど、彼にだけはそのことを話せるようになった。とても辛抱強く話を聞いてくれるし、受けとめてくれるから。こうなるまでにはずいぶん時間がかかったけど、今になってあの頃の感情が突然噴き出し始めた感じなの。以前よりも事件を語ることがつらくなってきたわ。それがなぜなのかはわからないけど……」

時が心の傷を癒すとは一概には言えないようだ。とくにクリスティーの場合、事件当時幼かったこともあって、うまく感情を表現できずにきてしまったということが大きく影響しているように思われる。

「昔は実際に何が起こったのか理解できていなかったから大変だった。まわりも幼い私にどうやって説明したらいいのかわからなかったんだろうと思うわ。わからないからこそ事情が複雑だった。ほとんど毎日悪夢を見ていたの。誰かが私を追いかけてきて、ママもそこにいて……毎日夢にうなされるもんだから伯母さんといっしょに寝てた。パパがいる時はパパといっしょに寝てたと思う。だって、ものすごく恐ろしかったんだもの。それで医者に通ったりもした。一年ぐらいセラピーを受け続けて、ようやく悪夢からは解放されることができたの」

死刑についてはどう思っているのかを聞いてみた。

「私は死刑を信用してないの。確かに犯人は母さんを殺したわ。でも、処刑されて人生を一瞬にして終えてしまうよりも、刑務所に一生入っていたほうがもっと苦しいことだと思うの。父さんが刑務所から帰ってきた時のことが忘れられなくて……。父さんをあんなふうに、まったく別の人みたいにしてしまったところだから、よっぽど大変なところだと思うのよ」

事件について人前で語ることをどう思うか、という質問には少し考えてからこう答えた。

「今はまだ人前では語れないけど、語ることは大切だと思う。あの頃の自分を見つめ直すためにも、それから、私たちの家族が抱える傷を癒すためにもね……」

親と子にとっての「ジャーニー」

九月二八日、ジョージが教会で講演することになっていた。二人の子どもたちの目の前で、事件についてスピーチをするのは初めてだ。緊張気味のジョージが舞台にあがった。そして、静かに語り始めた。

「暗闇に浮かぶ顔。私は今でもはっきりと思い描くことができます。そしてそれは、私とトムとクリスティー、三人にとっての悪夢の始まりでした。

　事件から一年と六カ月後、妻殺しの件で私は第一級殺人犯として起訴されることになりました。それから一年と二カ月たって、実際の裁判が始まりました。そこで真実がすべて明らかにされると、私は信じきっていました。しかし私はまちがっていました」

　クリスティーは父親の言葉を一言も聞きもらさないように、必死で聞き入っているようだった。トムはそんなクリスティーを心配そうに見つめている。

「私は死刑を求刑されました」

　ジョージの声が教会のなかに響いた。

「無実が証明されるまでの二年半を、アラバマ州の刑務所で過ごしました。正義を求めていた私は希望を失い、絶望し、人生を呪い、憎みました。その間、娘や息子がどれほど苦しんだか私には想像も及びません。母親を失ったうえに、父親までが犯人だと州政府に宣告されたのですから。

　しかし、子どもたちは私にかけがえのない贈り物をしてくれました。こんな私を愛し続けてくれたのです。私はそれに応えるほかありませんでした」

クリスティーの目からは大粒の涙がツーとこぼれ落ちた。そしてトムは唇をかみしめ、必死で涙をこらえながら、クリスティーを自分のほうへ引き寄せた。その姿は、事件以来兄を頼ってきた幼い妹と、彼女の前では強くあろうと自分の気持ちをおさえ続けてきた少年のトム、そのものに見えた。

「暗闇は私たちにとって悪夢です。そんななかで生き続けたくはありません」

シンと静まりかえるなか、ジョージの声が響いた。そして一息おくと、ジョージは続けた。

「目を閉じてください。私たちは今、暗闇のなかにいます。暗闇のなかでは何も見えません」

皆が目を閉じたのを確認すると、ジョージは手招きして、トムとクリスティーを舞台にあげた。そして、ジョージは二人の肩に腕をまわすと、声をあげた。

「暗闇から出て、目を開けてください。今です！

皆さんにご紹介します。愛する人を記憶にとどめておく方法を。トムとクリスティー、二人は妻の形見です。妻の姿です。

私たち親子は声をそろえて言いたいのです。私たちのためにも、もう血を流さないで下さいと」

ジョージはトムとクリスティーを強く抱き寄せた。目からはポロポロと涙がこぼれ落ちている。会場からもすすり泣きが聞こえてきた。

そしてジョージは次の一言でしめくくった。

「妻シャーリーンは美しかった」

拍手がわき、三人はしばらくのあいだ、舞台の上で抱き合って泣いていた。

事件に関する体験談を一〇〇人近くの聴衆に向かって語る父親の姿を、クリスティーは初めて目にし、どんなことを思ったのだろう。帰り際、それとなく聞いてみると、クリスティーはためらいなく答えた。

「心から父さんを誇りに思った。事件のことを思い出しちゃうから、スピーチを聞くのはとてもつらかったけど……。いつか私もあんなふうに、堂々と人前で語れるようになりたいな」

クリスティーは翌日フロリダに帰ることになっていた。

「次に父さんと会えるのはクリスマス。いっしょにいられるのはほんの二週間だけど、とても楽しみ」

薄暗いオレンジの外灯がともる教会の駐車場。そのなかに、ジョージの家族は消えていった。

事件はジョージの一家から、多くのものを奪った。「ジャーニー」で一家が共有した時間は、そんな失ったものをひとつずつ取り戻すための、あるいは失ったものに代わる何かを得るための、試みでもあるのだろう。寄り添いながら歩く、ジョージや子どもたちの後ろ姿を見送りながら、私は家族が回復していくひとつの過程に立ちあっているような気がして、胸があつくなった。

（1）田崎英明（一九九八）「死刑をめぐって」『歴史とは何か――出来事の声、暴力の記憶』共著（崎山政毅、田崎英明、細見和之）、河出書房新社、一八四ページ。

（2）Schlosser, Eric (1997) A grief like no other, *The Atlantic Monthly*, Sept., p. 53.

Ⅸ 対話《ダイアローグ》

最終日のキャンプ場にて(著者撮影)

「なぜ、私にこんなことが起こったのか。なぜあなたには起こらないのか」という根本的な問いに答える力を、私たちはもたない。できることは、そう言わざるをえない気持ちに耳を傾けることだけである。

小西聖子[1]

連邦最高裁判所の前で

一九九六年一〇月四日、「ジャーニー」も残すところわずか二日。この日、「ジャーニー」はアメリカの首都ワシントンDCの中心街にある、連邦最高裁判所前でデモをおこなう予定だ。キャンプ場からおよそ一時間かけて、一〇台ほどの車がハイウェイに、列をなして走った。

「ヘイヘイ、ホーホー！　死刑制度なんていらないよ！」

午前一〇時、一〇〇人を越える人々が裁判所前に集まり、円を描き、ぐるぐるとまわりながら、軽やかなリズムに合わせてシュプレヒコールをあげ始めた。

しばらくして、その人の輪から少し離れたところに、意外な姿が目に入った。「子どもを殺された親の会」というプラカードを持った、白人の女性だった。「子どもを殺された親の会」は、その名前からもわかるように、子どもを殺された親から成る組織で、アン・コールマンも娘を殺された直後に参加していた被害者遺族の支援団体だ。会員数はおよそ四万人。ＭＶＦＲの一〇倍以上の会員数で、全米に三〇〇カ所以上の支部を持つ影響力の強い団体である。会としては死刑については見解を持たないという立場をとっているが、比較的、死刑の支持派が多いことで知られている。テキサス州で死刑執行に遺族の立ちあいが認められるようになったのも、この会の会員が働きかけたからだということは、すでにⅡ章で述べた。

私は思い切ってその女性に話しかけてみた。死刑に賛成しているのか、と。

「もちろん、死刑には賛成よ。だからここにこうして立ってるの」

その女性は自信ありげに答えた。彼女はジュディス・ディクレンゾという四〇代半ばの女性で、娘を四年前に殺された被害者遺族だった。娘の事件への対応に納得がいかなかったジュディスは、議会に申し立てをするために、わざわざフロリダ州からやって来たのだと言った。そしてたまたま通りかかった最高裁判所の前でこの死刑廃止のデモを見かけ、黙って通り過ぎるわけにはいかなかったという。

「娘と二人の友人はレイプされ、残忍きわまりない方法で殺害されたのよ。軍服を着たわが国の軍人にね！」

ジュディスは憎々しそうに言った。

「ハリケーンの救援でマイアミに来て、事件を起こしたのよ。この日曜日で四年が過ぎようとしているのに、政府は何の対応もしてくれないのよ。事件に目を向けようとしない政府に私たちは交渉をしに来たの。犯人は司法取り引きまでして真新しい刑務所でヌクヌク暮らしてる。遺族である私たちは毎朝目が覚めると、棺桶から這いあがる思いなのに……。毎日が耐えがたく、ここにいる娘も同じ思いをしているわ」

そう言いながら、横に立っている娘に視線を移した。一四歳だという娘は、目をキッとつりあげ、口をキュッと結び、すさまじい怒りをただよわせていた。それは、長いあいだ蓄積されてきた怒りや苦しみ、そして哀しみのオーラのように思えた。私はその感情の凄さに圧倒されていた。

「復讐のためじゃないわ。こんな残酷な人間に対して、死刑以外に思いあたらないの」

ジュディスが言った。そしてこちらをキッとにらみつけるようにして続けた。

「犬が狂犬病にかかったら殺すでしょ。人間が殺人を犯したら罰する、これは原則。犯人は死刑にされて当然よ」

ふと気がつくと、数人の「ジャーニー」参加者たちがジュディスのまわりに集まっていた。ある男性は「僕も遺族なんだ。君の気持ちはわかるよ」と言い、ある女性は「怒りではなく、犯人を「赦す」ことが「癒し」につながる」と話しかけた。アン・コールマンもそのなかのひとりで、「怒りが息子を自殺へ追いやった」と自分の体験を話し始めていたが、かなり強い口調だったうえに、この状況でその話をいきなり持ち出すのは、唐突な気がした。

ジュディスはプラカードをギュッと握りしめ、ムッとしながらしばらくは聞いていた。しかし、途中からはほとんど無視するように顔をそむけ、何度か小声でつぶやいた。

「わかるわけないじゃない。私たちの苦しみなんて……」

その後も「ジャーニー」の参加者たちは、ジュディスを諭すように言葉を投げかけ続けていたが、ジュディスはそんな言葉を受け入れようとしているようには見えない。

ジュディスの反応は無理もない。私はそう思った。子どもを殺され、怒りに満ちている時に、「気持ちはわかる」だの「赦せ」だのと寄ってたかって言われても、単なる気休めやお仕着せにしか感じられないだろう。それは一方通行で、対話になっていなかった。正直言って、私はその場の雰囲気に違和感を感じた。思い起こせば、今回は、「ジャーニー」の参加者が、遺族という同じ境遇にありながらも、死刑に対しては意見を異にする人々と真っ向から向かい合う、という場面にあまり遭遇してこなかった。私はその場を少し離れ、ジョージの姿を探した。ジョージならジュディスと対話することができるかもしれない。そんな小さな期待を抱きながら。

少し離れたところに、二〇〇人ぐらいにふくらんだ人の輪ができていた。その中央では、アバがマイクを持ってスピーチをしていた。感極まって震える声がスピーカーを通して響いてきた。ジョージはそのスピーチに耳を傾ける人々の輪のなかにいた。

「ジョージ、「子どもを殺された親の会」の人が来ているんだけど」

私がそう言いかけると、すかさずジョージはこう返した。

「知ってるよ。そのまわりに私も少しのあいだいたから。でもね、あんなふうに言うのは酷だよ。見ていてかわいそうだった」

ジョージも私と同じように感じていた。

「あの人に対して私は何を言っていいかわからない。少なくとも、今あんな状態で話しかけることはしたくない」

きっぱりとそう言った。私の小さな期待は崩れたが、ジョージの言葉はもっともだと思った。結局、その日はジュディスが二日後の日曜日まで滞在する予定だというホテルの連絡先を聞くだけで終わった。しかし、この偶然の出会いを「ジャーニー」につなげることはできないだろうか、という思いが募った。

対話の始まり

最終日の一〇月六日、午前六時過ぎ、まだ薄暗いキャンプ場では、参加者たちが帰り支度を始めていた。アンはすでに前日の昼過ぎにデラウェア州へと戻っていったが、大半の参加者たちは、この日、キャンプ場から引きあげることになっている。

駐車場では、キャシーとドンが、コロラド州へ車で帰る娘のソンダと何度も抱き合いながら、別れを惜しんでいた。キャシーとドンはこれから三日もかけて、アリゾナ州まで運転しなくてはならない。

一方キャビンでは、まだ七、八人ほどが帰り支度をしていた。アバやジョージも、そのなかにいる。二人は起きたばかりの眠い目をこすりながら、寝袋をたたみ、カバンに荷物を詰め込み始めていた。アバは空港までの迎えを待ち、カリフォルニアまで飛行機で帰ることになっている。そしてジョージはこの後、サム・シェパードとともに、サウスカロライナ州で予定されている講演に向かうことになっていた。

大きなスポーツバッグをキャビンから運び出し、ジョージは外でタバコをふかしながら一息ついていた。そんなジョージに、私は「ジャーニー」を終えた感想を聞いた。

「また一つ、新しい場所に種をまいた。そんな気がしている。それは、何かが変わるための種なんだ。さまざまな場所で、私たちが持っている死刑や犯罪に関する知識を伝えたり、私たちの個人的体験や感情を共有したりっていうすべてが、状況を変えるための種になったはずだ。

もちろん、犯罪や暴力をこの世から完全になくすというのは無理なことだろう。でも、少なくとも、わざわざ制度としてつくり出してしまう暴力、すなわち死刑をなくすための小さなステップにはなったんじゃないかな。バージニアの「ジャーニー」は終わりを迎えたけど、私にとっての「ジャーニー」は、これからも続くんだ」

この日、死刑支持派で、やはり被害者遺族のジュディスがキャンプ場を訪れることになっていた。二日前、連邦最高裁判所の前に立っていた女性である。実は、最高裁の前でインタビューした翌日、ジュディスが宿泊しているホテルへ私は電話をかけた。そして「ジャーニー」の参加者が滞在しているキャンプ場に来てみないかと誘ってみたのだった。拒絶されることを予想し、ほとんど期待せずに言ってみたのだが、ジュディスは意外にも話をしてみたいと言ってきた。

「おもしろそうだわ。でも、私を洗脳して死刑反対派にしようとしても無駄よ。それより私と話し合っているうちに、「ジャーニー」のほうが死刑支持派になってしまう可能性のほうが高いと思うわ」

冗談まじりに、しかし自信ありげにジュディスは答えた。

電話の後、私はできることなら、ジュディスをジョージと引き合わせたいと思い、ジョージにもジュディスが訪問するかもしれないということは話しておいた。そして最高裁判所前では話したくないと言ったジョージが、落ちついた状況でなら、ぜひ話してみたい、と言った。ジョージなら、真摯に死刑支持派の遺族とも向かい合えるだろう。「ジャーニー」のしめくくりにふさわしい出会いになるかもしれない。私は二人の出会いをひそかに期待していた。しかし、二時間後には、ジョージの迎えも来てしまう。どうしても、その前にジョージとジュディスの出会いを実現させたかった。祈るような気持ちで彼女が訪れるのを待っていた。

午前八時過ぎ、タクシーがキャンプ場に姿を見せた。ちょうどジョージはキャビンの前でタバコを一服している時だった。

ただの殺人？

タクシーからは気持ちを高ぶらせたジュディスが現れた。ジョージは慌てている。ジュディスは挨拶もそこそこに、早口にまくしたてた。

「これが娘のジナよ。一二歳の時、友人が撮ってくれた写真を、私が鉛筆でデッサンしたものなの。どこへ行くにもこの絵を持ち歩いているわ」

ジュディスは私のほうに娘のデッサンを向け、挑戦するような鋭い視線を投げかけてきた。

ジョージはそのあいだにキャビンの近くにベンチを見つけ、ジュディスに腰掛けるようにすすめた。腰をおろしたとたん、ジュディスは再び挑戦的な口調で、ジョージを責めたてるように語り始めた。

「私は何も娘が死んだことに文句を言ってるんじゃないのよ。殺人が問題なのよ。死に方が問題なのよ」

ジョージは大きくうなずき、もっともだと言わんばかりに口をはさんだ。

「誤解しないでほしい。私はただ、あなたと話をしたいと思っただけなんだ。最初に言っておきたいんだけど……意見が違うとしても、愛する人を失ったという立場は同じだろう。あなたが経験している苦しみは、私も経験してきたと思う……」

「私も同感よ。奥さんは亡くしたの？　殺人で？　レイプ殺人？　それとも、ただの殺人？」

矢継ぎ早にジョージを質問責めにしながら、「殺人にただの殺人なんて表現あるかしら……」とジュディスは自分の投げかけた質問の矛盾に、自分自身が困惑しているようだった。そんな彼女を気遣って、ジョージは「気にしなくていいよ」と言った。

「強盗に襲われて殺されたんだ。妻は銃殺された。私自身も撃たれたけど、生き残った……」

ジョージがゆっくりと、言葉を飲み込むように答えた。ジュディスは目を見開いた。驚いた様子だった。

「あなた自身も被害者だったのね。単なる遺族ではなくて、生き残った被害者当人でもあるのね」

そして続けた。

「同じような体験を持つ人と話をするのは問題ないんだけど、知りもしないのにわかったようなこと言われたり、同情されたりすると、本当に腹が立つわ」

殺人に「レイプ殺人」と「ただの殺人」と無意識のうちにふりわけをしていたジュディスは、遺族に関しても直接の被害を受けて「生き残った遺族」と「単なる遺族」というふりわけをしているようだった。「あなたより私のほうがずっと被害が重いんだから」とでも言わんばかりだ。そんな態度をもジョージは包み込むように、黙って彼女の話を聞こうとしていた。

ジュディスは興奮し、とめどなく話し続けていた。そして娘の死体が発見された時の状態を描写した。

「叫んだ状態で口を大きく開け、そのなかには泥を詰め込まれていた。首には穴があけられ、血を抜き取られていたわ。身体には一滴も血が残っていなかった……。死体はズタズタだったのよ。表現できないほど無惨な死に方だった。彼女は私たち家族にとっての生き甲斐だったのに。彼女が存在しないなら私が存在しないも同然。娘と私は二人でひとりといってもいいぐらい仲がよかったから」

娘のジナは心が広く、誰に対しても優しく、聡明な子だったという。通っていた高校ではチアリーダーをつとめ、友人も多くて人気者。成績も優秀で、誰もがうらやむ自慢の娘だった。犯人はそんな娘との幸せな関係を、ある日突然、ジュディスから奪った。

「あと六日で一六歳だったのに……」

ジュディスはつぶやいた。

「娘さんはいつ亡くなったの？」

ジョージが聞いた。

「一週間前でちょうど四年を迎えたところ。昨日は娘の誕生日だったの。まったくひどい一週間よ」

怒りと失望が入り混じったような表情を浮かべ、ジュディスは大きく首をふった。そして再び、語気を荒げて次のように言った。

「娘は結婚することも家族をつくることもできないのよ。殺人犯にはごほうびを与えているようなものよ。人生をまっとうさせるという方法によってね。税金を市民が払って犯罪者を生かしているのよ。恵まれない生活環境のために、多くのお年寄りや子どもたちが命を失っているというのに、殺人犯はすべてを与えられているのよ。殺したから無料で暮らせるなんて、つじつまが合わないじゃない？」

死刑に対する立場

突然、ジュディスはジョージに向かって質問を投げかけた。

「同じような境遇にあるのに、反対の立場にいるあなたに聞きたいことがあるわ」

ジョージは「オーケー」と首を縦にふり、ジュディスは続けた。

「論理的に考えて、そんな犯罪者にどんな処遇が適当だと思う？　神のもとに送り返す他に？」

ジョージは息を吸い込み、フーッと大きく吐き出すと、こう答えた。

「ジュディス、私たちは反対の立場にいるとは思わない。違う場所にはいるかもしれないけど。たとえば、問題を解決する方法、癒すのに必要な手段に関しては、あなたと私の意見は異なるかもしれない。他人はどっちがましだとか、勝手に判断するかもしれないが、そんなのどうでもいいことだ」

そして一息おいて「あなたの意見は尊重する」と言った。ジュディスは少し安心したようだった。そして矢継ぎ早に質問を投げかけた。

「聞いてもいい？　あなたは事件直後から今の立場に立っていたの？　それとも時間がかかった？」

「長い時間がかかったよ」

「何年？」

「死刑反対に至るまでってこと？」

「いいえ、そこまでいかなくとも……死刑に疑問を持つというか……」

ジュディスは言葉をつまらせ、溜息をついた。

「ひょっとしたら私もいつかはあなたのようになるのかも……」

私は耳を疑った。死刑以外、考えられないと断言していたジュディスの言葉には思えなかったから。

ジュディスは明らかに動揺していたが、言葉で言うようにはっきりと死刑が正しいと信じ込んでいるわけではなさそうだと、この時思った。ジョージは言葉を慎重に選びながら、自分の立場を語り始めた。

「死刑に疑問を持つようになるまで六年ぐらいかかったかな。そんなにすぐには疑問を持ったりしなかった」

ジュディスはジョージを食い入るようにみつめ、「じゃあ、昔は私のような時期もあったのね」と言った。そしてたたみかけるように問いかけた。

「死刑に賛成だったこともある？」

「もちろんだ。一一年前、死刑について意見を求められれば、わからないと答えていたと思う。法律で定められているならかまわないだろう、ぐらいにしか思わなかったろう。自分には関係ないと思っていたからね」

「私もそうよ。当事者でないと考えないようなことよね。犯人は？」

「まだ捕まってないんだ」

「ああ、そうなの……。神は存在するはずなのに、犯罪者は犯罪を犯し続けていくのよね」

「私もそのことをよく考える。犯人が妻だけでなく、他人をも襲ったら、と考えると恐ろしくなる。だから、社会はそういう人物からは守られるべきだと思うよ」

「私も同感だわ。殺人はどんどん再生産されていくのよ」

そう言うとジュディスは再び目をキッとさせた。

「犯罪者を放ったらかしにしているのも、子どもが誘拐されるのも、社会の責任よ。処罰が甘すぎるから。私はそう信じているわ」

利用された事件

「司法制度は君の助けになったかい？」

ジュディスの顔をのぞき込むようにしてジョージが聞いた。

「助けどころか問題の種よ。検察官にはひどい扱いを受けたわ。あれは被害者のためなんかでなく、死んだ被害者への冒瀆よ！　裁判のなかで娘は売春婦扱いされたのよ！　いっしょに殺された二人はホモセクシュアルの子たちだったんだけど、そのことも裁判のなかでは問題にされた。事件とは何の関係もないはずなのに、政治的に利用しようとしたのよ。まったく冷酷でひどい人たちだった」

「それはひどい……」

ジョージが小さな声でつぶやいた。

検察官は、裁判のあいだじゅう、ジュディスに対して、まるで「娘が殺されたのは自業自得」とでも言わんばかりだったという。怒りに震えながらジュディスは続けた。

「検察官は大学を出たばかりらしくて、興奮しながら『今回の事件の調査はとくにおもしろい。三人もの殺人がからんでいるケースは初めて扱うことになるから』と言って、ニヤッと笑ったのよ。信じられる？　裁判をキャリアのステップにしか考えていないのよ、あの人たち。それで、被害者遺族の私の態度に腹をたてたりするんだから、信じられない！」

裁判のあいだ、ジュディスは検察によるあまりの扱いに憤りを感じ、自分をコントロールすることができなくなっていたという。傍聴席から検察や被告に向かって、大声で叫ぶこともあった。

『マイアミ・ヘラルド紙』は、その時のジュディスを次のように描写している。

「金曜日の午後、遺族たちはコールマン(被告)をにらみつけ、涙していた。一一カ所刺されて娘を殺された遺族ディクレンゾは、被告が部屋に入るなり、中指をつきたて、叫んだ。

「ちょっと待ちなさいよ！」

彼女は、被害者たちが殺される数時間前に去ったことで命びろいした女性ジジ・バルデスに抱きかかえられながら再び叫んだ。

「死体をレイプするのってどんな感じなの？　あんたの母親はどんなふうに思うのか

しらね！」

コールマンは返答しなかった(2)」

この記事からも、ジュディスの憤りぶりは想像できる。

「「審議中に叫んだ母親なんて見たことない。態度を慎め」って言うのよ。私はバカにされたまま裁判を終えたくなかっただけ。精神安定剤なんて飲む主義じゃないから、感情がむきだしになるのはあたりまえでしょ。娘はそれぐらい大切な存在だったんだから」

そしてはき捨てるように言った。

「裁判なんて、司法関係者の政治に利用される格好のえさなのよ！」

ジョージは黙って聞いていた。首をふったり、溜息をついたり、時に憤りをあらわにした。

「私の娘が殺されたのよ。母親である私に何の決断もさせてくれないのはなぜ？　私は十分に論理的な人間だと思うわ」

ジョージは静かにうなずいた。

「裁判長は遺族である私たちに、加害者の処遇に関する意見を求めてきたわ。私はもちろん死刑を望むと言った。別の二家族は死刑ではなく、なるべく長期の懲役を希望するって答えた」

ジュディスは不満そうに首をふった。

「彼の判決は?」とジョージが聞くと、ジュディスは憤慨した。

「たった二五年の懲役刑! 仮釈放になることを考えるとたったの七、八年で社会に出てきてしまう。第一級殺人のはずなのに」

怒りが後から後からこみ上げてくるようだった。

「犯人は公務員だったのよ。犯罪を犯した時も制服を着ていてね……国に保護されているのよ。軍服を着て軍人として仕事をし、三人の命を奪い、弁護士を雇った。裁判が持たれる前に、犯人は自分に有利に運ぶように司法取り引きをしていた。二五年以下の懲役ですむように弁護士と手続きをふんでたんだから! それで刑も軽くてすんだのよ。被害者の私たちはまるで無視された。犯人は新しい刑務所に入って、恵まれた環境で自分の息子や母親と話をして、この世に存在し続けている。娘のジナをふくむ三人もの命を奪ったというのに。そして母親の私を苦しめ続けているというのに」

「犯人は今どこに?」

「フロリダにいるわ。車で三時間ぐらいのところ。犯人は今も生きてるのよ。人を殺しているのに無料で生きているのよ。命を失うことが彼の受けるべき処罰だと私は信じているわ。終身刑は彼に生きることを許してしまう。それは罰にはならない」

ジュディスは怒りに駆り立てられ、その怒りは話してゆくうちにますます強くなってゆくようだった。

「注射か薬で処刑されるべきだと思う。信仰を持っているなら、その教えにしたがって最期にのぞむべきだと思うのよ。人が死んだ時に行く場所に行くべきよ。この地球に彼が存在する空間を失ったも同然よ」

そしてきっぱりと言い切った。

「死刑は殺人だとは思わない。単なる処遇。正当よ。人道的な方法で処刑すればいいのよ」

そして「電気イスはよくない」と言いよどみ、「でも」とその答えを再び打ち消そうとした。

「娘はもっとひどい殺され方をしたのよ。裸体で泥が口のなかに詰め込まれていたんだから。本当なら加害者だって苦しんで死ぬべきなのに……」

ジュディスは怒りで顔をゆがませ、我慢ならないという鋭い目つきをした。

「裁判長は、「死刑を求刑する意思が自分にはある。でも、裁判自体がそれを許さない」って、遠まわしな表現で私にほのめかしたのよ。加害者が軍服を着た軍人だったから、なんとか大ごとにしないようにって、大きな力が裏で働いたに違いないわ」

受けとめるだけ

「寒いね。少し歩いて暖まろうか」

ジョージは話題を変えた。ジュディスはうなずき、二人は立ち上がって歩き始めた。カサカサカサと落ち葉を踏む音と、風のざわめきがあたり一面に響いていた。しばらく歩くとジュディスがつぶやいた。

「あなたのような立場に立ちたいと、私もどこかで思っている部分があるのよ……。でも、今感じていることは正しいという自信もある」

ジュディスはジョージに心を開いていた。まだ会ってから一時間余りしかたっていない。ジョージは何度もうなずき、ゆっくりと言った。

「私にできることは君の気持ちを、そのまま、受けとめることだけだ」

そして続けた。

「あなたに対する、まわりの対応はまちがっている。絶対に。だからあなたが今、そういうふうに感じるのは当然だと思うよ。私もあなたのような時期があったんだ。そして、そういうふうに感じてた」

ジュディスはジョージの言葉をかみしめているようだった。二人は陽のあたっている場所を見つけ、そこに立ち止まった。

「他にお子さんは？」

ジョージが質問した。

「三人よ。それに孫もね。二歳になったばかり。孫はとても美しくて、神様の贈り物よ」

ジュディスの顔に一瞬輝きが見えた。

「でも……赤ちゃんが生まれたことで、また新たな問題が生まれたのよ。複雑な感情がわき出るの。怒り……こんな病的な社会に生まれてくることに対して。赤ちゃんを抱きながら「この子も被害者になりうる」って思ったわ」

二人は再び歩き始めた。身体の芯まで冷え入るような寒さだった。

しばらくして、ジュディスが口を開いた。

「犯人を見つけられなかったなんてひどいわね……犯人を見たんでしょ?」

「マスクをかぶっていたから……見えなかった。人からどういう状況なのかと聞かれれば、いまだに「煮えきらない」と答えるよ。君もわかるだろう」

「もちろんよ」

ジュディスは大きく首を縦にふった。ジョージは続けた。

「だから私にとって癒すということは、プロセスそのものなんだ。あんなにひどいことが起こったけれども、事実として受け入れることにしたんだ。でも、いまだに恐ろしい目にあうよ……落ち込むことだってあるさ。でもなんとかこうしてやってきた」

二人は立ち止まった。そしてジュディスはジョージの言葉に引き込まれていくように相槌をうった。

「そうよね。事実は変えられないわ。あなたの言うことはもっともよ。起こった出来事は、事実として認める必要があるわ。とくに子どもがいれば、自分のことは置いておいて、子どものことをまず考えなくてはならないから」

ジョージはジュディスの顔をまっすぐに見つめ、うなずいた。ジュディスの表情はずいぶんやわらいでいた。少なくとも、挑戦的な瞳は消えていた。

「私は何度も自殺を考えたわ。まだ娘が殺されてから四年目よ。ひょっとしたら、また自殺を考えることがあるかもしれない。でも、残された子どものためにも、それだけは思いとどまると思う。ジナもそんなこと望んでいるとは思えないし……。でも、暗闇のなかにいると、自分では手に負えなくなってしまう。あの殺人犯のせいよ……」

ジョージはジュディスの言葉を一つひとつ飲み込むように、聞き入っていた。

「なるべく明るいところを歩くようにしてるの。それしか自分を守る方法がないものね。自分勝手なことかもしれないけど……」

「それは自分勝手なんかじゃない」

ジョージは首を大きく横にふった。そして続けた。

「私たちには光が必要なんだ」

ジュディスは安心したように、

「それに、笑顔を見せたっていいのよね。元気そうねって言われるけど、そうするしかないのよね」

とジョージに同意を求めた。ジョージはそうだと深くうなずいた。そしてジュディスは次のように言った。

「薬には手を出したくない。事件に自分が飲み込まれてしまいそうだから。薬に手を出したら、一箱全部飲み干してしまいそう……。でも、暗闇にいるとね、本当にどうしようもなくなるの。薬にも手を出してしまいそうになる」

そしてすがるような目つきで言った。

「時が私を乗り越えさせてくれると信じてる」

そして、ジュディスは最近気がついたことがあると言った。

「哀しみのなかの四年目って、大きなわかれめよね。一歩先へ進めそうというか、以前と比べると自分自身を取り戻したような、成長したような、この状態から抜け出せそうな……」

うんうんとジョージはうなずいた。

「哀しみのプロセスには地図がないんだ。処方箋なんてありはしないよ。それぞれが違う問題を抱えているわけだから。誰かに強制されれば、あなたのように拒絶するのはあたりまえだと思う」

そしてジョージが、「ある人が言ったんだ。もう一年もたったんだから」と言いかけると、ジュディスがたたみかけるように続けた。

「『嘆き哀しむ時期は過ぎたろう』でしょ？　私も聞いたわ、そのセリフ。『四年もたつのにまだ乗り越えられないのか？』って。そんな簡単に乗り越えられるわけないじゃない。私なんて、まだまだよ……」

ジョージは深くうなずいて言った。

「時には善意でそういうふうに思い込んで反応する人もいれば、全然何も言わない人もいるよね」

「皆何を言っていいのかとまどってるのよ」

「でも、悪意はないはずだよね」

ジョージが問いかけると、ジュディスはこくんとうなずいた。そして続けた。

「気分によるわよね。気分がよければ笑って流すけど、悪い時はたまらないわ。私自身、事件の後、他人への信頼感をすっかりなくしてしまった。臆病になった気がする。昔の私だったら誰とだってすぐ仲よくなれたのに、今は誰と話すかを慎重に考えるようになった。でも、一時期よりは人への信頼感を取り戻し始めてると思うけど……今だってあなたのような見知らぬ人を訪ねてきてるじゃない？」

二人は微笑んだ。

「私は元の自分に戻ろうとしているのよ。少しずつだけど。昔は本当によく泣いたわ。店で娘のお気に入りのシリアルを見ただけで泣き出してしまうのよ。まわりはびっくりして、人だかりができちゃったこともあった……。銀行でも、ショッピングセンターでも、どこでもよ」

和解とは――

風が冷たかった。じっと立っていると凍えてしまいそうだった。ジョージは何気なくジュディスに「歩こうか」と誘った。

二人は林のなかをゆっくりと歩き始めた。サクサクサク、と歩く音が森に響いた。

「あなたはすごいと思うわ。尊敬してしまう……犯人も捕まっていないのに」

ジュディスが歩きながら言った。ジョージは必死で答えようとしていた。

「和解したといったって……犯人を赦したわけじゃないんだ。犯人が誰かもわかっていないんだから……。それに、私たちを恐怖におとしいれた人間だよ。今だって、恐怖心から解放されていない」

二人は足を止めた。ジュディスは一言も聞き逃すまいと、食い入るように、真剣な瞳で聞いている。

「「ジャーニー」のやろうとしていることが、「赦す」ことだと主張する人もいるけど、メンバー全員が同意しているわけではないんだ。MVFRは「赦すための遺族の会」ではなくて「和解するための遺族の会」なんだよ。事件と向かい合おうとしているだけなんだ……。メンバーのなかには「赦した」と言い切る人もいるが……私の場合はそうじゃないんだ。少なくとも、まだ加害者を「赦した」と思えていないし……そんなことを一度も感じたことがないから、「赦す」という言葉は、私にはちっともリアルじゃないんだ」

ジュディスは黙って聞いている。ジョージが続けた。

「とにかく日常を積み重ねてゆくしかないんだ」

ジュディスは深い溜息をついた。そしてつぶやいた。

「そうね。朝、昼、晩とね」

二人は、子どもを持つ親として、何らかの接点を見つけようとしているふうに見えた。

ジョージが切り出した。

「最大の支えは、あなたもさっき触れていたけど、子どもたちなんだよ」

「そうね、子どもたちは愛しいわ」

ジュディスは、その愛情をかみしめているかのように、何度もうなずいた。そしてジョージが続けた。

「事件当時、トムは一二歳でクリスティーは五歳だった」

「二人とも、あなたを頼るしかなかったのね」

ジョージは大きくうなずいた。

「どんなにひどい状況に陥っても、どんなに絶望しても、子どもたちの苦しみにはかなわないと思ったよ」

「子どもたちだって、事件に直面せざるをえないのよね」

「それに、被害は果てしなく続いていくんだよね……。子どもたちは事件に耐え、同時に立ち向かってきた。だけど、心の傷はいまだに癒えていないんだ」

「子どもたちが成人し、親になっても、人生のすべての段階にその傷はひきずられてゆくのよね」

二人の会話は続いた。

「息子は二三歳。身長は二メートル近くて大学院に通う自慢の息子なんだ。娘は高校生。州レベルでもトップを争うバレーボールの選手なんだ。大学のバレーボールチームからもすでに声がかかっていて、すごい才能なんだ。親バカに聞こえるだろうけど」

ジョージはズボンのポケットから財布を取り出し、そのなかにしまってあった二人の子どもの写真をうれしそうに見せた。ジュディスもうれしそうに写真をのぞき込んだ。

「すてきなお子さんね」

ジュディスはじいっと写真に見入っていた。そして再び続けた。

「愛する姉を失い、親の私も一時期はおかしくなっちゃって、それでも子どもたちは育つのよね。息子はジナにそっくりで、二人とも一〇月生まれで、彼のことを話す時は笑顔になるのよね。問題もいっぱいあるけど……」

ジョージも笑みを浮かべ、うんうんと小刻みに首を縦にふりながらこう言った。

「子どもだって完璧じゃないんだよね」

「でも、そうやって、命は続いていくのよね……」

ジュディスはジョージを見つめながらしみじみとつぶやいた。そして続けた。

「娘は明るい子だった。メソメソするような子じゃなかったわ。いつもメソメソするのは私のほうだった……。殺される寸前まで本当にハッピーな娘だったわ。その思い出が唯一の支えよ。他の子どもたちもそんなジナの面影を持ってるわ」

口調も、表情も、話し始めた時とは比べものにならないぐらい、穏やかに、そして優しくなっていた。

「ジナは私に言うのよ。『もう、忘れなさい』って。『ママ、私はだいじょうぶよ。つらい思いさせてごめんね』って話しかけてくるの。大切なことだけ私に話すのよ。あの世からジナはいまだにメッセージを送り続けてくれてる……」

まるでジナが生きていて、語りかけているかのように聞こえた。ジュディスが夢で見たものなのか、それとも、単にジナの声が聞こえた気がしたのか、ジュディスは詳しく語らなかった。

そんなジュディスの姿が私の目には、アバ・ゲイルの昔の姿と重なって見えた。昔のアバを私が実際に見たわけではない。しかし、彼女もまた娘を殺され、一〇年近くものあいだ、加害者に対して怒りや憎しみを抱き、死刑にしがみついていた。そして、ある日突然、どこからか声が聞こえたと言っていた。

二人がそうして打ち解け始めた頃、迎えのタクシーがやって来た。

「いっしょに祈りを捧げよう」

ジョージがそう提案しジュディスもうなずいた。二人は手をとり合って目をつぶった。鳥がさえずり、木々のあいだからは光が注ぎ込み、そのなかに二人はたたずんでいる。それはなんともいえない美しい情景だった。

しばらくすると、二人は手を強く握りしめ合った。

「あなたに会えてよかったわ」

ジュディスがジョージに言った。ジョージも「こちらこそ。わざわざ訪ねてきてくれてありがとう」と返した。そしてジュディスは、タクシーへと向かった。その時、振り返りざまに、私のほうを見て言った。

「カオリ、今日はありがとう。ジョージに出会えてよかった。とてもすてきな人だった」

タクシーの窓にジュディスの顔が映っていた。うつむいたり、前方を向いたり、かなり動揺しているように見えた。そして、額にかかった髪の毛を軽くかきあげ、こちらにチラッと視線を投げかけた。ジュディスは私たちのいる方向に向かって手をふった。ジョージも手をふり返した。

砂利をけるタイヤの摩擦音と砂ぼこりのなかに、ジュディスを乗せたタクシーは消えていった。

癒しきれない苦しみ

ジョージはタクシーが見えなくなるまで、無言で立ちつくしていた。哀しみ、怒り、苦悩、そんなネガティブな感情をすべてしょいこんでしまったような雰囲気を漂わせながら――。そしてしばらくすると、そのまま木立のなかへ吸い込まれるように、ゆっくりと歩いていった。今までに私が見たこともないジョージがそこにいた。

木立のなかでジョージは立ち止まると、頭を少し持ちあげた。森の奥を見つめているようだった。そうして長いあいだ、彼はただただ立ちつくしていた。空気が痛いほど、ピーンと張りつめるなかで。

どのくらいたっただろうか、ジョージがこちらに向かって歩き出した。そばに近寄ってきた時、その表情を見て私はハッとした。哀しみと怒りと苦しみに、押しつぶされてしまいそうに歪んだ顔。そして突然、ジョージは私の上に覆いかぶさるようにして抱きついてきた。

「ウォーッ」、凄まじい音が静まりかえったキャンプ場に低く、重く、響いた。

ジョージは号泣していた。

それは、一一年間抱え続けてきた傷が、再びぱっくりと口を開けてしまったような瞬間だった。私はジョージに腕をまわし、力いっぱいに抱きしめた。私にはそれ以上何もしてあげることはできなかったから。

（1）　小西聖子著（一九九六）『犯罪被害者の心の傷』白水社、二五四ページ。

（2）　Garcia, Manny (1994) Soldier pleads guilty to murdering 3 youths, *Miami Herald*, Sept. 10, B 02.

X　「旅《ジャーニー》」は続く

「死刑廃止が行く！号」と「ジャーニー」の参加者たち（1998年5月，テキサス州にて．提供：Abraham J. Bonowitz）

死刑の実際の姿がどんなのかを知りながら、死刑の実施を妨げえないことに、肉体的に我慢のならない人が予想以上に多くいるものである。彼らは彼らなりにやはり刑罰をこらえている。しかもひとかけらの正義もないのだ。そんな人たちの上にのしかかる、あの穢らわしい光景の重圧を、いささかでも軽くしようではないか。それだからといって社会は何も失わないだろう。とはいえ、こんなことでは結局不充分なのだ。個人の心のなかにも、また社会の風習のなかにも、死が法律の枠外へはずされない限り、永遠のやすらぎは存在しないであろう。

アルベール・カミュ(1)

こうして「ジャーニー」は終わった。

それから一年後の一九九七年の八月、私はジョージを再び訪ねた。彼はしっかりと「ジャーニー」を続けていた。MVFRの活動を通して、アメリカ中をかけめぐり、体験談を語り続けている。そして新しい計画があると顔をほころばせた。

「「ジャーニー」を、一年を通してやるつもりなんだ」

私は思わず「えっ」と声をあげた。二週間だけでも大変な「ジャーニー」を一年を通しておこなうなんて不可能だと思ったからだ。ジョージはそれきたとばかりに笑みをたたえ、「バスもすでに用意してあるんだよ」と得意げに一枚の写真を見せてくれた。軽く四〇人ぐらいは乗れそうな大きなバス。その横には、「ジャーニー」の発案者であるビル・ペルケが立っている。ビルは三〇年近く働いた鉄工所を九六年末にやめ、その時もらった退職金の一部を支払いにあてて、この中古バスを購入したというのだ。名付けて「死刑廃止が行く！号」。すでにデモや講演会へ行くためにこのバスを活用したのだが、途中で故障して足止めをくらい、大騒ぎになったというおまけ付きだ。

それからコンサートも計画していると言った。映画『デッドマン・ウォーキング』のサントラ盤の収益が一部ＭＶＦＲに寄付され、それを元金にしてさらに活動基金を増やすのが目的だ。ジョージは、目を輝かしながら、次から次へと新しいアイディアを語ってくれた。

バージニア州への「ジャーニー」が終わり、何が「変わった」のだろう。

同州から死刑が消えてなくなったかというと、そうではない。依然として死刑制度は存続しているし、九六年は、前年に比べて全体の執行数は減ったものの、同州の処刑数は全米で一位を記録してしまうという、参加者たちの願いとは裏腹の結果となってしまった。翌九七年は、全米の執行数が過去最高を記録し、七五人に対しての処刑がなされた。死刑囚の数も増える一方で、九六年度の「ジャーニー」の頃から現在までの二年のあいだに、およそ三〇〇人の死刑囚が新たに加わった。

しかし、そのような絶望的な状況のなかで、「ジャーニー」は人々の心に触れ、「死刑」や「被害者」について考えるきっかけを確実に築いていったと思う。

参加者は、二二五カ所に及ぶ集会で語り、三万人近くの観客と議論を交わしたことになる。そのうえ、行く先々で地元の新聞やテレビ、ラジオの取材を受け、数えきれない多くの人々にさまざまな問いかけを残した。たとえばバージニア州の悪名高き「二一日ルール」は「ジャーニー」以降、州議会で槍玉にあがるようになった。MVFRの認知度も高まり、『ワシントン・ポスト紙』や『ニューヨーク・タイムズ紙』のようなメジャーな全国紙でも、死刑や犯罪被害者関連の記事にはMVFRの意見が頻繁に引用されるようになってきた。そして会員数も急増し、一九九六年の「ジャーニー」の前はおよそ三五〇〇人だった会員が、半年後には四〇〇〇人を突破した。そのなかにはオクラホマの爆弾事件の被害者遺族や、九八年二月にテキサス州で処刑された、女性死刑囚カーラ・タッカーの被害者遺族もふくまれる。

そして、ジョージが私に語ったアイディアは、着々と実現されている。

「死刑廃止が行く!号」はビルの暮らすインディアナ州を拠点に、南はテキサス州、西はワシントン州まで、さまざまなイベントへとメンバーたちを運んでおり、爆破事件から三年目のオクラホマへも出向いた。九八年の四月には、予定通りロサンジェルスでコンサートが開かれ、四〇〇〇人ほどの聴衆が集まり、大成功をおさめた。五月には二年ぶりに「ジャーニー」が開催され、死刑の〝メッカ〟、テキサス州をめぐる旅を終えたばかりだ。さらにその前後には、「ミニ・ジャーニー」と称して南部の四つの州(アラバマ州、ルイジアナ州、テネシー州、そしてオハイオ州)をまわり、全部で二カ月ほどの旅を続けたという。

この調子でゆくと、一年を通しての「ジャーニー」の実現も近そうだ。

それぞれの「ジャーニー」以後

アバからは、エネルギーに満ちあふれた彼女らしい便りが、ときおり届く。

カリフォルニア州の死刑廃止団体「カリフォルニア住民死刑廃止連合」に加わり、講演会であちこちに飛びまわっていること、フランスのテレビ局がアバのドキュメンタリー番組を制作中だということ、自分自身の人生を映画化する話がもちかけられていること、爆弾事件から一年後のオクラホマ州にMVFRのメンバーと講演会に行った時のこと、子どもたちに向けた「赦し」についてのパンフレットを独自に作っていることなど、九六年の「ジャーニー」以降、アバの活動にさらに拍車がかかっていることがわかる。最近の手紙には、「頭の堅い大人たちを相手に説得することよりも、考え方の柔軟な子どもたちを対象にした講演会を中心にやっていきたい」と書いてあった。

そして娘を殺した死刑囚のダグラスに関しても、手紙の最後にかならず近況報告がある。ただし恩赦される見込みが薄いらしく、回を追うごとに意気消沈しているというのが気にかかる。

アン・コールマンとは、電話や電子メールを通じて連絡を取り合っている。相変わらず、死刑囚の家族たちのために、地元のデラウェア州を駆けまわっているらしく、最近電話をした時も、死刑囚の息子を持つサリー・サリバンの家から帰宅したばかりだと、息を切らせながら言った。

「サリーはガンにかかっていることが最近わかって、ひどく落ち込んでるのよ。お酒もやめていなくて、今日もアルコールの臭いをプンプンさせていたし、心配だわ。息子の面会にもここ数カ月まったく行ってなくて、もう会いたくない、って言うの。現実を受けとめきれないのね、きっと」

死刑囚の息子を持つもうひとりの母親エリー・ニューマンからは、時折、深夜にせっぱつまった電話がかかってくるという。死刑囚である息子デービッドは、顎に腫瘍ができ、健康をひどく害しているが、適切な治療を受けることができないでいること。事件以来、親代わりに育てている孫のマーカスは、死刑囚の息子であることでひどくいじめられ、学校ではケンカ沙汰が絶えないこと。このままでは、息子と同じ道をたどるのではないか、とエリーは心配がつきない。デービッドの件では、アンが刑務所や州の矯正局と交渉し続けた結果、ようやく手術を受けさせることができたという。また仕事が忙しいエリーに代わって、マーカスを面会に連れていくことも多いが、最近はマーカスの態度が反抗的で手を焼いているようだ。

「私には死刑を止めることも、家族の生活を改善してあげることもできない。時折顔を出したり話を聞いたりするだけ」

アンはそう言うが、死刑囚の家族はアンに話を聞いてもらい自分たちが社会から完全に見捨てられた存在でないことを確認することによって、なんとか命をつなぎとめているのではないか。なんと心強いことだろう。

「バーバラはまた、「私のことなんてほっといてよ」モードに入ってる」

このアンの言葉が気にかかり、私はバーバラに電話をかけた。しかし、何度かけても留守電になったままだ。仕方なく時間を変えて何日も電話をかけ続けた。そんなある日、留守電にメッセージを吹き込み始めたとたん、バーバラの明るい声が聞こえてきた。

「ハーイ、カオリ！　うれしいわ、日本から電話してるの？」

声の様子からだけでは、バーバラの心の内まではわからない。しかし、話してゆくうちに、あまりいい状態ではないことがわかってくる。息子ロバートの死刑が減刑される見込みはほとんどないという。ロバートは、思うように裁判が展開しないことに苛立ち、弁護士との連絡や書類の作成など、バーバラにさまざまな要求をしてくる。しかし、バーバラは思うようにその要求をこなせず、ロバートとはずっと気まずい関係にあって、最近は面会に行くのも気が重いという。行っても、三〇分もしないうちに面会を終えたりするらしかった。そしてバーバラは次のようなことを言った。

「スミルナ刑務所内に、とうとう、死刑囚専用の死刑囚監房が建てられることになったの。それから、最新の処刑機器を備え付けた処刑施設の建設も始まると聞いたわ。スーパーマックスと呼ばれる厳重な監視施設で、面会も今までのように自由じゃなくなるらしいの。ビデオカメラを通しての面会で、触れ合うことも許されなくなるんですって。死刑はなくなるどころか、私たちにどんどん迫ってくる。それと同時に希望は、どんどん遠ざかってゆく……」

ロバートとの二度目の再会以降、半年ほど、ロバートからの手紙が途絶えていた。そして九八年八月、久しぶりに彼から届いた手紙には、母親のバーバラのことが記されてあった。

「ここ数週間、母とはあまり会っていません。母は時間外労働をしたり、夜勤をしたりと仕事が忙しく、週末には講演会などで、州外へ出かけることが多いようです。母は落ちつきをなくし、気分にはムラがあります。面会時間にかなり遅れて来たり、会っていても心ここにあらず、という感じです。母が早く元に戻ることを祈るばかりです」

私は返事に、現在進行中の取材について書いた。その頃、私は米国のある犯罪者の更生施設を取材し始めていた。そこで出会った受刑者たちのほとんどが、人生の早い段階でひどい虐待を受けていた。彼らは、幼い頃に身内から受けた性的虐待、そして、その時感じていた気持ちを嗚咽しながら、身体を震わせながら、時間をかけて語る。児童虐待が与える影響の大きさと深刻さを、改めて実感する取材であった。そして、この取材を通して、私自身の子ども時代を考えざるをえなかった。私自身、複雑な家庭環境で育ったこと、中学時代に学校でリンチを受けたことがあること、そしていまだにそれらの幻影から逃れられないでいること。そんなことを私は手紙に綴った。

一〇月末、ロバートから返事が届いた。それは、三枚の紙にぎっしりとタイプアップされたものだった。

「自分自身の子ども時代について考えることはあります。でも、あなたの感じ方とは違うようです。私の場合、子どもの頃、手に入れようと思えば手に入れられたのに逃してしまったチャンスを、思い起こしては後悔するのです。たとえば、高校卒業の際、父親（母親が別れた男性）に卒業式に出てくれるように頼みました。父の反応は次のようなものでした。「成績はもちろんオールAだったんだろうな？」。もちろん違いました。そして父は卒業式に来ませんでした。学校では数学と電気工学が好きでした。でも、父が私に関心を示してくれなかったこともあり、その道を進むことは考えませんでした。成績は決して悪くありませんでしたが、もっとがんばれば、もっとよい成績をとることもできたと思います。このことで両親を責めるつもりはまったくありません。もっとやる気を起こし、自分の将来に向かって真剣に勉強すべきだったんです。母はとにかく働きづめで、幼い私にかまう時間も余裕もありませんでした。でも、母は高校の卒業式には来てくれました。だから、子どもの人生がうまくいかないのを自分のせいにすべきじゃない、と母にはいつも言っているんです。母は厳しい状況を耐え続け、そしてそのなかで最善を尽くしてきたのだから(中略)。

私自身、多くの過ちを犯してきました。そのことについては、自分以外の誰をも責めるつもりはありません。ただ、私を誤解しないでください。子どもがさまざまな影響を受けて育つことは私も認識しています。しかしながら、誰かを責めることで自分の責任を他人に転嫁しない、という選択を私はとったのです。

父についてはもうあまり考えないことにしています。父は問題をたくさん抱えていて、そのことを考え始めると際限がなく、私自身の心に重くのしかかるから」

うれしい知らせ

九七年五月、「すばらしい知らせがあるの!」という書き出しで始まる手紙が、ノーガード夫妻から届いた。

「息子のジョンは一九九七年四月一一日、終身刑に減刑されました(死刑宣告がされてからちょうど六年目の日に――)。私たちの気持ちがどんなに安らいだことか、言葉では言い表せません。ただし、刑務所で一生過ごさねばならないということに関しては、言い知れぬ疑問も残り、喜んでばかりはいられません。そのことで地元のメディアから、取材依頼が殺到しています。つい先日も、元死刑囚の母親である私の心境を取材したいと、あるジャーナリストから取材依頼がきたのだけれど、どうも気乗りがしません。ジャーナリストという人たちはどうも信頼できなくて――もし、そのジャーナリストがあなただったら、なんのためらいもなく取材を受けるんだけれど」

そして続いた。

「もうひとつのニュースは、娘のソンダが妊娠したこと! 一〇月が出産予定日で、待ち遠しいわ」

踊るような手書きの字が、キャシーの喜びようを物語っている。早速電話をかけてみると、張りのあるキャシーの声が返ってきた。しかし、話を続けてゆくうちに、夫のドンが数日前に心臓発作を起こして入院中であることや、息子の終身刑には仮釈放がつかないため、実質的には死刑と変わらないんじゃないかという思いに最近は悩んでいる、といった手放しでは喜べない状況が浮かびあがってきた。

「私もこの数年間、精魂つきはてたっていう感じで、疲れているし……少し息子のことから離れて、休養をとろうと思ってるの」

それからおよそ一年後、私は再びキャシーとドンをアリゾナの自宅に訪ねた。ドンは心臓病を抱えソファーに深く座ったままで、「ジャーニー」の時のような元気はなかったが、キャシーもドンも表情がずいぶん明るくなったように感じた。

「今まで覆いかぶさっていた荷物が、取り除かれた感じ。仮釈放なしの終身刑だから、結局は刑務所で一生を終えなくてはいけないことになるけど、死刑の時とは気持ちが全然違うのよ！　ジョン自身もずいぶん気持ちが軽くなったみたいだし、信じられないわ」

とキャシーは言った。ドンも横で深くうなずいた。

ちょうどその週末は娘のソンダも、生後半年のエラを連れてコロラド州からやって来ていた。エラはぷくぷく太ったかわいい赤ちゃんだった。キャシーとドンにとっては、初めての孫である。キャシーはエラが抱えきれないほど多くのおもちゃを買い与えニコニコと満足げだったが、ソンダは横で「まったく甘いおばあちゃんなんだから」と顔をしかめる。エラはその日、泣いたり笑ったり大騒ぎだった。キャシーもドンも、そんなエラの一挙一動に反応し、頬がゆるみっぱなしだった。

その日の午前中、キャシーはソンダとともにジョンのいる刑務所を訪れていた。体調のよくないドンは家に残った。息子のジョンはエラに会うことを何カ月も前から楽しみにしていたという。キャシーがうれしそうに言った。

「面会室のガラスにエラが顔をくっつけて、ジョンも向こう側から顔をくっつけて、初めての顔合わせをしたの。とても感動的だったわ。エラがジョンの腕時計にものすごく興味を示したから、ジョンは時計がエラによく見えるようにと時計をガラスにくっつけるでしょ、そうするとエラが体中でガラスにへばりつこうとするの。時計のところにキスするように口をくっつけて。ガラスはよだれでびしょびしょ。ジョンも、私たちも、隣のブースで面会してる死刑囚とその家族も、それに看守たちも、皆大笑いよ……。面会室であんなに笑ったのは初めて。よく考えると、ジョンが事件を起こしてから皆でいっしょに笑ったことなんてなかったわ」

話していくうちに、キャシーはいい夢を見た後のような、穏やかな表情になっていった。

ジョンが終身刑に減刑されたのはいくつもの理由があったが、最大の決め手となったのは、九六年から九七年にかけておこなわれた精神鑑定の結果だった。複数の医者によってジョンが胎児性アルコール症候群(Fetal Alcohol Syndrome, 以下FAS)という先天性の精神障害を抱えていることが確認されたのだ。産みの母親はアルコール依存症で、妊娠中に大量のアルコールを摂取していたために、ジョンは精神障害を持って生まれていた、ということが判明した。そして、犯行時、ジョンにはFASの症状が出て(パニックに陥った)、殺人は「正常」な状態で判断されたものではない(心身喪失)ということだった。

ＦＡＳとは、一九七三年に初めて米国で認知された遺伝性の病いで、米国では毎年五〇〇〇人を超える乳児がＦＡＳを持って生まれている。(2) 知能障害、発育障害、そして特異な顔貌などがその主な症状だが、ＦＡＳという病い自体を医者が知らないことが多いうえに、障害が見えにくく、診断するのが困難とされている。現在では、ＦＡＳの子どもを持つ親の自助グループや専門家のネットワークなどが全米に広がっているが、病いそのものが社会的に認知されてきたのはここ数年。まだまだ十分に理解されているとは言いがたい。日本では一九九四年までに一〇〇例ほどしか報告されておらず、社会的にはまだほとんど認知されていない病いだ。(3)

ジョンの一件で、ノーガード家の暮らす町では、急にＦＡＳへの関心が高まった。その年の暮れ、地元紙はＦＡＳへの理解を深めるためにキャンペーンをおこない、関連記事を連載した。そのなかで、ＦＡＳ専門の神経心理学者は次のように述べている。

「ＦＡＳを抱える子どもたちの多くが、思春期になると問題行動を起こし始めます。彼らは人と反対の行動をとったり、反抗的な態度をとるようになるのです。そして教師や親や警察は、そんな彼らに対して不適切な扱いをしがちです。私たち専門家は、ＦＡＳ児への適切な対応を、警察やその他の人々に教育する必要があるでしょう(4)」

たとえば、キャシーが疑問を呈していた幼い頃からのジョンの薄笑いは、ＦＡＳが原因だったと医者は指摘した。かつて、裁判中ニヤニヤするジョンの姿がテレビや新聞で報道され、「不謹慎だ」、「冷血だ」とさんざん非難を浴びた。また、ジョンは、面会に訪れるすべての人に対してうれしそうに笑みを浮かべながら、被害者を殺した時の模様を語る。そんな様子にキャシーは怒りを通りこしてむなしさを感じ、ドンはしばらくのあいだ、面会に行くことを拒否していたという。そして二人は理解できないがゆえに、理由をあれこれ詮索し、親としての責任を感じ、みずからを責め、苦しんできた。

「FASという診断がなされてようやく、ジョンの不可解な言動がどこからきているのか納得できるようになった。でもね、ジョンがFASだからといって、人を殺した、という事実を変えられるわけではないから……」

キャシーは深い溜息をついた。ドンは立ち上がり、その場を離れた。

夕方五時過ぎ、ソンダはレインボーカラーのベビー服に身を包んだエラに、大きなリボンのついたピンクの帽子をかぶせた。彼らの行き先は、地元の教会で開かれる死刑反対の集会。ジョンが死刑を減刑され、終身刑になった現在でも、ノーガード一家は積極的に死刑反対の運動に参加していた。その理由をキャシーは次のように語った。

「息子が死刑囚でなくなったんだから、死刑廃止の運動から離れて静かに暮らすことだってできる。一時はそうしようかとも思った。でもね、死刑囚じゃないということで、これだけ気持ちが落ちつくようになったんだから、他の死刑囚の家族にもこんな気持ちを知ってほしい、と思うようになったの。私たちはごらんの通り中流階級だし、有能な弁護士を雇うこともできた。でも現実には、死刑囚は貧しい家庭の出身が圧倒的多数。私たちが黙っていれば、すべて見過ごされてしまうでしょう。黙ってちゃダメなのよ」

怒りと哀しみと苦しみを抱えて

さまざまな出会いを通して、私自身も揺れてきた。

オレゴン州の死刑執行日に出会った遺族ロバート・ダーニング、そしてジョージと対話した遺族のジュディス・ディクレンゾ。この二人は、怒りや苦しみの真っ只中にいた。前者は息子を殺した犯人が死刑執行になることによりどころを見出そうとし、後者は犯人が死刑にならなかったことで怒りをさらに増長させているようだった。彼らを前にすると、私自身も言葉を失い、動揺した。

実は、ジュディスがキャンプ場を去った後、彼女とは連絡がまったくつかない状態になってしまった。私とジュディスは、同日の正午に、彼女の泊まっていたホテルで会うことになっていたのだが、約束の時間の半時間ほど前に訪れると、彼女はすでにチェックアウトした後だった。ジュディスはジョージとの出会いで動揺し、今は誰とも話せる心境にないのだろう。そんなふうに彼女の心を察することはできた。しかし、ジュディスの自宅の連絡先を聞いていなかった私は、ジュディスと再会するチャンスを失ってしまった。

それでも、ジュディスにどうしても会いたいという思いで調査するうちに、彼女に関する『マイアミ・ヘラルド紙』の記事を見つけた。「愛しい子ども——そして、親の苦しみ」と題されたその記事は、娘が殺されてから一年後に書かれていた。なかでも、親子でベジタリアンのレストランを開くことが夢だったというエピソードは、生前の娘ジナとの仲の良さがうかがい知れるものだった。

「「私たちのレストランではクリスチャンの音楽を流して、貧しい人には無料で食事を与えてあげるつもりだったの。神様が望むような社会になるように、二人でできることをしたいね。そんなふうにいつも話し合っていたのに」とジュディスは語った[5]」

こんなに慈愛に満ちあふれていた人が、あの怒りに満ちたジュディスだった。

私は胸が痛くなった。ジュディスの怒りや恨みに満ちた表情や、ジョージと話すうちに見せたすがるような眼差し、とまどいの表情、そしてちょっとした瞬間に見せた笑顔などが思い浮かび、きりきりと私の胸をしめつけた。この新聞記事は、改めて被害者の気持ちを少しはわかったかのような気になっている私を、うちのめした。

「ジャーニー」を通じて多くの被害者遺族に出会ってきた。しかし、その人たちが被害者遺族の代表であるわけではまったくない。私もそのように書いてきたつもりもないし、アバのように加害者を赦さなくてはいけないとも思わない。むしろジュディスのように怒りと苦しみを抱え続けている人がほとんどであろう。それはあたりまえのことだ。私たちはそこから始めなければならないと思う。

(1) アルベール・カミュ著、杉捷夫、川村克己訳(一九六八)『ギロチン』紀伊國屋書店、七四ページ。

(2) CDC(アメリカ疾病予防管理センター)のHP。About Fetal Alcohol Spectrum Disorders(FADs) https://www.cdc.gov/fasd/about/index.html

(3) 高島敬忠(一九九四)「胎児性アルコール症候群」『アルコール依存の生物学』日本生物学的精神医学会(洲脇寛・栗山欣弥)編、学会出版センター、一六一ページ。

(4) Fimbres, Gabrielle (1997) FAS and FAE sufferers consciously do the wrong thing, *Tucson Citizen*, Dec. 3, A 01.

(5) Lawrence, David (1993) A loving child — and a parent's pain, *Miami Herald*, Aug. 15, C 03.

エピローグ

東京拘置所前．死刑執行のあった翌朝(1994年12月2日，著者撮影)

人に傷つけば人に寄り添い癒すべし　海はひたすら打ち返す波

道浦母都子(1)

「被害者の感情は、どこへぶつければよいのですか?」

少年事件の被害にあった遺族(息子を集団リンチによって殺された母親)が、テレビのニュースでこのように訴えかけるシーンが映し出された。日本でも最近は被害者や遺族に光が少しずつあてられてきているが、まさにこのことが社会に問われているのだと思う。

被害者が感情をぶつけることのできる場や機会は、この社会に十分あるといえるだろうか。今まで、被害者の多くは感情をひとりで抱え込んでしまうか、メディアか刑罰、という限られたところにしかぶつけることができなかったのではないか。

それでは、どうしたら被害者は家族を失った後、生きる希望を回復し、そして癒されてゆくのだろうか。どうしたら、加害者の家族は取り返しのつかない事件を前に、それでもなお生き続ける意味を見出せるのだろう。どうしたら、殺人を犯した加害者本人は自分の犯した罪を背負い、人生をやり直してゆけるのだろう。

正直なところ、そんないくつもの「どうしたらいいのか」という疑問に対しては、いまだに答えが見つからない。ただ、私にとってある「思い」がさらに強まったことはまちがいない。それは、やはり死刑はこれらの問題のどれをも解決できない、ということ。

あらゆる犯罪の被害者が、自分の身に起こったことをありのままに受けとめ、その悲劇を乗り越えてゆくためには、被害者を受け入れる社会が問われるはずだ。その場合、社会とは、制度であると同時に、私たち一人ひとりの人間でもある。とすれば、「死刑はなくせない」と社会が主張する時、私たちは被害者が癒されるための支援を放棄し、被害者にかたくなに心を閉ざして生きることを、無意識のうちに強要しているにすぎないのではないだろうか。そして何よりも、死刑が制度として認められている限り、私たちは人を殺し続けることになる。

殺すのではない、別の選択はないのだろうか。「ジャーニー」に同行して以来、私はそんな思いに駆られている。

しかし、現実は、そんな私の思いからはほど遠いところにある。九八年末現在の日本には、五〇人余りの確定死刑囚が存在している。一九九三年以降、死刑執行はほぼ半年に一回と定期的におこなわれるようになり、回を追うごとにメディアでの扱いも小さくなってきた。そして数日前の一九九八年一一月一九日、再び三人の処刑がおこなわれた。本書のために取材を始めた一九九六年から二年後の現在までのあいだに、日本では一六人が処刑された。アメリカではその一〇倍以上、一八七人もの死刑囚が処刑された。そして日本のおよそ七〇倍にあたる三五〇〇人以上の死刑囚が、現在、執行を待つ身にある。

さらに、両国では、新たなる「遺族」が生み出されている。以前、私が手紙のやりとりをしたこともあった少年死刑囚のジョセフ・キャノンは、テキサス州で、すでに処刑された。この処刑によって、彼を心から愛する妻デビーは、「遺族」となった。そして執行後、彼女は姿を消した。知人や友人に連絡することもなく——。また、デラウェア州では、バーバラ・ルイスの息子ロバートが、執行を目前にしている。想像したくはないが、処刑されれば、バーバラもロバートの息子たちも「遺族」になってしまう。息子の死刑執行は、バーバラにとっても人生の終焉を意味すると言っていた。そして、数年前、私のことを被害者遺族かもしれないと、声をかけてきた日本の死刑囚の母親も、今まさに、ジョセフやロバートの家族と同じ状況に立たされているのではないか。

私の「被害者体験」

被害者遺族や死刑というテーマを、私自身が身近に感じるようになった背景は、すでに述べた。しかし、実はそれ以前に、私にも「被害者」としての体験があった。

今から二〇年ほど前、私はリンチという暴行を受けたことがある。死に至るような取り返しのつかないものではなく、愛する人を殺された遺族の苦しみとは比べることはできないかもしれない。しかし、そのことがどれほど私を苦しめてきたか。

リンチにあったのは、校内暴力がピークを迎えた七〇年代末、東京の郊外にある、問題の多い中学校でのこと。私は当時中学二年生、一四歳だった。その一年前の中学一年生の秋、引っ越してきたばかりで、それまで、比較的落ちついた学校に通っていた私には、転校先のすべてがショックだった。

たとえば、廊下や階段には唾やガムが吐き捨てられていたし、スプレーを使ってなぐり書きされた落書きや壊れた窓ガラスが、校舎のあちらこちらに見られた。ホームルームでは、いつも特定の女子生徒が取るに足らないことでクラス全員から攻撃され、教師はただ黙って聞いているだけだった。教室の壁の中央には、忘れ物グラフなるものがデカデカと張り出され、知的障害を持つ生徒がいつも「忘れ物のトップ」を記録し、罰として校庭を何度も走らされていた。それを他の生徒たちは、窓から見おろしながら笑ったりヤジを飛ばしたりして楽しむのだ。各クラスには、いわゆる「不良」グループに属する子も何人かいて、シンナーやたばこを吸うために授業を抜け出すことが日常茶飯事だった。リストカットで傷だらけの手首に針を刺し、血をにじませ、自慢げに見せびらかす女の子たちもいた。校舎内のいくつかのトイレはそんな「不良」のたまり場で、放課後は「リンチの舞台」と化すことで知られ、誰も近寄らないというありさまだった。

私は転校早々、「不良」グループからマークされた。皆と違うことが多く、何かと目立ってしまうのがその理由だったのではないかと思う。廊下ですれ違いざまに、唾をはきかけられ、ののしられ、そして休憩時間には「不良」が廊下にたむろして、私を監視するということが日常化していった。

二年生になったある日、授業が終わり、いつものように教室を出ようとするところを、私は二人の同級生に両側からおさえられた。二人はいわゆる「不良」グループに属する女の子たちで、違うクラスなのに、いつも廊下ですれ違いざまに「ナマイキなんだよ」とか「バーカ」などと私の耳元でささやき、鋭く挑戦的な視線を飛ばしてくる子たちだった。

しかしその日、二人はいつになく笑みを浮かべながら私に接近してきた。「変だな」とは思ったが、あれよあれよという間に、私は階段の踊り場まで引っ張っていかれた。廊下では、何人かの同級生が通りすがりに、その様子を見ていたはずだが、皆知らんふりだった。やっかいなことに巻き込まれたくなかったのだろう。

踊り場には、パンチパーマにだぶだぶの学ランを着た男子生徒や、髪の毛を脱色し、床すれすれの長いスカートをはいた女子生徒など、一五、六人の男女の上級生が私を待ちうけていた。言葉を交わしたこともない生徒ばかりで、日頃から「目をつけられたら最後」と恐れられていた上級生たちだった。そのうちのひとりに、いきなり髪の毛をひっつかまれ、私は土下座させられた。

リンチはこうして何の前触れもなく突然始まった。「つけあがんじゃねーよ」、「かわいこぶんじゃねーよ」。四方八方から罵倒を浴びせられながら、冷たい踊り場の床に顔を押し当てられ、頭の上にゴムばきの足をグリグリ押しつけられた。

「あやまれよ！」

リーダーらしき女子生徒がドスをきかせて怒鳴る。

「聞こえねぇよ。あやまれって言ってんだろ」

頭上のゴムばきに、さらに力が入る。

「……すみません」

私はあやまった。何もあやまるべきことが見あたらないのに、とにかく、あやまった。一刻でも早く、この悪夢から抜け出したい。その一心であやまった。しかし、それは私にとってものすごく屈辱的なことだった。そして、悪夢は続いた。私はその場にいた数人の女子生徒からいっせいに、背中や脇腹を蹴られ、髪の毛をひっつかまれて、平手打ちの往復ビンタを何度もくらった。そんな袋叩きの状態がどれぐらい続いただろう。今度は、誰かが火のついたタバコを、私の腕の上でもみ消した。脇では、「言うことを聞かなければもっと痛めつけてやる」とばかりに、ひとりの女子生徒が剃刀の刃をちらつかせていた。この間、私の身体はショックと恐怖で硬直したままだった。逃げることもできず、ただただ涙を流し、歯をくいしばってリンチを耐え抜いた。生きた心地がまったくしなかった。

私を引っ張ってきた同級生の二人は、踊り場の下の階段に立っていた。見張りをさせられているようで、実際に手を加えるわけではなく、殴られたり蹴られたりしている私の姿を、ただ黙って見上げているだけだった。「ざまーみろ」とでも言いたげな、憎々しげな目が忘れられない。

しばらくして、踊り場の下のほうから聞き覚えのある教師たちの声がした。助かるかもしれない。救いの光がさした。しかし、その場にいた男子たちが一瞬にして壁を作り、私の姿が見えないようにブロックしようとした。二、三人の教師のうち、音楽の教師が少年たちのすきまから見えた。私の身体は身動きできないように数人の少女たちにねじ伏せられ、声があげられないように口は手で覆いかぶせられている。

「何してるの?」、「何もしてない」。教師と少年たちの押し問答は、そんなふうにあっけなく終わってしまった。しかし、生徒たちが教師たちの前に突然立ちはだかり、何かを隠そうとしていたのは一目瞭然だったはず。私の目には教師の姿がしっかりと映っていたのに、教師に私は見えなかったのだろうか。いや、あの異様な雰囲気が伝わらなかったはずがない。教師は見て見ぬふりをした。今でも私はそう信じて疑わない。リンチは教師が去って行った後も、延々と続いた。それが一時間だったか二時間だったかは覚えていない。しかし、私にとってはとてつもなく長く感じられた。

それからしばらくのあいだ、学校に通うことは、精神的拷問を受けるようなものだった。たとえば、廊下でリンチにかかわった生徒とすれ違ったり、踊り場を通り過ぎるだけで、リンチのことが思い出されて足がすくんだ。また、直接リンチにはかかわりさえしなかったが、同じ「不良」グループに属する子たちは、私のほうをじろじろ見てはこそこそ話し、「リンチされても懲りない奴」といった辛辣な言葉で私を叩きのめした。クラスメートも、私がリンチにあったことを知っているようだったが、腫れ物に触るように、誰も何も言わなかった。

いじめの被害者の多くがやがていじめる側にまわっていくことが指摘されるようになってきたが、私にはとてもよくわかる気がする。いじめやリンチといった被害にあっても、誰も手をさしのべてくれない、孤立した状況では、生き延びるために、加害者側と「迎合」していかざるをえないのだろうし、反発するよりもそのほうが楽だったりする。

今になって考えてみると、私自身もリンチ以降、目立たないように皆と同じ言動をとるようにこころがけ、他の生徒が学級会で槍玉にあげられても、巻き込まれたくないからと、見て見ぬふりをするようになった。また、学校での不満のはけ口を、家族のなかで一番弱い立場にある弟へと向けるようになった。辛辣な言葉を浴びせたり、些細なことで殴ったり、幼い弟をずいぶんと傷つけてしまったことに、今でも心が痛む。

私の「被害感情」

リンチは私に憎しみを植えつけた。「不良」が、音楽の教師が、廊下にいた生徒が、憎くて憎くて仕方なかった。そして、時には、リンチとはまるで関係のない教師やクラスメートまでが恨めしくなった。誰も私を助けようとしてくれなかったじゃないか。私は「不良」の餌食になり、教師に見捨てられ、皆から「見殺し」にされたんだ。そんな「被害感情」を私は持ち続けた。

同時に、私は、上級生にやられっぱなしで抵抗できなかった自分を、情けなく思ってもいた。二人の同級生に両脇から腕を取られた時、振りほどいてでも、逃げればよかったのに。土下座をさせられる前に、逃げ出すことだってできたかもしれない。なぜ、悪いこともしていないのに、あやまったりしたんだ。そもそも、こんな学校に転校してこなければ、あんな目にあわなかったのに。そんな後悔と自責感と屈辱感にさいなまれ、自分自身を責め、自分が置かれた環境を呪った。

残念ながら、私は中学でも、高校でも、そのことをまともに受けとめてくれる人に出会うことができないでいた。そして憎しみや怒りといったネガティブな感情が、消えていくのではなく、むしろ人への不信感、あきらめという感情にかたちを変えて、私のなかに鬱積し続けていたように思う。そのうえ、父親の失業や借金、冷え切った両親の関係など、家庭内の問題も加わり、あの頃の私は窒息しそうになっていた。

そんななかで、私は転機を迎えた。高校卒業と同時に、私はまわりの反対を押し切って、日本を出た。それからの七年間、米国に留学し、南米を旅してまわった。行く先々で、文化や言語の壁を越え、体験や思いを共有し合える人々に出会い、「私は私でいいんだ」と生まれて初めて自分を肯定できるようになった。リンチ以降私自身が抱え続けてきた心の傷は、少しずつ癒されていったのだと思う。

なかでもスウェーデン人のルームメートは、いくつもの夜を徹して私の話に全身を傾け、いっしょになって涙を流してくれた。彼女のボーイフレンドはユダヤ系のアメリカ人だったが、宗教を理由に、やはり高校時代にリンチを受けたことがあると教えてくれ、学校内で起こる暴力には、アメリカも日本もないんだということを認識させられた。また、すさまじい拷問やレイプを受けたにもかかわらず、それを隠したり恥じたりすることなく、前向きに生きるチリ人のベロニカとも知り合えた。さらに、拷問や暴力に対して反対の声をあげるアムネスティの活動を通して、世界は決して暴力に無関心ではない、ということを知ることができた。このような体験や出会いは、リンチという悪夢や否定的な感情だけにしがみついて生きずにすむ生き方を、私に示してくれたように思う。

リンチからすでに八年の月日が流れたある日、忘れかけていたあの事件が、記憶のなかで突然蘇る出来事があった。アメリカの大学を卒業し、日本に帰国したばかりの私は、中学時代からの友人と居酒屋へ行った。その時、彼が「よぉー」と挨拶した相手は、私の腕をつかんでリンチへと誘った二人組のひとりだった。

私は凍りついた。まったく予想しえない再会だった。

中学校時代、彼女は髪の毛を黄色に脱色してグリグリのパーマをかけ、地面すれすれの長いスカートをはき、ペタンコの学生カバンを振りながら廊下を闊歩するという、派手な「不良」だった。いつも目をつり上げ、険しい表情をしていた。その彼女が黒々とした髪を肩までストレートに伸ばし、膝までのおとなしいスカートにベージュっぽい地味なブラウスを着た「普通」のOLとなって私の目の前に座っていた。

彼女は友人と短い会話を交わすと私の存在に気づき、軽く会釈した。その表情は穏やかで、リンチのことなどまったく忘れてしまったか、そんなことなどもともと起こらなかったかのようだった。私もとりあえず軽く会釈し返したが、内心穏やかではなかった。

土下座させられ、蹴られたり殴られたりする私自身。それを「ざまーみろ」とでも言いたげに見上げる彼女の冷たい視線。ここ数年すっかり忘れていたリンチの記憶が一気に蘇り、パニック状態に陥った。私はいたたまれなくなってその場を去り、彼女の席から離れたボックス席に向かい、身を隠すようにして座った。店にいるあいだじゅう、友人との会話は上の空で、リンチという出来事に気をとられていた。

私にとって憎しみの対象だったはずの「不良」は、あっけないほど「普通」と化していた。中学時代の姿とのギャップに、私はとまどった。そして、ある問いのようなものが浮かんできた。

彼女にとって「不良」であったこと、そしてあのリンチに加担したということはどういうことだったんだろう。いや、リンチに加担した自覚すらないのではないか。こうした問いはそれからの数年間、ふとした瞬間に浮上してきた。そして、時がたつにつれ、今までとまったく違う感情が私のなかにわいてきたのだった。

「不良」だった彼女もまた、被害者だったのかもしれない。彼女の生い立ちや細かい事情については知る由もないが、きっと学校や親が描く型にはまり切らずに苦しみ、非行に走ることでその不満を発散させていたのだろう。あのリンチに加わったのも、単に不満のはけ口が欲しかったからではなかったか。

だからといって私の心の傷が消えてなくなるわけではないのだが、私はどこかでそう信じたかった。あの出来事に、なんとか折り合いをつけようとしていた。そうでなければ、その先へ進めないような気がしてならなかったから。

それからさらに一〇年近くが経過したある日、私は中学時代の社会科の教師に、当時の話を聞く機会に恵まれた。そのなかで先生はこう言った。

「俺だって、あいつらに何度も殺されそうになったんだ」

「あいつら」というのは私をリンチした上級生の「不良」グループのことで、先生は彼らから爆竹を顔に向けて投げつけられたり、モップの柄で頭を何度も殴られ血だらけになったりと、日常的な暴行を受けていたというのだ。

そして「もう時効になるから言うけど」と前置きしたうえで、こうも言った。

「生徒を殺してしまうかもしれない、と思ったことさえあった。でなければ、こっちが先に殺されそうだったから」

先生は、「不良」グループに対して、一人ひとりの話を聞くことに全力を注いだという。時間はかかったが、生徒たちは徐々に重い口を開き始めた。そこで出てきたのは、教師や学校のありかたへの不満、そして崩壊しきったそれぞれの家庭の惨状だった。どの生徒も小学生の頃から、教師や親にバカにされ、暴力を振るわれ続けていた。彼らは決して「理由なき反抗」に走ったわけではなく、そうならざるをえないような状況に大人たちが追いやっていたのだと対話を通して実感したという。

そして先生は、私にリンチをおこなったグループの主犯格である女子生徒についてこう語った。

「彼女の両親は非常に厳しく、期待をかけられ過ぎて育ったんだよ。両親ともにエリート志向で、将来は一流大学に行くのがあたりまえだと、小さい頃からプレッシャーをかけられていたみたいだ。でも、実際のところ、彼女は勉強ができるほうではなく、小学生の頃から成績のことで親にしかられてばかりで、折檻もひどかったらしい。それで、ああいう方法で反発するしかなかったんだろうな」

いつか、リンチの見張り役だった子のことを、「被害者だったのかもしれない」と私自身が感じたように、リーダーだった女子生徒も、ある意味では被害者にちがいなかった。そのことを彼女たちをよく知る先生から再確認することによって、一八年たった今ようやく、中学時代に受けたリンチを私なりにとらえ直すことができたのかもしれない。

ありのままを受けとめる

アメリカでも日本でも被害者遺族がよく口にする言葉のひとつに、「真実を知りたい」がある。

私が先生と出会ったことでリンチを少し冷静にとらえ直すことができるようになったように、何があったのか、どのように殺されたのか、という事実とともに、加害者側の生育環境や犯罪に至るまでの事実を知ることによって、被害者遺族は起こったことを、まず起こったこととして、受けとめることができるようになるのだと思う。

ただし、時間がかかる。ものすごく時間がかかる。そして、事件そのものや加害者に対する気持ちは、一定ではないし、怒りや哀しみといった感情は、時とともに大きく変化するのではないだろうか。

Ⅵ章で、被害者遺族であるアバ・ゲイルがいとも簡単に娘を殺した犯人を「赦した」と言ってのけることを、私はなかなか受けとめきれずにいると書いたが、そこには一六年という長い歳月が横たわっていることに、私自身、なかなか気がつかずにいた。考えてみると私も、一八年という歳月のなかで、リンチの受けとめ方が微妙に変わってきた。事件の内容が殺人に至るような、取り返しのつかない深刻で複雑なものであればあるほど、気持ちの振幅も激しいだろうし、事実を事実として受けとめるまでに時間もかかるだろう。加害者が見つからず事件が迷宮入りした場合など、事実が明らかにならないのだから、なおさら困難だと思う。

被害者遺族が回復するためには、まず、周囲の人々にそんな事情を理解してもらい、時をかけて見守ってもらう必要があると思う。カウンセラーや医者といった専門家に話を聞いてもらったりすることも大切だし、同じような体験を持つ人々で自助グループを作り、憎しみや怒りや哀しみといった感情を、批判されることなく表現することのできる安全な場を確保することも必要だと思う。被害者遺族はありのままの感情を否定せず、みずからが感情をそのまま受けとめ、そしてそれをまわりに受けとめられて、初めて先へ進むことができるようになるのだと思う。社会が被害者の声を固定観念的な「被害者」という枠に押し込めて見るのではなく、被害者の多様さや幅(それには時間的変化やまわりの環境も影響するだろう)を、その多様さのまま、その幅のまま、まず、受け入れる努力が必要ではないだろうか。

暴力の悪循環から抜け出るために

もし、高校卒業後、私自身が日本にとどまっていたなら——ふと、そう考えることがある。

ロバート・ギャティスやジョセフ・キャノン、そして日本の死刑囚。彼らには果たして「逃げ場」があったのだろうか。あたたかく愛情に満ちた「出会い」があったのだろうか。社会的支援を受けることができていたのだろうか。むしろ彼らは、「逃げ場」にも「出会い」にも社会的支援にも恵まれず、悲惨な状況のなかに、どんどん引きずり込まれていったのではなかったか。

私自身もあの時日本から逃げ出していなかったら、被害感情や否定的な状況から逃れられずに、自暴自棄になっていただろう。そして憎しみや怒りを他人に向けることで、取り返しのつかない犯罪を犯すことになっていたかもしれない。まわりから見れば、殺人事件とは比べものにはならないとはいえ、私にとってはまさにあのリンチは「殺人」だった。それほど強い「被害感情」を抱いていた。私が、被害者遺族であるアンやジョージに共感するのは自然な成りゆきだが、彼らと同じぐらい死刑囚のロバートやジョセフに親近感を抱くのは、私自身が彼らの立場に立っていたかもしれない、という思いがあるからだ。そして、いまだに日本社会に対して漠然とした怒りを抱き続けていることも事実である。

「ジャーニー」は私に多くの課題を残していった。そして私はその課題に少しずつ取り組み始めている。前にも少し触れたが、最近私はテレビ番組の取材の仕事で、アメリカにおける新しい犯罪者への対応を取材したが、これも、私なりのささやかな取り組みのひとつだ。

アメリカでは厳罰化傾向が強まる一方、犯罪者への処罰や処遇をめぐって批判も高まり、最近では実験的な更生プログラムがあちこちでおこなわれている。番組で紹介したカリフォルニア州サンディエゴのドノバン刑務所もそのひとつで、九〇年から「凶悪犯」を対象にした特別なプログラムが続けられている。それは、「アミティ(友情・友愛)」という名のNGOが運営する加害者同士の対話を使ったユニークなプログラムで、私はそこで実際に何人もの「殺人犯」と出会った。多くが強盗やレイプなどの罪を犯したうえに、人を殺していた。複数の人間を殺した人もいる。死刑制度が存在する同州においては、「更生不可能」という烙印を押されてもおかしくない人々である。

しかし、彼らは死刑を免れていた。なかには終身刑の受刑者もいたが、カリフォルニア州では終身刑といってもいくつか条件の異なる終身刑があり、ここに服役する終身刑の人々は、基本的に仮釈放の可能性が残されている。このプログラムに参加することは、彼らにとって将来の社会復帰のための準備として重要なことになる。

ここでは、受刑者たちが数名単位でグループを形成し、子ども時代にまでさかのぼってみずからを見つめなおすというアプローチが用いられている。しかし、長年ふたをしてきた記憶や感情に向かい合うのは容易なことではない。最初は言葉をにごしたり、自分をとりつくろおうとしたり、誰もが抵抗する。

そんな時、彼らは抵抗しながらも、仲間の語る声に耳を傾け始める。酒や麻薬や暴力に囲まれていた子ども時代。信頼していた身内にレイプされても、ただ我慢するしかなかった無力な存在。痛みや苦しみに満ちた記憶。そんなネガティブな感情を消してしまいたくて手を出した酒や麻薬。それまで語ることを拒んできた者も、自分と同じように凶悪な犯罪を犯した仲間が、かつては「被害者」だったことや、自分と似た体験をしていることに心を動かされ、少しずつ、語るようになっていく。そして加害者の自分がおこなったことと同じようなことを受けた被害者を目の前にすると、かならずといっていいほど虐待に満ちあふれた苛酷な子ども時代が浮かび上がり、抑圧してきた怒りや哀しみといったネガティブな感情が噴出した。なかでも幼い頃に性的虐待の被害にあったことのある受刑者の多さには驚かされた。身体中入れ墨を入れ、筋骨隆々の大男たちが、しくしく泣き出したり、怒りや憎しみといった感情を発散させ、取り乱す光景はすさまじい。参加者たちは、その場にいることすらつらそうだった。

しかし、そんな苛酷なプロセスの最後には、いつもホッとさせられた。かならず仲間に抱きしめられ、「大変だったね」と声をかけられ、ありのままの自分を受けとめてもらっていたからだ。このプロセスをへることで、彼らは今まで誰にも受けとめてもらうことのできなかった「被害者」としての自分を確認することができるようになる。そして、ようやく「加害者」としての自分と向かい合えるようになってゆく。「被害者」としての自分と「加害者」としての自分。片方だけでなく、この両方の存在を確認することの大切さを私は痛感した。そして、この間、彼らの表情が変わっていくことに驚かされた。もちろん「更生」には、長い歳月やさまざまなプロセスが必要とされるのだが、私が居合わせたわずか数日間でさえ、受刑者たちの変化は明らかだった。

そこで知り合った終身刑の受刑者のひとりレイエスは、やはり殺人を犯している。以前は、自分のおこないを悔いることさえしなかったという。しかし、「アミティ」のプログラムに参加してから七年たった今では、殺した被害者にあてて毎日謝罪の手紙を書き、遺族に対しても頻繁に手紙を送り、刑務所で働いたお金で慰謝料を払うまでになった。もちろん、殺した被害者が生き返ることは不可能だ。しかし、彼なりに自分の犯した罪を償おうとし、生き直そうとしていることがひしひしと伝わってきた。生き直すチャンスに恵まれることのなかった死刑囚のジョセフや、今も死刑執行を待つ身であるロバートの顔がレイエスに重なり、私は何度も泣き出しそうになった。

本書ではこれ以上、この犯罪者の更生プログラムについて詳しく述べることはできないが、このような出会いをへることによって、「殺すのではない選択がとれないだろうか」というかねてからの私の「思い」は、「確信」へと変わりつつあるということだけは記しておきたい。

「犯罪を犯す人は、人生のある時点では皆被害者だった」

これは、「ジャーニー」を通して繰り返し耳にした言葉である。言いかえると、被害者に対する社会的なサポートが行き届き、被害者が回復しやすい状況を整えることこそが、犯罪の防止につながるのだと思う。この場合、たとえば、家庭内で密室化する児童虐待や学校で起こるいじめや体罰といった暴力行為への対応もふくまれると思う。それは、加害者を厳重に取り締まる、といった従来の発想ではない。被害者の声をくみとると同時に、なぜ、そのようなことが起こったのかを丁寧にときほぐし、前に述べた犯罪者の更生施設のように、加害者がみずからを見つめ、内省してゆけるようなプログラムをおこなう必要があるだろう。そして、精神的な障害を抱える受刑者に対しては、その障害に合わせたケアをするべきであろう。そのためにも、ただ印象論を語るだけでなく、具体的な調査がおこなわれるべきだし、人権を十分に考慮したうえで、情報も積極的に公開されるべきだ。そんな柔軟な発想が必要だと思う。

私たちは、被害者遺族のひとりであるジョージの言葉に寄り添い、耳を傾けられないだろうか。

「つらいことも、嫌なことも、いっぺんでふき飛ばしちゃえる「魔法の杖」があればいいと思ったことはないかい？　でも、現実にはそんなものありゃしないよね。死刑はすべての問題を一気に解決しちゃうように見えるかもしれないけど、そんなの嘘だ。死刑は「魔法の杖」じゃないんだ。

私たち被害者遺族が抱えている問題は、まわりの人々から支えられながら、一つひとつ、丁寧に、時間をかけて、乗り越えていくものなんだ。大変だけど、希望を再び手に入れるためには、それしかない。今まで私の歩んできた道から、そう確信してるんだ」

（1）　道浦母都子著（一九九七）『夕駅　道浦母都子歌集』河出書房新社、一四六ページ。

四半世紀後のポストスクリプト
――岩波現代文庫版あとがきにかえて

一九九九年に出版された『癒しと和解への旅――犯罪被害者と死刑囚の家族たち』を改題し、岩波現代文庫として復刊できたことを嬉しく思う。本文は最低限の修正にとどめ、二〇〇〇年以降については、ここに加筆することにした。

なぜ、四半世紀も経って、「ジャーニー」なのか？

世界ではすでに三分の二を超える国々が死刑を廃止、もしくは執行停止にある。本書の舞台であるアメリカですら、廃止の気運が高まっている。

振り返れば、九九年はアメリカの死刑にとってターニングポイントだった。それまで増加の一途をたどっていた死刑執行数は年間九八名とピークを迎え、二〇〇〇年には減少に転じた。〇五年には少年への死刑が違憲となり、相次ぐ冤罪による釈放、執行の失敗や手続きをめぐる問題が広く報道されることで、社会の目はより制度に批判的になった。最近は死刑支持率が反対を多少上回る程度まで低下した。二一年には、死刑廃止を公約に掲げたバイデン大統領が政権を発足し、司法長官が連邦法下の死刑執行停止を命令（制度の廃止にまでは至っていない）。州レベルでは、この四半世紀だけで一一州が廃止に至った。二四年一〇月現在、廃止州が二三州、さらに六州が知事の判断により執行停止で、死刑を運用する州は少数派となり、状況は確実にシフトした。

日本はどうか——。

一言で言うなら、四半世紀前と何ら変わっていない。

二四年九月二六日、「袴田事件」の再審で無罪判決が下り、戦後五つ目の冤罪が確定した。それ自体は画期的だが、証拠開示に三〇年、二回の再審請求には四二年、無罪の証明に五八年もかかった。袴田巌《はかまだいわお》さんは、捜査機関による証拠捏造が認定されたことで処刑されずに済むが、死刑への恐怖から長年精神を病んでいる。彼がこうむった被害は、刑事補償金で解決する問題ではない。冤罪と認められないまま、命を奪われた人は、はたして何人いるのだろうか？　今回の判決を機に、捜査体制や再審制度の問題に加え、死刑制度が議論の争点になることを熱望する。

この国では近年、死刑についてまともに議論がなされたことがないが、法務省が死刑に関する情報を開示していないことが大きい。現行の絞首刑は、一五〇年以上前に定められたままで、死刑囚には当日告知。執行はごく限られた矯正職員が行い、箝口令《かんこうれい》がしかれる。執行後に法務大臣が明かすのは名前のみ。執行に記者の立ちあいは許されず、報道はせいぜい遺族のコメントと事件の残酷性をリマインドする程度。数年前に処刑されたⅠ章の死刑囚Bの場合は、遺族が取材拒否で、事件の陰惨さやBの非人間性を強調した報道だった。こうした藪《やぶ》の中でやむをえず容認している多数派や一部の被害者を盾に、この国は死刑を維持し続けている。

死刑の実態を明らかにし、議論を重ねてきたアメリカが死刑廃止に向かい、死刑を秘密裏に扱い議論を封じ込めてきたこの国が、死刑維持の姿勢を崩さないのは対照的だ。「ジャーニー」の意味は、薄まるどころか、さらに増したのではないか。

四半世紀後の「ジャーニー」

「ジャーニー」は、現在も続いている。MVFRは解散し、NPO「ジャーニー・オブ・ホープ　暴力から癒しへ(Journey of Hope: from Violence to Healing, Inc.)」が引き継いだ。同団体の理事を長年務め、全米で死刑廃止キャンペーンを展開する別団体「死刑アクション」の事務局長でもあるエイブ・ボノヴィッツに話を聞いた。

これまでに訪れたのは、四〇州以上(廃止州含む)、二〇カ国。複数の州をまわる年もあったが、最近は一つの存置州に対象を絞り、二、三年かけて、じっくり死刑に関する対話をおこなっていると言う。地元メディアやインターネットへの働きかけも積極的だ。

活動の求心力だったⅡ章のビルは二〇二〇年に心臓発作で亡くなり、旧来のメンバーも多くが他界した。残っているのはⅧ章のジョージやサムら数名だ。それでも年中行事となったⅨ章に登場する連邦最高裁判所前の死刑廃止デモには、Ⅰ章のアンやⅢ章のバーバラらも含めた高齢組が車イスや歩行器で参加し、プラカード片手に声をあげる。合言葉は「また来年、最高裁前で！」だと、エイブの顔がほころんだ。

高齢化の一方、メンバーが多様化していることに注目すべきだ。冤罪で釈放された元死刑囚、死刑執行に携わった刑務所所長や職員、死刑と接点のある医療関係者、死刑囚と関わりのある宗教者らが参加する。彼らもまちがいなく死刑制度の「隠れた被害者」である。参加の条件を遺族に限定せず、「死刑制度に直接影響を受けた人」へと変更した結果だ。

エイブは、死刑廃止における同団体の役割を次のように説明する。

「死刑廃止を訴えるには、統計や事実ももちろん大事ですが、それだけでは不十分です。被害者の声には、誰にも代弁できない力があります。漠然とした死刑に顔を与え、人の心を動かすことができる。その彼らの声に、死刑囚の家族や冤罪の元死刑囚らの声が連なり、死刑制度が致命的なミスを犯し、新たな被害者を生むことを、証明し続けてきたのが「ジャーニー」です」

死刑を廃止したバージニア州

コロナ禍の二〇二一年、ＳＮＳに流れてきたニュース映像を見て、目を疑った。バージニア州のラルフ・ノーサム知事が記者会見で死刑廃止を宣言していたのだ。

「建国以来、私たちは一六〇〇人以上を処刑してきました。バージニア州には誇れるものが多くありますが、死刑はそうではありません。私たちは、政府が人を処刑するという刑罰を廃止した二二州に続きます」

一九九六年に「ジャーニー」で巡った州が、しかも死刑支持が強い南部で、テキサスに次ぐ執行数トップの州が廃止に至るとは予想外だった。いったい何があったのだろう。

同州では、I章で触れた冤罪を生みやすい法律や、死刑制度の高いコストに加え、死刑囚が黒人に偏っていることが問題視されるようになっていった。二〇〇〇年、DNA鑑定で無罪になり釈放されたアール・ワシントンも黒人だった。知的障害もあった彼は虚偽自白を強要されていたのだが、彼のように貧しく、有能な弁護士を雇えずに死刑に至った類似の事件報道が相次いだことで、社会の批判が高まった。〇二年には州政府による死刑弁護人事務所の設立など、制度改革も本格化した。

その結果、一一年以降は死刑判決がゼロ。一七年以降は死刑執行も停止。州民の世論は死刑に賛成が五六％と反対をやや上回っていたが、州議会は死刑廃止法案を可決。知事と州上下院議長は廃止に関する共同声明を次のように発表した。

「刑事司法が重視するのは公正で平等に罰を与えることですが、死刑はそのようには機能しません。不公平かつ効果がなく、非人道的です」

暴力の連鎖を断ち切る選択をしたデラウェア州

Ⅳ章の死刑囚ロバートが、終身刑に減刑されたことも大きな変化だ。二〇一二年一月、執行予定日のわずか三日前のことだった。

同州では執行日が設定されると、減刑の申し立てができる。ロバートは、乳児期から長年続いた性的虐待を含む深刻な虐待の事実が、公判段階で明かされていなかったことを理由に、デラウェア州に減刑を求めていた。鑑定者は、ロバートが複数の親族や近所の少年らから受けた暴力を「想像しがたい暴力」、父親や養父からの常態的暴力を「破滅的な虐待とネグレクト」と呼び、社会的介入の不在を問題視した。減刑審査委員会は鑑定内容を全面的に認め、減刑の勧告を行い、ジャック・マーケル知事もそれに合意した形だ。

Ⅴ章で触れた死刑囚の幼少期における被害体験については、その後も様々な調査がおこなわれ、明らかになってきたことがある。注目に値するのが、心理学者のデービッド・リーサックによる四三人の男性死刑囚を対象とした研究だ。彼は、弁護士から入手した死刑囚の生活史を分析し、次の点を指摘している。

対象とした死刑囚の多くは、幼少期に深刻かつ複数の虐待を、常態的に体験していた。その結果、学校での深刻な問題行動など、広範な発達上の問題を呈した。成人期への移行も著しく損なわれ、慢性的な人間関係の問題や生活の不安定さ、暴力性につながったと考えられる。こうした虐待は多世代に及んでおり、世代を超えた薬物やアルコールの物質依存とも関係していた。ただ、幼少期の問題が明らかになったからといって、ロバートのように減刑に結びつくことは稀だ。

その十数年前、ロバートとの文通の中で、暴力性と幼少期は関係ないと、彼が言い張ったことを覚えている。性被害の存在については、インターネットに公開された公聴会の映像で初めて知った。彼の姉が証言台に立ち、彼女も同じ複数の加害者から性被害にあい、薬物依存に陥ったことなどを震えながら語り、オレンジ色の囚人服を着たロバートが傍で泣き崩れる様子は、胸に詰まるものがあった。

リーサックも指摘しているが、とりわけ男性にとって性被害を認めることは困難だ。ロバートの場合、公判から二〇年余り経ってようやく明かされたわけだが、彼自身が被害を受け止めるのに、長い時間を要したことは間違いない。

彼の減刑を求める嘆願書の中には矯正職員によるものもあった。ロバートが「贖罪と更生に対する真摯で持続的な姿勢を見せたこと」や、若い受刑者にとって良き手本であることが記述され、知事も減刑の理由にこの内容を挙げた。

デラウェア州は、ロバートに生きるチャンスを与えた。それから一二年後、州議会は死刑廃止を決め、死刑を州法から削除。暴力の連鎖を断ち切る選択をした。

元少年死刑囚の末路

二〇一三年、インディアナ州の女性刑務所から、元少年死刑囚のポーラ・クーパーが釈放された。彼女は一五歳の時にビルの祖母を殺し、わずか一六歳で死刑囚となったが、ビルの働きかけもあって六〇年の刑に減刑されたことは、Ⅱ章で述べた通りだ。実際には、半分足らずの二八年で釈放され、元少年死刑囚の釈放をメディアは騒ぎ立てた。

出所前、面会や文通を通してポーラと交流していたビルは、極度の不安を本人から聞かされていた。一六歳から四三歳まで刑務所暮らしなのだから無理もない。ビルは社会復帰後も彼女の力になることを望んだが、ポーラは遺族との接触を禁じられた。

出所後、弁護士事務所で職を得て恋人もできたという噂にビルは安堵した。しかし二年後、彼女は銃で自殺。報道で知ったというビルの心中は、察するに余りある。

彼女もまた、幼少期の極度な虐待の被害者であったことはⅡ章で触れたが、両親からの暴力に常にさらされていたポーラと三歳上の姉ロンダは、福祉機関や警察に繰り返し救いを求めたが、放置された。その結果事件を起こしたともいえるポーラは、未成年にもかかわらず刑務所に収監。そして必要なケアどころか、傷に傷を重ね、社会に放り出された。ポーラの死は社会の責任だ、と弁護士はあるインタビューで怒りを露わにした。

ポーラは生前、夢は自分のように虐待された子どもを支援したり、ビルとともに活動することと語っていた。彼女の自殺から四年後、ビルは姉ロンダを「ジャーニー」に誘った。二人がオハイオ州を巡り、被害者と加害者の家族の立場から思いを語ったことが地元紙に紹介されていた。ビルが亡くなったのはその翌年だ。

死刑廃止に尽力する知事たち

娘を殺した死刑囚と交流を続けたⅥ章のアバも、二〇二三年に亡くなった。オレゴン州で三四年ぶりにおこなわれた死刑執行の様子をⅡ章で書いたが、アバはそのオレゴンに転居し、死刑廃止を訴え続けていた。州議会が死刑の公聴会に彼女を証人として招いたこともある。死刑執行を同僚に押し付けることは道徳に反すると発言した刑務所所長と共に。同州は一一年以降執行をおこなっておらず、一九年にはケイト・ブラウン知事のもとで死刑に関する法改正がなされ、翌年には行政命令で死刑囚官房が閉鎖され、二二年には死刑囚全員が減刑された。アバらの声は確実に変化に反映されている。

一方、死刑囚ダグラス・ミッキーはカリフォルニア州サン・クエンティン刑務所に収監中だが、一般棟に移動した。一九年に就任したギャビン・ニューサム知事が、刑場と死刑囚監房を閉鎖し、一般受刑者と同様に処遇する行政命令を出したのだ。すでに六〇〇名余りの死刑囚は、州内の刑務所に分散された。

ただし、オレゴンも、カリフォルニアも、死刑の廃止にまでは至っていない。廃止には州議会で法案を通す必要があり、死刑維持の声も根強いからだ。知事が変われば執行停止が解除され、閉鎖された死刑囚監房も、刑場も復活の可能性が残っている。にもかかわらず、廃止に向けて尽力するリーダーからは、刑罰であれ命を奪うことへの強い抵抗と、死刑廃止に至った州に続きたいという思いが感じられる。

生き直す場としての刑務所と社会へ

アメリカでは「もう一つの死刑」と呼ばれる終身刑にも変化が訪れている。終身刑は大きく分けて二種類で、仮釈放の可能性がある無期刑と、一生を刑務所で遂げる絶対終身刑だ。積極的に殺すことはしないという点で死刑とは異なるが、後者の場合、社会復帰はありえず、拘禁施設で死ぬ点は死刑と何ら変わらない。

ちなみに日本には、前者の無期刑が存在する。しかし、平均拘禁年数が三〇年を超え、服役中に死亡する人が多いことから、事実上の絶対終身刑だと国際機関に批判されるほど厳しい運用であることは、あまり知られていない。

私はカリフォルニア州の終身刑受刑者を主人公にした映画『ライファーズ　終身刑を超えて』を二〇〇四年に制作した。当時は仮釈放の可能性があっても釈放は稀で、出所は絶望的だったのだが、近年は千人単位の終身刑受刑者が毎年出所する。

二〇二四年七月、出所間もない終身刑仮釈放者一四名から話を聞いたところ、全員が服役中に複数の更生プログラムを受けていた。薬物やアルコール依存者のための自助グループ、ギャング離脱やトラウマ意識化プログラム、修復的司法など種類も豊富で、人気が高いものは順番待ちだと言う。最初から積極的だったわけではなく、更生の努力が釈放の条件だったため、真剣に自分に向き合わざるをえなかったと皆口を揃える。最も心に響いたことについては、大半が、被害・加害当事者との交流と答えた。

出所後の対応にも変化がある。同州では、終身刑を含む長期刑受刑者に一定期間、社会復帰施設での生活と更生プログラムが義務付けられているのだ。閉じ込める場だった刑務所や、放り出す先だった社会が、生き直す機会を与える場へと変貌を遂げていた。

こうした動きはすでに二〇〇〇年代半ばに始まっていた。連邦最高裁から受刑者を減らす命令を受けた同州が、様々な対策を講じてきたことが大きいが、それ以前に、民間団体が矯正局に対して改善を求めてきた成果でもある。さらに同州の矯正局は、世界で最も人間的と言われる北欧モデルへの転換に踏み出している。

「人を殺す刑罰」への接近法

日本でも、二〇二五年六月に、更生をより重視した「拘禁刑」が導入される。命を奪い、更生の可能性を断つ死刑は、明らかにこの考えに反する。

死刑は殺すことが刑の執行にあたる。その執行をおこなった二人の刑務官から、詳細は語れないことを前提に、直接、別々に話を聞く機会があった。二人はそれぞれ「自分は人殺しだ」と言った。刑務官として感情を鈍麻させる訓練を受け、「死刑は職務」と割り切ってきたが、何年経っても、執行の悪夢にうなされ続けていることも同じだった。兵士が受ける「モラル・インジャリー(道徳的負傷)」にも似ている。戦争などで個人の良心や価値観に反する任務に従事することで罪悪感が生じ、トラウマを負うことだ。

死刑判決段階では、元最高裁判事の団藤重光が、死刑を確定させた直後に傍聴席から「人殺し!」の声が上がり、それを機に、死刑廃止論を展開したことはよく知られている。近年は、裁判員裁判の経験者から死刑に関する情報公開や執行停止を求める請願書も提出されており、死刑判決を科する負担の重さを物語っている。

実は判決を出す裁判官や裁判員も、執行をおこなう刑務官も、私たちの代理に過ぎない。現制度下では誰もが「人殺し」なわけだが、死刑が遠ざけられている日常ではそうとは感じにくい。ただし、工夫次第で接近することは可能なはずだ。一例を紹介する。

二〇年前、大学の専任教員をしていた私は、実習先のアメリカで、日本人学生二〇名と死刑のソシオドラマに挑戦した。Ⅶ章で紹介した、事件発生から薬物注射による死刑執行までの過程を即興で演じるロールプレイだ。養子の息子が元死刑囚(減刑され終身刑)であるノーガード夫妻の協力が得られるという幸運にも恵まれ、学生たちに劇的な変化がいくつか起こった。

死刑判決を言い渡す場面でのこと。順番に裁判官の席につき、被告人役を前に死刑判決を読み上げ、木槌を叩く。それだけのことに、ひたすら立ち尽くす学生がいた。「なんとなく死刑賛成」だった彼は、裁判官の席についた瞬間、立場や価値観を抜きにして死刑判決は出せないと悟ったのだ。「たかが劇だけど、「死刑です」って言葉は、被告人役の〇〇さんの目を見て言えなかった」ことも明かした。別の容認派だった学生は、「人を殺さなきゃ実現できない平和ってなんだろうね」と呟いた。二〇年後、彼女はあれが死刑を初めて実感した出来事で、その時の肌感覚を忘れていないと言った。

死刑が殺人と同様に「人を殺す刑罰」であることを実感するには、このように頭だけではなく、身体や心で感じとる機会が必要だと感じるが、当事者の声に触れることもそのひとつだと思う。立ちすくんだり、信念が揺らいだり、価値観の変更を求められることもあるかもしれない。そうした揺れを恐れず、「ジャーニー」に同行してくれると嬉しい。

名前を挙げる紙幅がなく心苦しいが、単行本から文庫化まで、さまざまな場面で尽力下さった方々がいたことと、感謝の気持ちを、最後に記しておきたい。

二〇二四年一〇月

坂上　香

本書は一九九九年一月、岩波書店より刊行された『癒しと和解への旅──犯罪被害者と死刑囚の家族たち』を改題したものである。岩波現代文庫への収録に際し、「四半世紀後のポストスクリプト──岩波現代文庫版あとがきにかえて」を新たに付した。

ジャーニー・オブ・ホープ
—被害者遺族と死刑囚家族の回復への旅

2024年12月13日　第1刷発行

著　者　坂《さか》上《がみ》　香《かおり》

発行者　坂本政謙

発行所　株式会社　岩波書店
〒101-8002 東京都千代田区一ツ橋 2-5-5
案内 03-5210-4000　営業部 03-5210-4111
https://www.iwanami.co.jp/

印刷・精興社　製本・中永製本

ISBN 978-4-00-603350-7　Printed in Japan

岩波現代文庫創刊二〇年に際して

二一世紀が始まってからすでに二〇年が経とうとしています。この間のグローバル化の急激な進行は世界のあり方を大きく変えました。世界規模で経済や情報の結びつきが強まるとともに、国境を越えた人の移動は日常の光景となり、今やどこに住んでいても、私たちの暮らしは世界中の様々な出来事と無関係ではいられません。しかし、グローバル化の中で否応なくもたらされる「他者」との出会いや交流は、新たな文化や価値観だけではなく、摩擦や衝突、そしてしばしば憎悪までをも生み出しています。グローバル化にともなう副作用は、その恩恵を遥かにこえていると言わざるを得ません。

今私たちに求められているのは、国内、国外にかかわらず、異なる歴史や経験、文化を持つ「他者」と向き合い、よりよい関係を結び直してゆくための想像力、構想力ではないでしょうか。

新世紀の到来を目前にした二〇〇〇年一月に創刊された岩波現代文庫は、この二〇年を通して、哲学や歴史、経済、自然科学から、小説やエッセイ、ルポルタージュにいたるまで幅広いジャンルの書目を刊行してきました。一〇〇〇点を超える書目には、人類が直面してきた様々な課題と、試行錯誤の営みが刻まれています。読書を通した過去の「他者」との出会いから得られる知識や経験は、私たちがよりよい社会を作り上げてゆくために大きな示唆を与えてくれるはずです。

一冊の本が世界を変える大きな力を持つことを信じ、岩波現代文庫はこれからもさらなるラインナップの充実をめざしてゆきます。

(二〇二〇年一月)